# "神话学文库"编委会

## 主　编

叶舒宪

## 编　委
（以姓氏笔画为序）

马昌仪　　王孝廉　　王明珂　　王宪昭

户晓辉　　邓　微　　田兆元　　冯晓立

吕　微　　刘东风　　齐　红　　纪　盛

苏永前　　李永平　　李继凯　　杨庆存

杨利慧　　陈岗龙　　陈建宪　　顾　锋

徐新建　　高有鹏　　高莉芬　　唐启翠

萧　兵　　彭兆荣　　朝戈金　　谭　佳

# "神话学文库"学术支持

上海交通大学文学人类学研究中心

上海交通大学神话学研究院

中国社会科学院比较文学研究中心

陕西师范大学人文社会科学高等研究院

上海市社会科学创新研究基地——中华创世神话研究

"十二五""十三五"国家重点图书出版规划项目
第五届、第八届中华优秀出版物奖获奖作品

神话学文库

叶舒宪 主编

叶舒宪　田大宪◎著

MYSTERIOUS NUMBERS
IN ANCIENT CHINA

# 中国古代神秘数字

陕西师范大学出版总社

图书代号　SK23N1157

图书在版编目(CIP)数据

中国古代神秘数字/叶舒宪,田大宪著. — 西安:
陕西师范大学出版总社有限公司,2023.10
(神话学文库/叶舒宪主编)
ISBN 978 – 7 – 5695 – 3663 – 8

Ⅰ. ①中…　Ⅱ. ①叶… ②田…　Ⅲ. ①数字—关系—
传统文化—中国　Ⅳ. ①K203

中国国家版本馆 CIP 数据核字(2023)第 110372 号

# 中国古代神秘数字
ZHONGGUO GUDAI SHENMI SHUZI

叶舒宪　田大宪　著

| | | |
|---|---|---|
| 出 版 人 | 刘东风 | |
| 责任编辑 | 王文翠 | |
| 责任校对 | 张旭升 | |
| 出版发行 | 陕西师范大学出版总社 | |
| | (西安市长安南路 199 号　邮编　710062) | |
| 网　　址 | http://www.snupg.com | |
| 印　　刷 | 中煤地西安地图制印有限公司 | |
| 开　　本 | 720 mm×1020 mm　1/16 | |
| 印　　张 | 22 | |
| 插　　页 | 4 | |
| 字　　数 | 328 千 | |
| 版　　次 | 2023 年 10 月第 1 版 | |
| 印　　次 | 2023 年 10 月第 1 次印刷 | |
| 书　　号 | ISBN 978 – 7 – 5695 – 3663 – 8 | |
| 定　　价 | 128.00 元 | |

读者购书、书店添货或发现印刷装订问题,影响阅读,请与营销部联系、调换。
电话:(029)85307864　85303635　传真:(029)85303879

# "神话学文库"总序

## 叶舒宪

神话是文学和文化的源头，也是人类群体的梦。

神话学是研究神话的新兴边缘学科，近一个世纪以来，获得了长足发展，并与哲学、文学、美学、民俗学、文化人类学、宗教学、心理学、精神分析、文化创意产业等领域形成了密切的互动关系。当代思想家中精研神话学知识的学者，如詹姆斯·乔治·弗雷泽、爱德华·泰勒、西格蒙德·弗洛伊德、卡尔·古斯塔夫·荣格、恩斯特·卡西尔、克劳德·列维－斯特劳斯、罗兰·巴特、约瑟夫·坎贝尔等，都对 20 世纪以来的世界人文学术产生了巨大影响，其研究著述给现代读者带来了深刻的启迪。

进入 21 世纪，自然资源逐渐枯竭，环境危机日益加剧，人类生活和思想正面临前所未有的大转型。在全球知识精英寻求转变发展方式的探索中，对文化资本的认识和开发正在形成一种国际新潮流。作为文化资本的神话思维和神话题材，成为当今的学术研究和文化产业共同关注的热点。经过《指环王》《哈利·波特》《达·芬奇密码》《纳尼亚传奇》《阿凡达》等一系列新神话作品的"洗礼"，越来越多的当代作家、编剧和导演意识到神话原型的巨大文化号召力和影响力。我们从学术上给这一方兴未艾的创作潮流起名叫"新神话主义"，将其思想背景概括为全球"文化寻根运动"。目前，"新神话主义"和"文化寻根运动"已经成为当代生活中不可缺少的内容，影响到文学艺术、影视、动漫、网络游戏、主题公园、品牌策划、物语营销等各个方面。现代人终于重新发现：在前现代乃至原始时代所产生的神话，原来就是人类生存不可或缺的文化之根和精神本源，是人之所以为人的独特遗产。

可以预期的是，神话在未来社会中还将发挥日益明显的积极作用。大体上讲，在学术价值之外，神话有两大方面的社会作用：

一是让精神紧张、心灵困顿的现代人重新体验灵性的召唤和幻想飞扬的奇妙乐趣；二是为符号经济时代的到来提供深层的文化资本矿藏。

前一方面的作用，可由约瑟夫·坎贝尔一部书的名字精辟概括——"我们赖以生存的神话"（Myths to live by）；后一方面的作用，可以套用布迪厄的一个书名，称为"文化炼金术"。

在 21 世纪迎接神话复兴大潮，首先需要了解世界范围神话学的发展及优秀成果，参悟神话资源在新的知识经济浪潮中所起到的重要符号催化剂作用。在这方面，现行的教育体制和教学内容并没有提供及时的系统知识。本着建设和发展中国神话学的初衷，以及引进神话学著述，拓展中国神话研究视野和领域，传承学术精品，积累丰富的文化成果之目标，上海交通大学文学人类学研究中心、中国社会科学院比较文学研究中心、中国民间文艺家协会神话学专业委员会（简称"中国神话学会"）、中国比较文学学会，与陕西师范大学出版总社达成合作意向，共同编辑出版"神话学文库"。

本文库内容包括：译介国际著名神话学研究成果（包括修订再版者）；推出中国神话学研究的新成果。尤其注重具有跨学科视角的前沿性神话学探索，希望给过去一个世纪中大体局限在民间文学范畴的中国神话研究带来变革和拓展，鼓励将神话作为思想资源和文化的原型编码，促进研究格局的转变，即从寻找和界定"中国神话"，到重新认识和解读"神话中国"的学术范式转变。同时让文献记载之外的材料，如考古文物的图像叙事和民间活态神话传承等，发挥重要作用。

本文库的编辑出版得到编委会同人的鼎力协助，也得到上述机构的大力支持，谨在此鸣谢。

是为序。

# 导 言

　　神秘数字是一种世界性的文化现象,是指某些数字除了本身的计算意义外,兼有某种非数字的性质,它在哲学、宗教、神话、巫术、诗歌、习俗等方面作为结构素反复出现,具有神秘或神圣的蕴涵。人类学家称其为神秘数字,又称魔法数字或模式数字。

　　神秘数字的发生根源在于前理性的某种原始的数观念。当数还附着于事物的具体表象、没有为人的理性所把握时,就被赋予了神秘意义,形成了神秘数字观念。这种观念一旦形成,就会产生顽强持久的传承力量,世代相沿,在文明进程中历久不衰,成为集体无意识中的一种生成性的原型数码语言,衍生出光怪陆离的文化现象。

　　中国古代神秘数字产生于中国文化的土壤。世俗文化与宗教文化,儒释道文化与巫术文化,汉族文化与少数民族、周边民族文化的相互交融,汇成中国文化的丰富多样性,给予中国古代神秘数字以深刻影响,使它既具有神秘数字的一般性特征,也构成它的特殊性。

　　汉字的象形特点使神秘数字表象得到最大限度的保留,它不仅在构型中直观形象地表现出神秘数字的蕴涵,也为神秘数字观念的传衍,起到潜在的注塑作用。它不同于西方的表音文字,成为中国古代神秘数字的又一特征。

中国人的神秘数字观念源远流长,渗透在中国文化的众多领域和不同层面中,从六千年前半坡陶片上的等差数列,到"太极阴阳""五行八卦"一类的数理哲学体系,都有神秘数字的无意识作用。它既表征高度的哲学抽象,在诸如"道生一,一生二,二生三,三生万物"之类的数字模式中寄予最复杂的蕴涵,也与官方礼仪、政治体制结下不解之缘,"天子九鼎""人道六制""临民以五"之类的定制都有神秘数字的影响。既有"黄帝四面""方相四目"之类的神话难题与民间礼俗,借"四"传递神秘的文化信息,也有八卦之类的占卜巫术,构成"与天地准""范围天地之化而不过,曲成万物而不遗"(《易·系辞上》)的筮卜体系。既有汉族和少数民族众多的崇"九"习俗,给予人们以中华多民族文化的深刻启示,也有牛郎织女"七七"相会的动人传说,以"七"为循环界点,显得意味深长。不论从历史的、哲学的角度看,还是从文化心理结构、思维方式角度看,神秘数字在华夏文明中的地位和作用都显得格外引人注目。从某种意义上说,它是中国传统文化中一个极为丰富的侧面,予以发掘,是十分重要的。

　　但是,在相当长的历史时期,由于谶纬神学的影响、宗教迷信的作用、科学认识能力的缺乏,人们虽对神秘数字现象给予广泛的关注,却无法做出本质的说明。因此,以理性的态度和科学的分析,揭示其本来面目,正是我们面临的课题。

　　神秘数字是人类认识发展特定阶段的产物,又是一种原始观念的载体。它将借神话思维所获得的对宇宙的直观认识具体数字化,从而具有神圣的象征意义。即使后来成为纯粹的数字概念,仍然积淀着这种无意识原型。可见,神秘数字与神话思维联系在一起,透过神秘数字的原型表象,可以从一个独特的角度,研究人类神话思维的发生学轨迹。

　　本书所要探讨的是中国古代神秘数字的象征蕴涵、发生机制以及人类神话思维的普遍规律问题,力图从对神秘数字的表层追本溯源,使中国古代神秘数字得到深层的解释和理性的把握。一般来说,这类数字多在十以内或不超过十余个,因为它们分别标志着人类认识发展与抽象数概念形成演进的重要阶段。借用法国人类学者列维-布留尔所言:"被神秘气氛包围着的数,差不多是不超过头十个数的范围。原始民族也只知道这几个数,它们也只是给这几个数取了名称。在已经上升到关于数的抽象概念的民族中间,正是那些形成了最古老的集体表象的一部分的数,才真正能够十分长久地保持着数的真义的神秘力量。"①这里要补充的是,"十二"是从日月象变化的循环周期中抽象出来,也应属于主要的神秘数。至于"三十六""七十二"等,则是由于特殊的文化因素或人为计算的结果,在主要神秘数的基础上组合、派生出来的。

　　本书在探索中国古代神秘数字的过程中,特别注意吸收前人的研究成果,又不拘于成说,力求推陈出新,但由于涉及面广,不足之处在所难免,这一探索还只是初步的。我们希望在这一方向继续探索。如果本书的问世能够引起更多的学者对这一问题的重视和进一步探讨,那将使我们感到非常欣慰。

---

① 列维-布留尔:《原始思维》,丁由译,商务印书馆 1981 年版,第 202 页。

# 目 录

# 绪　论

　　中国古代神秘数字是一份特殊的文化遗产。它寄寓着华夏文明原生的神话宇宙观，与本土的巫术和宗教有着不解之缘；它是早期众多社会模式话语的存在基础，成为"天人合一"观念的意义呈现；它既是华夏文明的产物，也与其他民族文化有着象征关联。然而，作为始自神话思维时代知识系统的组成部分，神秘数字的神话原型早已模糊，其依附性动因也更为隐晦，即便神秘数字这一概念的提出也不过百年。因而，从文化人类学视角探讨中国古代神秘数字的原始发生、深层结构与研究路径，是一个值得关注的课题。

## 一

　　神秘数字是指"习惯上或格调上一再重复，用来代表仪礼、歌谣或舞蹈模式的数字。也用来指兄弟、姐妹或动物类型传统上所具有的数字，或用来代表故事重复出现的行为的数字。例如在欧洲的民间传说中，反复出现'三兄弟''三只熊''三支箭'等，以'三'为模式的主题。中国的'三'

'五''九'都是这一数字"①。可以说,作为社会生活现象的符号化形式,神秘数字体现了人类认识的某些规律。问题在于:在中国古代,数的神秘性质是怎样生成的? 换言之,它如何被打上"神秘"的印记?

人类学家在田野考古中发现,原始数观念是神秘数字的认识起点,"它的产生比有文字记载的历史还要早好几千年"②,甚至一两万年③。即便在今天看来极为简单的"一",也伴随着复杂的智力劳动。许多原始民族的数词只有一和二,当某一事物超过二时,原始人往往用"多一个"或"多几个"来计算。19 世纪下半叶有学者指出,南美洲森林和澳大利亚沙漠地区的某些蒙昧民族的计数方法也属于这种情况。④ 乌节尼尔在《论"三"》中则认为,"这个数的神秘性质起源于人类社会在计数中不超过 3 的那个时代。那时,3 必定表示一个最后的总数,一个绝对的总数,因而它在一个极长的时期中必定占有较发达社会中的'无限大'所占有的那种地位"⑤。这种从人类数概念的智力进化过程开始的分析表明,数观念经历了数与物的浑融交织,是与先民对世界朦胧而混沌的感知方式相对应的。难怪罗素感慨地说:"发现一对野鸡和两天同是数字二的例子,不知要经历多久,蕴涵抽象的程度一点也不容易。"⑥中国古代也曾存在类似的认知阶段。尽管我们无从复原原始数概念的生成过程,但是从汉语词汇中不少"以三为多"的构型中,分明可见那些整体的、未分化的观念来源。汉语中众多"一国""一统"之类以"一"为全部、整体的意蕴中,也保留着这类模糊语言的活化石。当然,这种以整体划分表征的观念只是数的萌芽,或是处在被抽象的过程中。

史前人类虽不拥有三以上数字的抽象概念,却并不意味着他们不能计算三以上的数,只不过这种识数与计算采用的是与我们不同的具象思维。

---

① 芮逸夫:《云五社会科学大辞典》第十册《人类学》,(台湾)商务印书馆 1971 年版,第 276 页。

② T. 丹齐克:《数:科学的语言》,苏仲湘译,商务印书馆 1985 年版,第 10 页。

③ 参见金芭塔丝:《活着的女神》,叶舒宪等译,广西师范大学出版社 2008 年版。

④ 爱德华·泰勒:《原始文化》,连树声译,上海文艺出版社 1992 年版,第 247 页。

⑤ 转引自列维-布留尔:《原始思维》,丁由译,商务印书馆 1981 年版,第 202—203 页。

⑥ 转引自 David Parkin:*Semantic Anthropology*,Academic Press,London,1982,pp. 279-280。

人类学家称之为"数-总和"。列维-布留尔认为:"它们使用的是一些'执行数的功能'的词,或者更正确地说,它们是求助于'数-总和',亦即求助于一些具体表象,在这些表象中,数还没有与被数的东西分离开来。简而言之,下面一种说法不管看来多么离奇,但它是正确的,这就是原始人在拥有数以前的漫长时期中就会数数了。"[1]至于计数方法,则有不同形式。许多原始民族采用匹配法,"他们记录畜群或军队的数目,不是用刀在树上刻若干痕迹,就是用小石卵堆成一堆"[2],"近取诸身",也是常用形式。以手指作为计数工具,被视为数源于手的证据。郭沫若通过考释甲骨文字,也认为数的产生与手有关,"数生于手,古文一二三四作一二三亖,此手指之象形也"[3]。那么,在从具体形态向观念形态抽离的过程中,识数与数的意义之间具有怎样的意义关联?是否识别了数,就自然获得了神秘性来源?

我们认为,数与物的简单对应并不等于原始的数观念,实指数目及计算功能也不构成数的神秘性。神秘数字之所以神秘,源于尚未从神话思维表象中抽绎出数概念的史前信仰社会,只能通过以具体表示抽象的原则,借具象化形式表达其观念蕴意。在文化人类学视野中,神秘数字的观念发生以下列方式为基本条件。

一,借天地表象认识空间方位。人类通过太阳运行的表象认识日出、日落的自然现象,形成原始的方位坐标,确立了最初的空间观念。在中国原始社会,"我们的许多民族是先知道东西方向,后来才有南北方向的知识。景颇族称东方为'背脱',即日出的方向;称西方为'背冈',即日落的方向"[4]。这种从太阳的直观表象中确立的二方位空间观念和原始宇宙观,象征着二方位的叙述尺度,同数字"二"一起获得神秘蕴涵。也是在太阳的启示下,华夏祖先在二方位坐标的基础上分辨出东西南北四个方向。反映在新石器文化的墓葬遗址中,就是在东西向的埋葬模式之外,又出现南北向的埋葬模式。与之相应,原始人从日月星辰的运行曲线和天象的观

① 列维-布留尔:《原始思维》,丁由译,商务印书馆1981年版,第198页。
② T. 丹齐克:《数:科学的语言》,苏仲湘译,商务印书馆1985年版,第5页。
③ 郭沫若:《释五十》,见《郭沫若全集·考古编》(第一卷),科学出版社2002年版。
④ 宋兆麟、黎家芳、杜耀西:《中国原始社会史》,文物出版社1983年版,第431页。

察中形成"天圆地方"的神话宇宙观,形形色色的"四面神"传说及"方明"信念,就是这种观念的投影与再现。随着这类原型表象被视为普遍的人类信仰,诸如九州、四海这样一些符号形态就作为原始的方位意识和宇宙天地生成的结构素被固化下来,为神秘数字崇拜提供象征依据。

二,以空间观念表达时间意识。根据前说,人的时间观念发生要晚于空间观念,抽象的时间观念最初难以从具体的空间方位中抽象出来,因而标志时间的符号往往要借用原有的标志空间方位的符号,兼有了表示时间观念的后起职能。所以初民总是借用空间符号作为数概念表达的标志,以表示空间方位观念的符号作为时空认识的基本尺度。这种原始的时空混同,往往呈现为以空间方位的某一点来标志时间循环的周期(如季节),因而某一空间方位也就同特定的周期归为一体。例如,商代甲骨卜辞中有四方风(凤)名和四方神名,却没有标志时间循环变异的四季符号;《淮南子·天文训》中以旸(汤)谷、昆

数生于人体,新加坡现代艺术

吾、昧谷、幽都表示太阳日运行的时间周期,却没有四时之说。它们都体现了神话思维以具体表象传达抽象观念的规律性现象。在此基础上,太阳一年的循环隐喻春夏秋冬的四季更替,生成诸多"四象""四时"意象。这种现象说明,时间与空间的混同成为神话数观念的出发点,表现为时空因素尚未分化的浑然一体状态。随着人类思维的演进,时空认识由二维空间向三维空间拓展,神秘数字也获得新的象征符号由"四方"的平面方位转向"七方"的立体空间。这也正是神秘数字由"四"而"七"的生成基础。

三,以人身直观生成类比依据。从很早时候起,中国人就已经意识到,宇宙是一个相互关联的整体,天、地、人之间存在深刻而神秘的互动关系,

它们互相影响,彼此感应,人身自然成为表达这种关联的工具。前说"数源于手",正是以自身为参照的关联形式。这种借助身体部位观察和指称外部意义的做法,被皮亚杰称之为"自身中心化"①。在具体操作中,手指与外部构成指称关系。《墨子·经说下》:"若数指,指五而五一。"即以手指作为计数部位,一手有五指,以五指合一。董仲舒则将类比形式扩大到人的肢体:"求天数之徵,莫若于人。人之身有四肢,每肢有三节,三四十二,十二节相持而形体立矣。"②这些做法皆以身体部位表达计数意义。

因此,"如果我们试图追溯附着于各个圣数的情感值的起源,那么我们几乎总能发现,它的基础是神话空间感、时间感或自我意识的特殊性"③。它溯源于人类尚未从具体、直观的神话思维表象中抽象出来的蒙昧状态,以原始数观念为生成基因。进而言之,它符合神话思维借具体表达抽象的普遍规则,以空间意识的具体数字化为文化心理根源。尽管随着文明的进程,神秘数字的原始面貌变得难以理解,许多神话表象也早已被人遗忘,但是某些神秘意蕴在知识积淀中仍被延续,这正是神秘数字所以"神秘"的原始背景。

## 二

中国古代神秘数字源于人类借神话思维获得的原生数观念,但是它不是一个既成的事物,而是有其发生、发展的过程,探求它在文明社会进程中的模式生成及其转换背景,对于研究神秘数字的历史生成,具有特殊意义。因为神秘数字的深层动因不仅基于历史的继承性,也取决于一定社会语境下的象征价值与置换变形。

神秘数字模式属于神秘数字范畴中的结构类型。不同的神秘数字模式表达不同的文化隐喻,象征不同的观念差异。中国古代神秘数字模式包

---

① 让·皮亚杰:《发生认识论原理》,王宪钿等译,商务印书馆1981年版,第34页。
② 董仲舒:《春秋繁露·官制象天第二十四》。
③ 恩斯特·卡西尔:《神话思维》,黄龙保、周振选译,中国社会科学出版社1992年版,第165页。

括基本类型与引申类型。前者基于神话宇宙观的元语言范畴,后者则是在前者基础上生发的模式构型。神秘数字的基本类型包括方位型与周期型。方位型基于神话空间意识的原型表象,它固化在阴阳、东西二方位、四方等符号形态中,反映方位定向与具体事物的相互联系。周期型建立在方位观念基础上,体现时间的循环变化,以春夏秋冬四季更替、四时辰等体现宇宙周行不殆的运动规律。神秘数字基本类型的特点在于它们都具有基数性质,成为表达上古神话宇宙模式的载体,同时充当引申类型的生成前提。神秘数字的引申类型主要包括规制数字、占卜数字以及宗教数字。所谓规制数字,是指将一定社会背景下的数字符号投射到王权架构、祭祀礼仪、文化现象中,形成不同的数字文化结构。形形色色的"人道六制"、祭祀仪礼的等级制度,都反映着某种权力意志,而"五典""七教"等组合,则将伦理规范落实于神圣的君臣关系。作为数字基本类型的衍生与变体,规制形式具有极强的生成性。占卜数字并不等同于术数,却以天文历算为本,摹于"法天地,象四时"之道,属于借数字形式呈现的历算占卜符号。八卦则是占卜数字的突出代表。宗教数字是指儒释道文化中由神秘数字构成的宗教名目或术语,诸如"六道轮回""八大金刚"等名目,强化了宗教世界中弥漫一切的生成性力量。

　　为什么中国古代神秘数字经历了由基本类型向引申类型的转换?什么是实现这种转换的基本条件?就一般意义而言,这似乎是一个自然的过程,但实际包含了很多因素,既反映了认识客体的多样性与复杂性,也体现了认识主体对自然、社会的规律性探求。恩格斯指出:"宗教是在最原始的时代从人们关于自己本身的自然和周围的外部自然的错误的、最原始的观念中产生的。但是,任何意识形态一经产生,就同现有的观念材料相结合而发展起来,并对这些材料作进一步的加工;不然,它就不是意识形态了,就是说,它就不是把思想当作独立发展的、仅仅服从自身规律的独立本质来对待了。"[①]神秘数字也是一样,其引申类型是在一定社会语境下形成

---

① 　恩格斯:《路德维希·费尔巴哈和德国古典哲学的终结》,见《马克思恩格斯选集》(第四卷),人民出版社 1972 年版,第 250 页。

与发展的。

首先,天人合一的神话思维是中国古代神秘数字神秘化的思想根源。史前人类以自身为起点,以天地为参照系,在与宇宙时空的比照中形成神秘数字的方位型与周期型。但是,这种认识并没有停留在基本类型层面,而是随着对天人观念的探索,为数字观念注入更多的意蕴。从神秘数字的构成因素看,天人关系积存在从一至十的自然数列的生成过程中,不断引申与推衍。"十个天地之数,个别而言,虽非必狭义的均指言天地,却可泛指天象地理。例如,一可指太一、太极,或天帝,二指两仪即天帝阴阳,三指三才、三辰,四指四方、四极即大地,五指五行、五星,六指六合即宇宙,七指七宿,八指八极、八表、八风,九指九天、九野,十指十日、十干"①,这些引申类型皆与天地相关联。至于西汉纬书《河图括地象》中"天有五行,地有五岳,天有七星,地有七表,天有八气,地有八风,天有九道,地有九州"之类的繁复比照,更是以天地对举。从神秘数字的模式作用看,引申类型所生成的无穷的神秘用法,虽有不同的文化底蕴,却多脱胎于天人合一的同构关系。例如,许多创世神话中,以"七十""七百"为结构素的夸张变体形式,隐含着"七"的循环极限意义,其转换背后深深印入宇宙天人的文化基因。

除了数字个体的象征蕴涵,神秘数字的推衍形式也是神圣宇宙观的意义呈现。《老子》"道生一,一生二,二生三,三生万物"的数字哲学,隐喻宇宙由混沌到创生的过程;《史记·律书》中"数始于一,终于十,成于三"的表述,也以复杂的数字形式寄寓生成之理。至于易学系统中整齐的数符推衍,则是法象天地的模式构拟。② 更不用说"发于一,成于二,备于三,周于四,行于五"(《说苑·辨物》)的周延形式中寄托的生成之意。这些数字序列所呈现的宇宙结构,体现出天人合一观念严整的思维逻辑。它们与早期数观念相比,显系晚出。上述状况表明,天人合一观念与神秘数字模式的

---

① 杨希枚:《先秦文化史论集》,中国社会科学出版社1995年版,第622页。

② 例如,《易·系辞》:"天一,地二,天三,地四,天五,地六,天七,地八,天九,地十";《京氏易传》卷下:"初为阳,二为阴,三为阳,四为阴,五为阳,六为阴(七为阳,八为阴,九为阳,十为阴)。一、三、五、七、九,阳之数。二、四、六、八、十,阴之数。"

生成与转换,呈现为逐步整合的过程。"天人合一"既是神秘数字的模式基础,也是神秘数字模式转换的基本条件。正是随着天人合一观念的不断变化与丰富,神秘数字体系不断繁衍,从而构成其模式转换的必然性。

其次,王权意识是中国古代神秘数字神圣化的政治基础。中国古代神秘数字观念产生虽早,但真正蔓延还是在社会由原始向王权转型的过程中。自商周以来,执掌通天权力的巫、史之类的仪式主持者,就以神秘数字作为表达王权制度的编码形式,通过沟通天人、传递天意的象征性行为,传播与强化王权秩序。这种情况自然溯源于中国古代的神话信仰。神秘数字基于宇宙天地的至上性原则,在天子与太阳的对举中,表达王权秩序的模式构拟。"十二"在其中颇有代表性。在古代天象历法中,"岁行一次,谓之岁星,则十二岁而星一周天也"(《物理论》),日月运行成为对"十二"纪时标志的说明。而《山海经·海内经》中炎帝后代以噎鸣"生岁十有二",以神人的行为象征"岁"由神"生"的历程,表示时间之发生与推移。于是,在神话思维的类比模式中,"十二"以神话宇宙为象征背景,自然被视为表达极限与秩序的神秘数字,表征某种模式意义。太阳在不同时节经行十二次,结成天体与数的对应关系;帝王作为人间的太阳,自然效法天道,在十二个不同的空间中依次而居。形形色色的规制数字与"十二"相应,构成历代王权政治中不同的模式组合。葬制的七鼎、九鼎之序,乐舞的八佾、六佾之差,皆强化对秩序的认同;而"九五之尊"的固定用法,更是以数符形式印证王者至尊的意义。总之,这种铺天盖地般的规制数字组合,无论是在祭祀文化还是礼乐文化中,都在追求并体现上下有别、等级有序的格局。

不过,这类模拟制度权威的象征意义,只是在王权意识弥漫的时代得到强化。诸如五典、五礼、五玉、五器、五刑、五品、五教、五流、五卜、五长、五纪、五服、五邦、五品、五章(《尚书》),五正、五甲、五吏、五军、五善、五牲、五族(《左传》),五戎、五俎、五起、五精、五耻(《礼记》),五节、五仪、五冕、五御、五材、五土(《周礼》),五欲、五位、五属、五政、五神(《管子》)之类表示祭祀、仪礼、制度的数字模式,具有受自天道的神圣性,深深嵌入社会政治文化的各个领域,成为春秋战国时期王权政治的普遍形式;而随着

"礼崩乐坏"、王官失守、知识权力下移的时代环境,神秘数字失去了王权独占的政治背景,世俗化趋向成为神秘数字的生成依据与文化选择,其关注重心则相应发生变化。

再次,阴阳五行是中国古代神秘数字模式化的逻辑内核。追溯中国古代思想史的发展历程,不难看出阴阳五行作为传统文化的"思想主体",对于神秘数字的生成性意义。阴阳五行分为阴阳说和五行说。一般认为,阴阳说以阴阳二气作为天地万物生成的起点,五行说以五种物质形式作为天地变化的依据。二者虽有不同的来源,但观念基础和思想动力都基于原始宇宙观。作为居主导地位的观念形态,"五行,是中国人的思想律,是中国人对于宇宙系统的信仰:两千余年来,它有极强固的势力"①。难怪许慎《说文解字》对"五"的解说,干脆以"五,五行也"释义。那么,在神秘数字结构转换的过程中,阴阳五行与神秘数字之间究竟有着怎样的关系? 是阴阳五行衍生出神秘数字的组合结构,还是神秘数字滋生出循环轮转的五行次序? 这实在是一个棘手的问题。

作为与神秘数字"五"制结构相应的五行观念,其来源与"五"有着内在关联。现存典籍中关于"五行"有多种说法,学者们在文献基础上也有不同解读(参见本书第五章),从而表明五行的起因不是单一的而是多源的。因此,与其说"五"是五行的衍生物,不如说五行源于"五"数崇拜,甚至可以说它是五行弥漫的形式基础。

进一步分析五行与神秘数字的关系,可知"五"的模式化并非源于五行,而是空间意识发展的结果。胡厚宣先生按照年代顺序考察卜辞中卜年(收成)的辞例,发现殷商时代的卜辞经历了由"四方受年"到"五方受年"的过渡,出现了卜问五方受年的辞例。"商"作为一方与四方同组并贞,成为"中央商",则开启了以五方取代四方的过程。②《左传·昭公十二年》在解释《周易》"黄裳元吉"时指出,"黄,中之色也",也透露了五行与五方、

---

① 顾颉刚:《五德终始说下的政治和历史》,见《古史辨》(五),上海古籍出版社 1982 年版,第 404 页。

② 胡厚宣:《殷卜辞中所见四方受年与五方受年考》,见深圳大学国学研究所主编:《中国文化与中国哲学》,东方出版社 1986 年版。

五色之相应。战国楚竹书《容成氏》中，记载着夏禹建五方旗的古史传说。禹以自己为中央，立东西南北中五方旗帜，以此表达号令四方的象征意义①。可见，正是随着东西南北中五方观念的定型，"五"才逐渐成为宇宙论的象征性符号。如果说"五"与五行思想有着扯不断的瓜葛，那么五方意识就是源头之一。其实，许慎在语源上也清楚"五"的发生与五方的关系。他在《说文解字》中引述"五，五行也"之后，接叙"从二，阴阳在天地间交午也"。段注："二，像天也。"这里不仅意指"五"为天地阴阳之交，也以古文"𠄡"符号的象征意蕴，将其作为四方中心的中点，中央位置的标记。只不过因为五行的生成力量实在过于强大，神秘数字与五行的关系变得模糊难辨了。诚如学者所言："汉尚谶纬，阴阳五行之说弥漫朝野，士大夫受其浸润，蹈虚涉妄，其势使然。"②

不过，当阴阳五行成为秦汉之际普遍的社会信仰，神秘数字崇拜又助长了五行学说的流行和普及，各种模式组合不断增添王权政治以及民间文化的象征意义。司马迁曰："夫天运，三十岁一小变，百年中变，五百载大变；三大变一纪，三纪而大备：此其大数也。为国者必贵三五，上下各千岁，然后天人之际续备。"(《史记·天官书》)以数字模式体现天人秩序。至于在天象、历法、物候、律历以及宗教、哲学、神话领域皆通过数字与指称物的融汇，体现某种观念意义。甚至典籍编撰结构及篇数安排，也要取数字的神秘寓意。《春秋繁露》《吕氏春秋》《史记》皆是其例。董仲舒就认为："天地阴阳木火金水土九，与人而十者，书者以十为终，皆取此也。"(《春秋繁露·天地阴阳》)将阴阳五行观念推向极致。

还有，数术文化是中国古代神秘数字普泛化的不竭动力。数术"既包括研究实际天象历数的天文历算之学，也包括用各种神秘方法因象求义、见数推理的占卜之术"③，是一个包罗万象的体系。而令我们关注的，在于数术在神秘数字模式化构拟中的特殊意义。考察数术的生成过程，不难看

010

---

① 马承源主编：《上海博物馆藏战国楚竹书》(二)，上海古籍出版社 2002 年版。
② 蒋逸：《数字探源》，见《南谷类稿》，齐鲁书社 1987 年版，第 107 页。
③ 李零：《中国方术考》(修订本)，东方出版社 2000 年版，第 35 页。

出它最早是由司天文、仪礼之职官承担的。"数术者,皆明堂、羲和、卜之职也。"(《汉书·艺文志》)这种规制曾延续了很长时间。《史记·天官书》列举了众多不同时代与国度的天官名录:"昔之传天数者,高辛之前:重黎;于唐、虞:羲和;有夏:昆吾;殷商:巫咸;周:史佚、苌弘;于宋:子韦;郑则裨灶;在齐:甘公;楚:唐眛;赵:尹皋;魏:石申。""夫自汉之为天数者,星则唐都,气则王朔,占岁则魏鲜……"(《史记·天官书》)可见"传天数"是早期天官的必备之职。至于"天数"的内涵,则为数字表象下的规律性认知。"为天数者,必通三五,始终古今,深观时变,察其精粗,则天官备矣。"(《史记·天官书》)"三五"作为天数之本,当然不光指三、五两个天数,而是象征宇宙天地的基本法则和天人合一的历史规律。《易·系辞》:"参(三)伍(五)以变,错综其数,通其变,遂成天下之文。"《左传·昭公三十二年》记史墨言曰:"物生有三,有五……故天有三辰,地有五行。"《国语·鲁语》展禽言曰:"天之三辰,民所以瞻仰也;及地之五行,所以生殖也;及九州名山川泽,所以出财用也。"这些表述说明,传天数、通天数构成早期数术的组成部分。

既然早期数术与史官文化存在内在关联,为什么后来又成为民间占卜文化的载体?考察数术的传衍过程,人们发现,随着巫觋文化向世俗宗教转换,秦汉以后的数术重心也在发生变化。《汉书·艺文志·数术略》中,数术分为天文、历谱、五行、蓍龟、杂占、形法六类。"天文"即日月星辰云气之占;"历谱"指根据历时判定吉凶;"五行"是按照金木水火土的生克关系推断凶咎;"蓍龟"即甲骨占卜和《周易》筮占;"形法"指地形、器物、人畜的各种相术;"杂占"则为五类之外的其他占法,以占梦、厌劾、祠禳为主。它们具体分为数学、占候、相宅墓、占卜、命书相书、阴阳五行、杂技术等形式,奠定了数术的基本类型。这种由政治性向世俗化方向的延展,表明数字模式由"圣"而"俗"的转换。在阴阳五行背景下,神秘数字逐渐失去了原有的神圣意蕴,转而成为解释与推算社会与人生命运、变化的方术形式,成为民间宗教信仰的投影。正如纪昀所言,"术数之兴,多在秦汉以后。要其旨，不出乎阴阳五行，生克制化。实皆《易》之支派，傅以杂说耳"①。而从文化渊源看，数术信仰远远早于秦汉，因为传说中的伏羲时代就有了河图洛书，商周时期已流行占卜，我们的祖先早已用天干地支记日、记时，建立起包括周易八卦在内的数术系统，从而为神秘数字的传衍提供了一种文化模式。

总之，中国古代神秘数字的模式转换依赖于一定的基础与条件。神话思维和神圣礼仪、天人感应、王权话语、民间宗教等复杂因素，构成神秘数字的符号形式和象征组合。在历史的进程中，一些原有的观念逐渐被淡忘，而神秘数字蕴涵的无意识作用，又不断生成新的形式，丰富与深化人类的知识体系与思想来源，使中国古代神秘数字的象征语义得到拓展。借用法国人类学家福柯所言："历史正以此证明自己是一门人类学：历史是上千年的和集体的记忆的明证，这种记忆依赖于物质的文献以重新获得对自己的过去事情的新鲜感。"②

三

作为过去时代的文化遗产，中国古代神秘数字自然是精华与糟粕并存。在这一前提下观照神秘数字的认识价值，及其对于当代思想文化建设的意义，是神秘数字研究必须面对的问题。

第一，研究中国古代神秘数字有助于拓展古代思想世界的知识蕴涵。中国古代哲学中，诸如混沌、道、阴、阳、五行等范畴都包含着数字编码，它们以象征方式展现于天地宇宙的观念中，成为思想世界重要的符号来源。但是，以往的研究往往关注数字在哲学范畴中的指称作用，很少阐明这些符号被抽象与概括的过程。而如果忽略数字在哲学范畴中的象征性由来，就无从体现思想的复杂背景。再者，以往的中国古代思想研究多将传世文

---

① 纪昀：《四库全书总目提要·子部·术数类序》。
② 米歇尔·福柯：《知识考古学》，谢强、马月译，生活·读书·新知三联书店1998年版，第7页。

献视为观念源头,将文字基础上形成的传世文献作为思想与知识呈现的基本依据。而实际上传世文献与原始观念之间留有很大一段空白,难以形成完整的叙述链条,加之传世文献在流传过程中经过了理性化改造,所体现的未必都是思想世界的真实图景。因而在传世文献的基础上,依据从考古、田野中获知的线索,考察图饰、器物上的数字符号构型,将来自"宇宙"的自然秩序投射到器物符号或"历史"秩序中,可以弥补早已残缺或原本并无记载的缺环,重构神秘数字背后的意义。凌家滩史前墓葬中刻有四方八位图案的玉版作为重要的神器,"上面的图纹,任何人一看之下,都会联想到八卦。这是因为图纹明显地表现出八方,而自很古的时候以来,八卦被认为同八方有关"[1]。在人类学视野中,这一类图形显示出居于支配性的知识谱系中精英思想的状况;而从历史的沿革中审视其过程,人们发现从六千年前的大溪文化、大汶口文化到四千年前的齐家文化,从长江中下游、黄河下游直到河西走廊,早期出土器物中的"八角星纹",时间跨度漫长,分布十分广泛,可见"八方"作为一般性知识,早已弥漫于思想世界,成为许多观念的发生源头。至于礼仪制度和风俗习惯中的数字符号,同样作为思想的对象。例如考古勘察发现,秦始皇陵封土为"九层之台"[2],这一墓葬形制规格,就为以"九"制象征王权极限的文本记载提供了内在依据。它说明,来自历史话语的数字信仰,在古代王权政治中具有独特的结构意义。因此,梳理神秘数字的文化基因以及信仰背景,可以丰富中国古代思想世界的观念蕴涵。

第二,研究中国古代神秘数字有助于透视多民族宗教神话的模式意义。以往学界对中国古代神秘数字的分析,多关注汉民族文献,即便取神话传说,也主要关注汉族神话,忽视少数民族文化在中国古代神秘数字体系中的特殊性。少数民族神话包含大量原生态的稚拙形式,保留着古朴、多样的文化信息,是古代神秘数字生成与文化观念传播的重要载体。纳西

---

[1] 李学勤:《走出疑古时代》,辽宁大学出版社 1997 年版,第 117 页。

[2] 陈永杰:《秦始皇陵暗藏金字塔 底面积比胡夫金字塔大》,载《北京科技报》2007 年 7 月 23 日。

族的《创世纪》、彝族的《天地论》、瑶族的《密洛陀》、阿昌族的《遮帕麻与遮米麻》等神话史诗中,九英雄、九魔怪、九道门之类的象征性构成,渗透着"九"的魔法功能。联系《楚辞》中众多"九"制,可以推知"九"在南方少数民族文化心理中的神圣地位。而对维吾尔、哈萨克等民族而言,崇"七"是一个重要的文化选择,其文化渊源至少可以追溯到以《古兰经》为标志的阿拉伯文化,因为《古兰经》中包括多处表现"七"的数字母题。[①] 在北方萨满教的神秘世界中,"九"显得特别重要[②],满族、鄂温克族、蒙古族宗教神话中众多"九"和"九"的倍数用法,皆突出了其弥漫一切的性质。宗教神话语境下的神秘数字,表明少数民族原始宗教信仰具有趋同性一面,同时显示出其文化差异。至于"彝族十月历"等少数民族历法中圣数的恒定周期,不仅体现了与宗教仪式的内在关联,也超越了数字研究本身,具有文化寻根的意义。人们已发现"彝族十月历"与华夏文明最古老的历制——夏代历法的对应关系。[③] 但是,目前的中国古代神秘数字研究或集中于某些少数民族,发展还不平衡;或局限于宗教神话中数字的表层语义,把问题简单化。实际上,从民族文化视角比较中国古代神秘数字的复杂历程与不同取向,既可看到华夏各民族相近的文化结构与原型特质,也可深入探索不同民族的数字观念与认知差异。

第三,研究中国古代神秘数字有助于揭示现代"吉祥数字"的深层意义。所谓吉祥数字,是指神秘数字中某些被认为能够祈福避害的数字。在中国古代社会,神秘数字作为鉴往知来、占验吉凶的认识工具,成为巫术、迷信的渊薮;而现代社会,以神秘数字为基础的民间占卜仍有市场。如果说在历史推衍中神秘数字的"原科学"因素早已湮没,如何看待现代的占卜算命活动以及各种吉祥数字崇拜,就成为探讨其文化功能与价值取向无法回避的问题。我们认为,研究对象的神秘性,并不妨碍研究本身的科学

---

① 黄中祥:《维吾尔哈萨克语中的四十和七反映的文化特征》,载《新疆大学学报》(哲学社会科学版)1995 年第 2 期。

② 巴·苏和:《蒙古族"九"数崇拜文化》,载《中央民族大学学报》1996 年第 2 期。

③ 刘尧汉、陈久金、卢央:《彝夏太阳历五千年——从彝族十月太阳历看〈夏小正〉原貌》,载《云南社会科学》1983 年第 1 期。

性。即便占卜算命活动中包含某些迷信因素，人们也可以透过扑朔迷离的神秘数字现象，用理性思维探索其发生演化的本质与规律。因而，研究神秘数字不是宣传迷信。吉祥数字是人们趋利避害追求幸福的愿望表达，具有社会心理的特征，它渗透在民族文化的深层结构中，演变为民俗文化的有机部分。诸如"四"与"死"、"九"与"久"之类的谐音联想，就隐含着一种祈福避害心理。但是现实是复杂的，存在诸多不确定性。既包括好的可能性，也可能与预期相悖。如果以为选了吉祥数字，就一定可以得到好的预期结果，就会将吉祥数字绝对化而成为迷信。不少商家炒作吉祥数字，正是利用人们这种不健康的迷信心理。这是和吉祥数字的本意相悖的，应该摒弃。还有，神秘数字是一种民族文化现象，只适用于一定的文化圈。不同地区或不同民族可能流行不同的神秘数字。因此，它具有局域性。如果把神秘数字或吉祥数字普泛化、绝对化，以为它适用于一切地区和民族，就可能走向谬误。西方信奉基督教的民族往往把十三作为一个非吉祥数字，这是由于圣经神话故事中出卖耶稣的犹大是耶稣的第十三个弟子。中华文化圈未必把十三作为恶数。而按照谐音把"六"和"禄"、"八"和"发"联系起来，因此定价、择吉、选号等活动中都推崇吉祥数字，如168、888 等，意为"一路发财""发发发"，这在异文化是难以理解的。正如恩格斯所言："在每一个民族中形成的神，都是民族的神，这些神的王国不越出它们所守护的民族领域，在这个界线以外，就由别的神无可争辩地统治了。只要这些民族存在，这些神也就继续活在人们的观念中。"①中国古代神秘数字也是如此。因此，从文化传统的角度透视"吉祥数字"的当代影响，可以感悟中国古代神秘数字在民族文化心理中的历史回声。

总之，中国古代神秘数字作为过去时代的思想呈现，在现代社会中仍然有其研究价值与现实意义。

---

① 恩格斯：《路德维希·费尔巴哈和德国古典哲学的终结》，见《马克思恩格斯选集》（第四卷），人民出版社 1972 年版，第 250 页。

# 第一章  万有始于一

文明的开端始于文字,文字的开端始于数字,数字的开端始于一。

因此,从终级的意义上说,哲学家把"一"确定为万有之始,同《说文解字》把"一"列为汉字之始,其中同样蕴涵着意味深长的道理。

在神秘数字的王国里,也许没有哪个数字比"一"更加神奇,更加重要,更加具有基础和本源意义了。由于"一"的神秘化和抽象化,中国古人从这个最简单的数目中引申、敷衍出一系列的异名和别称,如"壹"、"太一"(泰一)、"太极"、"混沌"、"道"、"元始天尊"等。每个名称背后都有一段奇妙历史或一个流传久远的故事。

## 第一节  "一"与"壹"的神话学破译

《庄子·天地》因袭创世神话观的一段话说:

> 泰初有无,无有无名;一之所起,有一而未形。物得以生,谓之德;未形者有分,且然无间,谓之命;留动而生物,物成生理,谓之形;形体保神,各有仪则,谓之性。

这一段说的是宇宙生物从无到有的创生过程，语言虽较抽象，却多少保留着创世神话的原型表象——"一"。郭象注："一者，有之初，至妙者也，至妙，故未有物理之形耳。夫一之所起，起于至一，非起于无也。"成玄英疏："一（者）道也，有一之名而无万物之状。"作为哲学理念的"一"也就是"道"的同义语，对此可以找出大量佐证，殆无可怀疑。

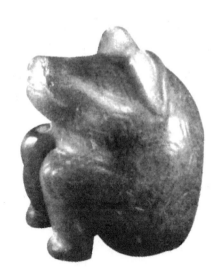

"圣人抱一"说的仿生学原型：殷墟妇好墓出土熊神抱一圆雕玉像

值得深究的是，"一"与"道"两个看似风马牛不相及的概念如何会有意义上的认同关系？将字源学的考察同神话学相结合或许可以找到合理的答案。而这答案对于理解老庄关于"一"的玄奥义理也是至关重要的。

一生二：满族萨满教信仰的鹰神妈妈剪纸

"一"作为汉字中最简单的一个字，的确无法从字形中窥见多少神话表象了。不过，"一"的另一种写法"壹"字中却完整保留着神话表象。姜亮夫先生《释一》一文从语音上推考汉字孳乳增多之迹象，指出："一"孳乳为"壹"，缓读为"壹壹"，又作"氤氲"，后起者还有"壹郁""夭遏"等。这个"壹"字至今沿用在人民币等标示金融价值的场合，作为大写字与"一"并行不悖，可是两个字之间的神话关联却早已被人们忘记得一干二净了。

《说文解字》解释"一"字完全因袭创世神话的观念："惟初太始，道立于一，造分天地，化成万物。"在这十六字"真传"

之中已包含着中国哲学宇宙发生论的观念系统,它与神话实在是不可分割的。马叙伦《说文解字六书疏证》引严可均曰:"宋本太作大。纽树玉曰,《玉篇》引同,《韵会》始作极。成作生。"可见"太极"、"太一"(泰一)、化生等重要哲理范畴均与"一"密切相关。王筠《说文句读》对此四句的解说是:

> 惟初太极。此论道非论世,故举《系辞》易有太极以立言,大徐本作太始,非也。……道立于一。《系辞》:"天下之动,贞夫一。"造分天地。"太极生两仪。"化成万物。乾道变化,坤作成物。①

道生一、一生二的科幻想象图景

按照这种解释,许慎在注说"一"字本义时完全依照《易·系辞》的宇宙发生论敷衍出十六字哲学命题,未免有点小题大做或故作高深之嫌疑。庄有可说,"许说太精深,反欠亲切。古以筹计数,纵横皆始于一。专属于横,后人分析也。古或以为天,或以为地"。郭沫若更通俗地解释说,数生于手,古文一二三𝌆都是手指的象形。马叙伦也赞同这种化繁为简的说字策略,甚至干脆怀疑那十六字哲言不是许君所写,而是晋人吕忱作《字林》时后加上的。今本《说文解字》是吕书与许书混合后的产物。

---

① 王筠:《说文句读》,上海古籍书店 1983 年版,第2—3 页。

看来这桩公案暂时还难下定论。中国的文字学之父许慎为什么在解说九千三百五十三字的第一字时摇身一变成了阐发《易》理的哲人？这一问题单单局限在《说文解字》学史的领地之内是难以解决的。不过，从推本溯源的神话思维立场上或许很容易找到现成的解答。

"一"在神话思维之中绝不仅仅是数字，它作为宇宙万物即"多"的对立面，正是创世之前的神秘状态或神秘存在物的象征。神话在描述创世前的情形时使用了各种"异形而同质"的象征性意象，如混沌、元气、鸡卵、葫芦、肉蛋、人体等等，就其象征性而言，都是与"一"的状态相同或相通的，那就是一种无差别的、未分化的、原始混一的浑融状态。随后开始的创世过程则通常被表现为此种原初浑融体的分化瓦解和万物化生。分化的第一步又通常是所谓"元气剖判，乾坤始奠"；或天父地母从拥抱合一状态的分离；或宇宙卵的一分为二：上壳为天，下壳为地；或葫芦瓜破碎为两半：上瓢成天，下瓢成地；或混沌海怪肢体被分解离异；等

**战国饕餮纹方壶**

等。万变不离其宗，都是在演出老子所说的"道生一，一生二"的创世活剧。也只有从"二"的立场上看，即着眼于混沌存在的分解和离异，才更容易理解"一"所象征的那种无差别的整体以及它所特有的完整、和同、无矛盾、整齐划一、专一不二等等价值蕴涵，从而为一切宗教和哲学所标榜的"归一""抱一"或"反本复始"找到最初的原型范本。

无怪乎"一"或"壹"在古汉语中能够具有那样奇妙的特征，衍化出那么多的意思来。先看看与"一"相关的语义家族：

（1）万物之始。《列子·天瑞》："一者,形变之始也。"《淮南子·原道训》："一立而万物生矣,是故一之理施四海,一之解际天地。"《汉书·董仲舒传》："一者,万物之所从始也。"

（2）独也。《方言》十二："一,蜀也,南楚谓之独。"章太炎《新方言·释言》："《管子·形势》曰'抱蜀不言',谓抱一也。"

（3）专也。《书·酒诰》："聪听祖考之彝训,越小大德,小子惟一。"《传》："言子孙皆聪听父祖之常教,于小大之人皆念德,则子孙惟专一。"

（4）常也。《书·咸有一德》："始终惟一,时乃日新。"《蔡集传》："始终有常而无间断,是乃所以日新也。"

（5）均也。《增韵》："一,均也。"《诗·曹风·鸤鸠》："淑人君子,其仪一兮。"《毛传》："鸤鸠之养其子,朝从上下,暮从下上,平均如一,言执义一则用心固。"《正义》："彼善人君子在民上,其执义均平,用心如壹。既如一兮,其心坚固不变。"

（6）同也。《广韵》："一,同也。"《庄子·大宗师》："故其好之也一,其弗好之也一,其一也一,其不一也一。"

（7）统一也。《孟子·梁惠王上》："天下恶乎定?吾对曰:定于一。"

再看"壹"字的语义家族之例:

（1）专壹也。《左传·昭公二十年》："若琴瑟之专壹,谁能听之?"

（2）均一也。《国语·晋语七》："镇靖(一作静)者修之则章。"韦昭注："章,均一也。"

（3）同也。《左传·昭公十年》："佻之谓甚矣,而壹用之,将谁福哉?"杜预注："壹,同也。"

（4）合也。《广韵》："壹,合也。"

（5）诚也。《广韵》："壹,诚也。"《礼记·檀弓》有子曰:"予壹不知夫丧之踊也,予欲去之久矣。"

(6)齐也。《诗·都人士序》:"则民德归壹。"郑笺:"壹者,齐一之义。"

如果单纯从数字意义上着眼,恐怕无论如何也看不透"一"和"壹"为何会有这些相近似的引申义。按照因形求义的训诂原则,"壹"字形中残留的神话思维表象或许能告诉我们此中奥秘吧。

《说文解字》:"壺,专一也,从壶,吉声。"从字形上看,正是一有盖之壶的表象。朱骏声《说文通训定声》云:"《易·系辞传》:'天地壹壺',按:气凝聚也。亦双声连语。据壺训则吉亦意。"其实,壹壺即氤氲、絪缊。丁福保《文选类话》释为"元气也",亦指创世前的未分化状态。而"壹"字取象之"壶",也正是葫芦剖判创世观的活化石了。《诗经·七月》"八月断壶"句,《毛传》"壶,瓠也",是葫芦称壶的明证。臧克和君已指出:

> "壶"之得名,在于"胡芦",两器在功能、形态上相类。高鸿缙《中国字例》:"古代之壶则极类胡芦。"《鹖冠子·学问》:"中河失船,一壶千金。"陆佃注:"壶,瓠也。佩之可以济涉,南人谓之腰舟。""瓠"即瓠瓜,又名胡芦。"壶"之名原,在于胡芦;由是制作壶器之人亦得呼为"壶",将其名长读,是为"昆(混)吾"。《说文·壶部》:"壶,昆吾圜器也。"窃疑"昆吾""胡芦"殆即"壶"之缓读也。[1]

由此看来,"壶"取象于壶即葫芦,正可说明"壹"与"一"的宇宙论意蕴来源于葫芦剖判型创世神话。《新大英百科全书》第五卷收有《创世神话与教义》一文,其中对世界各地的创世神话做了归纳分类,计有世界父母型、宇宙卵型等共五大类型,并无葫芦剖判型。美国汉学家吉拉道特(Giradort)所著《早期道家神话及意义》一书将中国式葫芦剖判型神话列

---

① 臧克和:《诣象论——〈管锥编〉疏证》,贵州教育出版社1992年版,第123页。

京剧葫芦脸谱

为宇宙卵型创世神话的亚型变体，并参照中国少数民族神话材料，构拟出与道家的混沌主题相关的创世神话谱系规则。这位神话学家很有见地地指出，瓜瓠与卵、混沌与无、阴阳原人（hermaphroditic giant）与乱伦配偶的原始兄妹（incestuous primordial couple）均可理解为整体和完满存在（the fullness of being）的神话表征，它们所强调的都是"性别的原初合一性（primordial unity of the sexes），也就是男女两性未经分化离异之前的兼性统一状态。这样看来，神秘数字"一"的宇宙论意蕴背后还潜藏着一层生物学的意蕴。天地初开也好，瓠瓜始判也好，原始父母分离也好，所有的创世神话表层叙述都影射着双性同体的统一生命状态向两性分化状态的转化过渡。

从这种意义上来理解"壹"及其神话表象"壶"（葫芦），当然会有洞若观火一般的开悟效果。附带还可以使一些相关的歧义得以冰释。如"壹"之缓读"壹壶""絪缊"或"氤氲"本亦指阴阳二性未分化的浑融状态。王筠《说文句读》卷二十"壶"字下云：

壶，壹壶也，从凶从壶。壶不得泄。凶也。

《易》曰："天地壹壶。"《系辞》文今本作絪缊，虞本作氤氲，《广雅》及班固《典引》作烟煴，蔡邕注《典引》曰："烟烟煴煴，阴阳和一相扶兒也。"张载注《鲁灵光殿赋》曰："烟煴，天地之蒸气其实"壹壺"本指阴阳未分化之状,所谓"阴阳相胜"或"相扶"之说显然是似是而非的后起之说。"壹"之本义即指未剖分的葫芦整体,无怪乎它兼有"合"等引申义。另外,它还有"闭塞"之义。《增韵》:"壹,闭塞也。"《管子·权修》:"臣下赋敛,竟得使民偷壹。"作"闭塞"之义的"壹"几乎与《庄子》所讲混沌君未凿七窍的闭锁状态不谋而合了,二者都是象征开辟之前未分化的宇宙生命本原的神话意象,其实质完全相同。

了解到"壹"字的神话背景,可以推知它同"一"字虽然意义相关,却各自有着不同的发生根源。只不过在应用中逐渐消解了差别,混为一谈了。宋人洪迈《容斋五笔·一二三与壹贰参同》写道:"古书及汉人用字,如一之与壹、二之与贰、三之与参,其义皆同。《鸤鸠》序'刺不壹也',云用心之不壹也,而正文'其仪一兮'。《表记》'节以壹惠',注言'声誉虽有众多者,节以其行一大善者为谥耳'。《华山碑》:'五载壹巡狩。'《祠孔庙碑》:'恢崇壹变。'《祝睦碑》:'非礼壹不得犯。'而后碑云:'非礼之常,一不得当。'则与壹通用也。"又由于笔画繁简之故,后人一般场合多用"一"而不用"壹",这个数字背后的神话隐义也就彻底被集体意识所遗忘掉了。

## 第二节 "一"与"混沌"

"一者,数之始也。""数始于一。"中国古代这一常见的说法,道出了"一"在自然数列中的生成秩序。显然,这里的"一"表示客观事物的一种数量关系,是被抽象地理解的。然而,原始初民头脑中的"数",并不具备这种智慧属性,哪怕是今人看来极为简单的"一",也经历了长期的智力劳动,以人类智力进化的漫长历程作为背景和前提。

在神话思维时代,人类还没有抽象思维的能力,物与数只能浑融交织在一起,因此,"一"不是指代一个事物个体,而是表现为对人或物的整体

---

① 王筠:《说文句读》,上海古籍书店 1983 年版,第 1421—1422 页。

划分和记忆。假如有一群确定的和相当有限的人引起了原始人的注意,他必定连同这个人群的一切特征一起来记住这个人群。在他的记忆中,这一群人就是"一"连同这个群的所有特征。如果这群人再度出现,他就通过整体记忆认出这群人是否还是原来那群人,在数量上是多了还是少了。同样,当阿比朋人猎捕野马或者屠宰家马回来,没有一个阿比朋人这样问他们:"你带回来多少马?"而是问:"你赶回家来的马要占多大的地方?"

这种以整体划分和记忆来表征的"一",从严格的意义上说,还不属于真正意义上的数而是数的萌芽,因为它并没有将"一"从事物的具体形态中抽离出来,只是处在被抽离的过程中。诚如法国人类学者列维-布留尔所言:

> 原逻辑思维(即神话思维——笔者注)不能清楚地把数与所数的物区别开来。这种思维由语言表现出的那个东西不是真正的数,而是"数-总和",它没有从这些总和中预先分出单独的1。要使这种思维能够想象从1开始的、按正确序列排列的整数的算术序列,必须使它把数从其所表示的那些东西中分离出来,而这恰恰是它所办不到的。①

"一"的这种整体的、未分化的、未能从事物具体形态中被抽离出来的特征,是与原始先民对世界的朦胧而混沌的感知方式相对应的。在整个史前社会,人类尚未从理性上把握自身的独特本质,尚未达到明确的自我意识,人同自然是混为一体的。这种混同为一的现象,寄寓在神话宇宙观中,表现为创世神话中的混沌母题。换言之,混沌构成"一"的神话语汇。

在中国古代创世神话中,混沌被视为天地万物产生以前的初始状态,这是一个具有相当普遍性的原型母题。混沌有时以人格化的形式出现,如《庄子》中的混沌大神,更多的情况下是以非人格化的形式出现,表现为混沌大水或混沌之气。

---

① 列维-布留尔:《原始思维》,丁由译,商务印书馆1981年版,第187页。

《庄子·应帝王》中有一则"混沌七窍"的神话故事：

　　南海之帝为儵，北海之帝为忽，中央之帝为浑沌。

　　儵与忽时相与遇于浑沌之地，浑沌待之甚善。儵与忽谋报浑沌之德，曰："人皆有七窍，以视听食息，此独无有。"尝试凿之。日凿一窍，七日而浑沌死。

在这则神话中，浑沌是天地开辟以前最早的一位创世大神，他善待"南海""北海"两位大帝，两位大帝则商量报答他的恩德，替他凿开七窍，以便使他像人那样"视听食息"。两位热心的朋友日凿一窍，七日七窍，不料七窍开而浑沌死。浑沌虽然死

象征一而未分的混沌皮影

了，但却换来了天地开辟。正如袁珂先生所说："这个有点滑稽意味的寓言，包含着开天辟地的神话的概念。混沌被儵忽——代表迅疾的时间——凿了七窍，混沌本身虽然是死了，但是继混沌之后的整个宇宙、世界却也因之而诞生了。"①在这一神话中，"混沌"无窍无面，象征着蒙昧不清的原始状态，它先天地而生，先于时空而存在，成为宇宙发生的古始原型。

在著名的盘古创世神话中，混沌母题以宇宙卵的方式出现：

　　天地混沌如鸡子，盘古生其中。万八千岁，天地开辟，阳清为天，阴浊为地。盘古在其中，一日九变，神于天，圣于地。天日高一丈，地日厚一丈，盘古日长一丈，如此万八千岁。天数极高，地

---

① 袁珂：《中国神话传说》，中国民间文艺出版社1984年版，第66页。

数极深,盘古极长,后乃有三皇。数起于一,立于三,成于五,盛于七,处于九,故天去地九万里。①

这则神话与庄子的混沌神话相比,相对晚出,记载它的《三五历纪》,其作者徐整为三国时人。但也因为晚出,其容量比前者更为丰富。在这里,混沌是天地、阴阳分化而出的本源,它形如"鸡子"(鸡蛋),浑圆一团,被类比为具象化的宇宙空间。盘古在混沌世界中孕育成长,经历了"万八千岁"的时间周期和"去地九万里"的空间距离,终于成为顶天立地的原始神祇。这一完整的创世过程,是以"数起于一,立于三,成于五,盛于七,处于九"的数符形式来反映的。如果形如鸡子的浑圆整体象征那混沌未分的原初状态,用数来表示不正是"一"?

在许多创世神话中,混沌母题表现为原始大水,这一表象是以黑暗与未分化的液状形式存在的。古犹太人的《圣经·创世记》和古巴比伦的创世神话,以混沌大水作为天地开辟之前的原始状态。有一则古老的埃及传说,将创世之初说成是从原始大水中生成的一个蛋,当它浮出水面,就从中流溢出光明之神,兆示着光明从黑暗中喷薄而出。屈原的《天问》,也突出了创世之初那种黑暗与未分化状态:

遂古之初,谁传道之? 上下未形,何由考之? 冥昭瞢暗,谁能极之? 冯翼惟像,何以识之? 明明暗暗,惟时何为?

郭沫若便是用"混沌"来翻译这段话的:

请问:关于远古的开头,谁个能够传授?
那时天地未分,能根据什么来考究?
那时是浑浑沌沌,谁个能够弄清?
有什么在回旋浮动,如何可以分明?

---

① 《三五历纪》,《艺文类聚》卷一引,上海古籍出版社1985年版。

无底的黑暗生出光明,这样为的何故?①

　　这种混沌未开的状态,对道家哲学观念产生重要的影响。老子的整个思想体系便是以混沌创世神话作为基础,所以在他的著作中,作为宇宙本源的"道"也可以混同于混沌。我们从其对"道"的具体描述中,依稀可辨原始大水的原型:

　　　　敦若朴,混若浊,旷若谷。(第十五章)
　　　　道冲,而用之久不盈。渊乎似,万物宗。(第四章)

　　将上述叙述合而观之,"道"所具有的先天地生、混沌颍濛、如水如渊、为万物之源等特征,都与大水有关,是对原始混沌的说明。
　　我国众多的少数民族神话,不乏原始大水的描述。像彝族经典《勒俄特依》借助于从一到十的整齐的数符推演,表现了由洪水到天地开辟的过程:

　　　　　　　　天地还未分明时,
　　　　　　　　洪水还未消退时。
　　　　　　　　一日反面变,
　　　　　　　　变化极反常,
　　　　　　　　一日正面变,
　　　　　　　　变化似正常。
　　　　　　　　混沌演出水是一,
　　　　　　　　浑水满盈盈是二,
　　　　　　　　水色变金黄是三,
　　　　　　　　星光闪闪亮是四,
　　　　　　　　亮中偶发声是五,

---

① 郭沫若:《屈原赋今译》,人民文学出版社 1953 年版,第 58 页。

发声后一段是六，
停顿后又变是七，
变化来势猛是八，
下方全毁灭是九，
万物全殒尽是十，
此为天地变化史。①

这里的"一"不仅指代原始大水的孕育生成，也与"混沌"构成类比和对应。

从混沌的原型表象到"一"的原始含义，可以看出"一"的原始发生与神话宇宙观的密切联系，或者说，在原始人的认知水平上，正是混沌的现象世界，构成了"一"整体、未分化的意义。即使在社会进入文明阶段以后，这种原初意义仍然保留在汉语语言里，成为破解"一"发生之谜的"活化石"。《礼记·杂记下》有言："一国之人皆若狂"，"一国"就是全国；《公羊传·隐公元年》："何言乎王正月？大一统也"，"一统"就是统一或一个整体；陆贾《新语·怀虑》："故管仲相桓公，诎节事君，专心一意"，"一意"意为全心全意。类似的例证还可找出许多。考其源流，都可追溯到那遥远的混沌世界中去。

## 第三节　太一·太极·太阳神

在"一"的语义家族里，"太一""太极"颇值得注意。这不仅因为它们频繁出现在古代典籍中，构成重要的哲学语言，也因为它们具有共同的神话原型，衍生出不同的文化现象，隐藏着神圣的象征蕴涵。

什么是"太一"？就字义言，"大""太""泰"相通，都有原初、极大、无以复加之义。朱骏声释"大"一词，曰"经传又多以泰以太为之"（《说

① 参见《凉山彝文资料选译》（第一集），曲比石美、芦学良、冯元蔚等译，四川省民间文艺研究会，1978年。

文通训定声》十三）。曾国藩释《淮南子·泰族训》之"泰"字，曰"一之又一曰泰一"（刘文典《淮南鸿烈集解》卷二十引）。照此说来，"泰一""大一""太一"均为"一"的变体。至于"一"，已如本章第一节所述，是"道"的同义语。在剖析"太一"之前，我们首先列举几例"一"的用法，以把握由"一"向"太一"演绎的轨迹。

《老子》一书中多处用"一"表征"道"这一哲学范畴：

双身合一体的戈鸮卣，商代晚期

载营魄，抱一，能无离乎？（第十章）

视之不见名曰夷，听之不闻名曰希，搏之不得名曰微；此三者不可致诘，故混而为一。（第十四章）

圣人抱一为天下式。（第二十二章）

昔之得一者，天得一以清，地得一以宁，神得一以灵，谷得一以盈，万物得一以生，侯王得一以为天下贞。（第三十九章）

道生一，一生二，二生三，三生万物。（第四十二章）

这里的"一"皆可与"道"互为注脚。不过，当人们面对"道生一"这一命题时，多少会有一些困惑：既然说"道生一"，"道"怎么会等同于"一"？实际上，老子的"道"有两种性质：一种是"无"，一种是"有"。老子认为"天下万物生于有，有生于无"（第四十章）。他说的"无"是无形无象，"有"是有形有象。作为无形无象的"道"就是混沌，就是浑然一体的存在，所谓有形有象的"道"就是"一"。所以他的"道"是"自根自生"的，"道生一"就是"道"产生自己。同样，老子的"一"也具有两重性。一方面它是"道"，是本体；另一方面又是"道"派生出来的。作为本体而言，它是无所不包的整体；作为"道"产生出的具体事物来说，它又是"一"。所以说"道生一","道"即"一"。

庄子深受《老子》的影响,也以"一"作为"道"的表现形式。《庄子·天下篇》有言:

> 神何由降?明何由出?圣有所生,王有所成,皆原于一。

郭象注:"使物各复其根,抱一而已。"成玄英疏:"原,本也。一,道。虽复降灵接物,混迹和光,应物不离真常,抱一而归本者也。"

在沿用"一"的基础上,《庄子》又有"大一""太一"等术语。这里的"大一""太一"本质上还是"一",但加上"大""太"等修饰词,似乎"道"所具有的包容一切、至大至极的范畴意义得到最大限度的发挥。如《天下篇》所说:"建之以常无有,主之以太一。"成玄英疏:"太者,广大之名;一以不二为名。言大道旷荡,无不制围,囊括万有,通而为一,故谓之太一。"

老庄以后的哲学家也纯熟地使用"大一""太一"。例如:

> 故至备情文俱尽,其次情文代胜,其下复情以归大一也。天地以合,日月以明,四时以序,星辰以行,江河以流,万物以昌,好恶以节,喜怒以当,以为下则顺,以为上则明。(《荀子·礼论篇》)
>
> 万物所出,造于太一,化于阴阳。(《吕氏春秋·大乐篇》)
>
> 帝者体太一,王者法阴阳,霸者则四时,君者用六律。(《淮南子·本经训》)
>
> 洞同天地,混沌为朴,未造而成物,谓之太一。(《淮南子·诠言训》)

这些例证表明,老庄之后的思想家无论儒家道家,都以"大一""太一"术语表示阴阳未分以前的本原状态,这一用法是非常普遍的。

"太极"也是一个重要的哲学术语。所谓"极",本义指栋柱,指天宇(屋顶)的最高处。朱熹云:"太极者,如屋之有极。天之有极,到这里更没

030

去处。"(《朱子语类》卷九四)《说文解字诂林》释"极"一词,解为栋,解为中,解为无穷尽。从上述释义可见,"太极"早有至高、至极之意。

在《易传》那个著名的创生模式中,天地万物的本源被归之于"太极"。《系辞传》曰:

> 易有太极,是生两仪,两仪生四象,四象生八卦。

根据这一模式,从生成的意义上说,太极处于终极的位置,表示原始的未分化状态,正是以它为核心,才产生出宇宙万物的无穷裂变。如果将这一变易过程用"一—二—四—八"的数字符号形式加以抽象化,处于宇宙初始状态的"太极"不正是那神秘的"一"?

《易乾凿度》将这个"一生二"的生成过程说得更为具体:

> 孔子曰:易始于太极……太极分而为二……故生天地……天地有春秋冬夏之节,故生四时。四时各有阴阳刚柔之分,故生八卦。八卦成列,天地之道立,雷风水火山泽之象定矣。

在这一模式的阐释中,"太极"被视为创生万物的源头,天地开辟的起点,实际上也是"一"。

值得注意的是,《礼记·礼运》中出现了与《易·系辞传》相类似的生成模式:"是故夫礼必本于太一,分而为天地,转而为阴阳,变而为四时。"将《礼记·礼运》与《易·系辞传》加以比较,我们发现两者对天地万物生成过程的叙述竟如此相近,差异仅在于一为"太一",一为"太极",完全可以互换。难怪钱宝琮先生在对两者孰为先后做考释之后,惊呼"倘使《礼运篇》的著作在《系辞传》或《乾凿度》之后,我想我们一定要读到'是故夫礼必本于太极'了"[1]。这说明,"太一"与"太极"在表示天地本源的终极意义上具有一种异名而同构的关系。如果我们以《吕氏春秋·大乐篇》

---

① 钱宝琮:《太一考》,载《燕京学报》十二期,1936年1月。

"太一出两仪,两仪出阴阳"为例做一点补充,恐怕对此更会有一种豁然贯通的感觉吧。

"太一"与"太极"的关系不仅表现在形式上,更重要的是,它们在本质上也有某种一致。丁山先生将《礼记·礼运》《吕氏春秋》中的"太一(大一)"与《易传》之"太极"、《老子》之"道"加以比较研究,得出这样的结论:

> 由《礼记》"大一,转而为阴阳,变而为四时"说,"大一"即是《周易·系辞传》所谓"易有太极,是生两仪,两仪生四象"的太极。由《吕览》"大一不可为形,不可为名"说,大一也即《道德经》所谓"道可道,非常道;名可名,非常名;无名天地之始,有名万物之母"。[①]

这就将太一、太极、道这些范畴都统一起来了。也正是在天地本源、万物生成的意义上,它们都是"一"。

"太一"与"太极"的同构,只是一种偶然的巧合,还是具有内在的联系? 这是我们的讨论中面临的又一个问题。

就"太一""太极"的命名功能而言,它们具有相似之处。在文献记载中,"太一"首见于《庄子》,"太极"首见于《易传》,前者属道家系列,后者属儒家范畴,但人们在追溯它们的语义发生时,却不约而同指向一个共同的来源——"道",将强为之名的"大"视为"太一""太极"的变形。《老子》曰:"有物混成,先天地生。寂兮寥兮,独立而不改,周行而不殆,可以为天下母。吾不知其名,字之曰'道',强为之名曰'大'。"(第二十五章)这里的"大",给予人们不同的认识。持"大"为"太一"说者,认为"大"即"太","道"即"一","大"为"太一"勉为其难的表述。《吕氏春秋·大乐篇》中有"道也者,至精也,不可为形,不可为名,强为之(名),谓之太一"之语,几乎照抄《老子》原话,而将"道"的别名"大",称之"太一"。持"大"为"太极"

---

① 丁山:《三皇说之成立》,见《中国古代宗教与神话考》,上海文艺出版社 1988 年版,第461 页。

说者,认为《老子》之"大"与《易》之"太极"在本质上相通,包含了"太极"的基本精神,是"太极"不够完整的表述。这些说法想为"太一""太极"的命名找到各自的来源,可到头来还是碰到了一起。它似乎在启示人们:两者之间或许存在某种发生上的联系。

人类的理性思维是从神话思维中脱胎而来的,作为宇宙万物生成的哲学范畴,总是关于某一两种事物运动的个别原理推衍的结果,具有形而下的神话原型。"太一""太极"既然在宇宙生成变化的意义上与"一(道)"相通,两者之间也应有共同的发生基础。

作为宇宙万物生成、变化的普遍法则的"道",具有一个突出的特征,用老子的说法叫"周行而不殆"。周者,圆周,环绕也。周行,指的是循环往复的运行,因此可以说"道"的原型可以追溯到神话意识中周期性变化的物象,而在大千世界中对人类影响最大的周期性变化物象无疑是太阳。太阳朝出夕落,巡行于阳界与阴间,造成白昼与黑夜的交替,这一永恒运行生生不息的自然物象启示人们形成阴阳对立的神话宇宙观,形成阴阳互相转化、互相依存的哲理,因此,从终极的意义上说,太阳即为原生形态的"道"。再者,就太阳的运行法则而言,在神话思维中,太阳白昼自东向西运行于天上,夜晚自西向东运行于地下阴间,合起来构成一个封闭的圆。太阳在循环运行中不断地重返自己的出发点。因此,在西天落下的太阳与在东方复出的太阳实际上只是同一个太阳,或者说是同一个"道"的表现而已。不难看出,太阳是"道"也即"太一""太极"的神话原型。"太一""太极"虽然属于不同的哲学范畴,但都是从太阳运动现象中构建了自己的体系。

不过,随着时光的流逝,它们的原始身份早已为人们淡忘了。后来由于天文学星相知识的发达,"太一"转化为北极星的别名。所幸的是,由于宗教礼仪活动具有极大的历史稳定性,其模式可以历千载而基本不变地保持在各时代的社会结构中,所以从现存的宗教礼仪活动记载中,我们仍有可能部分构拟、复原久已失传的仪式模式及相应的神话原型。

按照这一思路,分析"太一""太极"的原始蕴涵,它们实际上都以太阳神话为背景。太极与混沌相通,表示天地阴阳开辟前的状态,象征着介于光明与黑暗之间的元光明与元黑暗。《易·系辞传》云:"大衍之数五十,其用四十有九。"说的是占筮之始从五十根蓍草中先抽出一根。这虚而不用的一根蓍草就表示太极。唐李憬曰:"五十有一不用,太极者,不变者也。有太极之一,乃可用四十九策。"(《周易传注》引)清代学者胡渭说:"所谓太极者,一而已矣。命筮之初,奇偶未形,即是太极。"(《易图明辨》)可见,它被赋予原初、本源的意义。至于"太一",尽管在上古文献中时为星辰,时为天神,但究其本源,都与太阳神有着或显或隐的联系。从汉代的太一祭礼中,人们可以更清晰地认识这一点。

太一祭礼是一种官方礼乐活动,汉代是其全盛时期。《史记·乐书》对太一祭礼有这样的记载:"汉家常以正月上辛祠太一甘泉,以昏时夜祠,到明而终。"《汉书·礼乐志》也说:"至武帝定郊祀之礼,祠太一于甘泉……昏祠至明。"上述材料说明,太一祭礼要在夜间进行,"昏时夜祠,到明而终",这一时间选择显然不是随意的安排,而是有意的设定。

从前面关于太阳循环运行现象的分析中,可以看出太阳对人类祖先具有极大的影响,太阳的朝出夕落不但成为建立时空意识的重要的尺度,也是引发阴与阳、光明与黑暗、生命与死亡等对立的哲学观念的基础。于是,在神话思维的拟人化类比作用下,太阳的朝出夕落、循环变易被认同于人的生命周期,太阳在夜幕降临时死去,伴随着黎明之光复活。

循着这一角度进一步分析太一祭礼,它与太阳崇拜有着密切的关系。太一祭礼恰恰从晚上开始,天明结束,与原始观念中的太阳运行构成类比。因而可以推知,太一祭礼的本来面目似应追溯到史前时代的太阳神崇拜仪式活动,本义是借助于人类自身的象征性模拟帮助、促进太阳神的正常运行,确保其应有的光度和热力,从而保证自然过程和社会生活的正常秩序。汉代官方的太一礼仪所以要在夜间进行,是由于它仍旧沿袭着自史前流传下来的巫术性助日仪式的传统程式;之所以要"到明而终",是由于太阳已经重新焕发出旺盛的生命力。这不禁使人想起山东大汶口原始文化遗址里发现的陶刻文字符号𝌆①。从这一符号中可见，在熊熊烈焰中，一轮朝日从山头上冉冉升起，它既象征着新生的太阳无穷的热力，也为燃起巫术的火堆、"列火满坛"（《史记·封禅书》）的太一仪式行为之由来提供了直观依据。尽管随着时光的流逝，这一仪式的本义几乎全部丧失，发展成为封建国家的一种礼乐性活动，但仍然无意识地以太阳神为祭拜对象，借"一"的异名"太一"敷衍出有声有色的太阳神崇拜仪式。

由"一"所寄托的太阳神崇拜，在王权社会中成为君王权威的象征，被称为"一人"。《尚书·太甲下》："一人之良，万邦以贞。"孔安国《传》："一人，天子。"天子为"一人"，显示出其独一无二的地位。天子则自称"予一人"。如《尚书·泰誓》："百姓有过，在予一人"，"奉予一人，恭行天下"；《尚书·汤诰》中也出现"王曰：'嗟尔万方有众，明听予一人诰'"的说法。孔安国《传》："天子自称曰'予一人'。"这里，"予"与"万方"、"一人"与"有众"相对，显示出一种"中心"的意味。班固将其解释为"王者自谓一人者，谦也，欲言己材能当一人耳。故《论语》曰'百姓有过，在予一人'。臣谓之'一人'何？亦所以尊王者也，以天下之大，四海之内，所共尊者一人耳，故《尚书》曰：'不施予一人'"（班固：《白虎通·号》）。按照班固所言，王者自称"一人"为自谦，臣子称王曰"一人"，则是尊称，显示出"一"与王权的类同关系。而据胡厚宣先生考释，这种"予一人""余一人"还可追溯到更远。甲骨卜辞中就有"余一人"之说，这表明殷商时期就有以"王"为"一"的思想。② 因而，天子与"一"的对应，实则透露出天子以人间太阳自居的象征意义，寄寓着"一"与太阳崇拜的史前信仰。

---

① 山东省文物管理处、济南市博物馆编：《大汶口：新石器时代墓葬发掘报告》，文物出版社 1974 年版，第 117 页。

② 胡厚宣：《重论"余一人"问题》，见《古文字研究论文集》（《四川大学学报丛刊》第十辑），1982 年。

# 第二章 太极生两仪

## 第一节 求解"一生二"之谜

老子说:"道生一,一生二,二生三,三生万物。""一"是如何"生"育出"二"的呢? 古人曾对老子的这句话做出过多种解释,当今的学者中也有人继续做新的解释,下面便是几个例子。

《淮南子·天文训》说:"一而不生,故分而为阴阳,阴阳合和万物生。故曰一生二,二生三,三生万物。"这是用"一分为阴阳"来解说"一生二"。据此,数字"二"是对以阴阳范畴的事物对立统一规律的高度概括。朱熹又将这一规律叫作"一生两",强调每一事物都可分为阴阳两个相对的方面。《朱子语类》卷六十五云:

> 每个便生两个。就一个阳上,又生一个阳,一个阴。就一个阴上,又生一个阴,一个阳。

这倒有些像分子裂变的无穷序列了。上古著名的医书《黄帝内经》也发挥了阴阳对立统一的道理,其《素问·阴阳离合论》一篇中说:"阴阳者,数之可十,推之可百,数之可万,万之大不可胜数,然其要一也。"这就把阴阳(二)的对立统一视为宇宙万物的普遍大法。

把"一分阴阳"作为对"一生二"的理性阐释并不为错,但这还不能说是真正溯本求源的阐释。因为在抽象化的"阴阳"范畴背后,一定还有数字"二"的形而下的表象。这是两个什么表象呢?《黄帝内经·太素》有确切的回答:

> 一分为二,谓天地也。

原来毛泽东哲学最流行的说法"一分为二"也是借用的古老成语,脱胎于神秘数字的创生序列。"一分为二"既说明了"一生二"的真相,也说明了"太极生两仪"的秘密。所分出来的"二",本指天和地从混沌一团中

牛河梁出土红山文化双联玉璧

分化和独立的结果。这就在道家和《周易》的数理公式背后寻找出了抽象之前的神话表象,暗示出"一生二"命题所概括的创世神话的重要信息。

高亨先生在《老子正诂》一书中发挥说:"一二三都是取代了实物的虚数。一代表天地未分之元素,二代表天地,三代表阴气阳气相合后产生的和气。《礼记·礼运》:'礼必本于太一,分而为天地,转而为阴阳。'"[1]这类说法可以说同样是把讲述开天辟地的宇宙发生神话改变为论述性语言而已。真正原始的神话语言既不是"一生二"也不是"一分为二",而是葫芦瓜剖判!

一个圆滚滚的葫芦若从中间一刀剖开分成两半儿,那不就变成两只瓢了吗?这具体的景象使任何人都会从直观上留下"一分为二"的印象。也

许类似的直观表象太普遍也太强烈了,初民们在编造世界起源的神话故事时总难免要借用这葫芦剖判的原型表象。我们已经明白汉字"壹"的造字表象本是一只大葫芦,这样就不难理解数字"二"为什么同神话中的剖判母题难解难分了。

## 第二节 "一分为二"的破译:葫芦剖判与天地开辟

"剖"和"判"本为一对同义词。《说文解字》释"剖"字云:"判也,从刀音声。"《广雅·释诂》:"剖,分也。"更确切地说,"剖"指从中间分开为两半,就像人们通常切瓜那样。成语所谓"瓜剖豆分"正是对此类"一分为二"现象的最生动写照。故《玉篇》又云:"中分为剖。"《左传·襄公十四年》也有"与女(汝)剖分而食之"的话,注云:"中分为剖。"这都确切无疑地指明了"剖判"的本义。《广雅·释诂》干脆把中分的结果视为剖字所指:"剖,半也。"一个葫芦被中分为两半,这本是极常见的经验现象,古人偏偏要用这一表象去图解宇宙开辟之初的非经验现象,所以就有了讲述"天地剖判"的神话传说,并且世代沿袭成为流行不衰的熟语。

《韩非子·解老》中有"自天地剖判以至于今"的说法,这是将世界的创始形容为天地剖判。《史记·孟子荀卿列传》也说:"天地剖判以来,五德转移。"《汉书·陆贾传》又说:"自天地剖判,未有始也。"《史记·郦生陆贾列传》中也引了这句话,剖判写作剖泮。此外,还可以将"剖"与"判"分开来使用,构成对文:

> 成公绥《天地赋》:清浊剖分,玄黄判离。
> 《淮南子·俶真训》:天地未剖,阴阳未判,四时未分,万物未生,汪然平静,寂然清澄,莫见其形。

以上这些措辞大同小异,都用未剖判前的状态描摹那无限神秘的"一"。可见与"二"密切相关的剖判说早在先秦两汉之际就已经深入人心,成为民族集体意识中宇宙发生观的常见表达模式了。与天地剖判说相类似的另一种语词模式叫"凿破鸿蒙",或"开辟颅濛",等等。其实这类说法都是从剖判母题派生出的异名。因为"剖"字本身又有"破""开"的意思。《广韵》:"剖,破也。"《文选·海赋》李善注:"剖,犹破也。"《荀子·强国》:"剖刑而莫邪已。"注:"剖,开也。"以上语言方面的证据足以说明,中国古代宇宙论认为创世之前的混沌状态是以天地合为一体的有机整体为特征的,其物化形象乃是葫芦,其人格化形象则是盘古(盘瓠)、伏羲、女娲等等。从混沌到世界的创生过程,被形象化地叙述为葫芦从中央剖开,亦即所谓天地剖判,阴

非洲的壶子造型

阳分离。《诗经·緜》便有"緜緜瓜瓞,民之初生"的记载,这是古文献所见把人之由来追溯到葫芦瓜的最早一例。到了后代相继出现的少数民族神话中,葫芦剖判的母题衍生出大量洪水方舟型的故事,葫芦作为容器成为人类再生的象征。闻一多先生等对此已做过详尽的探讨,在此就不必赘述了。近来日本的比较神话学家伊藤清司从更广的时空背景上讨论到葫芦母题,他指出,葫芦在七千年以前的浙江河姆渡遗址中就已出土。另外,从六七千年前的陕西半坡遗址中,也发现了葫芦形状的陶器,可见在中国,葫芦文化从古时便发达起来。根据植物栽培学家中尾佐助的论断,葫芦的原产地是非洲西部的尼日尔河流域和印度南部。民俗学家们确实在非洲发现了许多围绕葫芦剖判而展开的人类起源的神话。在那里,葫芦被认为是女性的象征,有些民族则干脆视葫芦为能孕育生养的子宫。伊藤清司引用吉田氏的解释说:

　　葫芦是女性为主的家庭里不可缺少的东西。小的用来做匙、

勺等等，大的作为贮存像饮料、种子、食物、调料、黄油等等的容器，特别大的葫芦用来收藏如布匹、衣服、宝贝等贵重物品。因此，在非洲，葫芦自然同女性及母性的观念联系在一起，从而产生丰富的联想。另外，被分为两半成为家庭生活中重要容器的葫芦，由于结婚……像剖开葫芦一样刺破肉体，这与作为家庭主妇和母亲而在家庭中扮演着重要角色的女人一相比较，两个自然就被一样看待了。①

**非洲的人格化葫芦**

在葫芦的另一个原产地印度，古代文献中也留下了与葫芦联系在一起的开辟传说。美国学者雷蒙德·奥弗编的《太阳之歌——世界各地创世神话》中收录了如下一例印度中部地区穆里亚人的神话：神造出的人类始祖是两个幼小的孩子。当时的世界尚处在混沌大水的无形状态，两个孩子无处容身，藏进一个大葫芦，这葫芦像一棵巨大的蔓藤从水中长出，伸到了天上。后来神摘下葫芦，从中放出两个孩子，让他们兄妹结婚，繁衍出后代人类。② 如果把这则神话用数字来概括的话，应当也是"一生二"的公式吧。未分化的葫芦象征母体

① 伊藤清司：《神话中的性——被视为妇女和母体的葫芦》，陈晓林译，载《民间文艺季刊》1987 年第 4 期。

② 雷蒙德·范·奥弗编：《太阳之歌——世界各地创世神话》，毛天祜译，中国人民大学出版社 1989 年版，第 292 页。

和"一",两个小孩从中获得再生,则象征"二"从"一"中诞化出来。这类神话讲述的中心是人的由来,其原型却是讲述世界由来的葫芦剖判创世神话。

## 第三节　"二"为什么又写作"贰"

　　吉田氏在分析葫芦与女性类比的原因时指出的"像剖开葫芦一样刺破肉体",是一个意味深长的细节上的相似性。这使人们想起男女之间的交合活动也恰恰同"一分为二"的公式有着数量上的对应。古人把男根视为"一",相应的把女阴视为被"一"分开的"二"。此种中分既可借葫芦的

剖判来表示,也可通俗地叫作"破瓜"。另外,与葫芦、瓜等自然物体相比更适合于"剖判"概念的生物是天然生成一分为二形态的海生贝类,即人们通常说的蚌。古语中有"剖蚌"一词,大概稍晚于"剖判"而出现。《三国志·蜀志·秦宓传》有云:"甫欲剖蚌求珠。"苏东坡《鳆鱼行》诗有句云"剖蚌作脯分余波",皆是其例。把贝壳分开的表象对于以渔猎为生的初民来说一定十分常见,所以早在求取珍珠的行为产生之前,剖贝同剖瓜剖葫芦一样,都已经具有"一分为二"

双凤朝阳扁壶,宋代,天津博物馆藏

哲理的蕴涵,所以造字祖先在设计表达"二"数的汉字时,特别用"贝"做意符,造出一个大写的"贰"字来,似乎不是偶然吧。在《左传》《周礼》等上

古典籍中已有了这个"贰"字时,东汉许慎《说文解字》却在"二"的下面只列出"式"作为古文,也许不大妥当。当我们看到当今的人民币上印着的这个"贰"字时,或许没有人会想到这个数字与"贝"有什么关系吧？当然更不会意识到这个数字中蕴藏着一分为二的道理了。

同葫芦类比为女性的原理一样,贝也是典型的女性符号。古希腊的美神阿弗洛狄忒从贝壳中诞生的神话,由于被文艺复兴时期的艺术家波提切利画成了世界名画,在西方已经家喻户晓。一则南美印第安人神话讲到人类起源时,最初的女人也是由贝壳变出来的。

> 始初之时只有孤零零的一个男人马武齐尼姆。没有人和他一起生活。他没有妻子,他没有儿子,也没有任何亲戚。他是完全孤独的。
>
> 一天,他把一个贝壳变成了一个女人,同她结了婚。当他的儿子出生时,他问他的妻子:"他是男的还是女的？"
>
> "他是男的。"
>
> "我要带着他。"
>
> 然后他走了。母亲哭了,并回到她的村庄,即环礁湖,在那里她又变成了一个贝壳。印第安人说:"我们是马武齐尼姆之子的孙辈。"①

这个神话鲜明地体现了人类起源观上的"一生二,二生三,三生万物"的生成序列。女人作为"第二性",作为男性的配偶,就像分开的贝壳的另一半那样,只能依存这一半而确证自己的存在。女人出于贝壳又归于贝壳,这个微妙的细节规定了男性中心社会中女子的"贰"性地位和配偶身份。著名的罗马尼亚裔美国宗教学家埃利亚德在《意象与象征》一书中专辟一章,收集了五大洲的素材,专门说明贝壳与女性为什么联系在一起,成

---

① 雷蒙德·范·奥弗编:《太阳之歌——世界各地创世神话》,毛天祜译,中国人民大学出版社1989年版,第89页。

为普遍的象征。在此可以补充一则中国神话,作为表演"一分为二"哲理剧的贝壳寓言。

白族的《创世纪》打歌中讲到洪水淹没世界,只有一对兄妹阿布帖和阿约帖听从神谕躲进葫芦中逃得性命。为了繁衍人类,哥哥要妹妹做自己的妻。妹妹说要先问神意,让哥哥在河西放了一个贝壳,妹妹拿根棍子从河东扔过去,棍子正好击中贝壳的中间,使之一剖为二。这意味着神恩准了他们兄妹间的性结合,于是二人结为夫妻,继续承担起"二生三"的神圣使命。在这里不用去论证,棍子象征"一"与阳物,贝壳象征"二"与女阴的意思已经很明白了。而贝壳与葫芦两种母题同时出现并且遥相对应,把神秘数字"一"和"二"的故事繁衍得格外生动形象。

## 第四节 "二"与"贰"的道德贬义

从贝壳与棍子的性象征意义着眼,《周易》的二爻进位系统之来源或可得到一种解释。《周易》神秘莫测的卦象是以阴爻和阳爻为符号基础的。用许慎《说文解字》的释义,爻就是交的意思。郭沫若先生断言,八卦的根柢就在于原始的生殖崇拜。"画—以象男根,分而为 -- 以象女阴"。这不同棍子和贝壳完全吻合了吗?

按照父权制社会中阳尊阴卑的价值取向,一优于二,棍子优于贝壳,是理所当然的。再者,列维-布留尔指出,在原始观念中,"'2'常常以自己对称的对立属性与'1'对立着,因为它表示的、包含的、产生的东西是与由'1'所表示的、包含的、产生的东西严格对立的。凡在'1'是善、秩序、完美、幸福的本原的地方,'2'就是恶、混乱、缺陷的本原"[1]。在中国古代典籍中,"二"也常构成"一"的对立面:"一"表示整体,则"二"表示分裂;"一"表示专一,则"二"代表分心。从文字角度说,"二"多写作"贰",其意义大致相当于动词"分"。《说文解字》曰:"贰,副益也。""副,判也,从刀。""益,饶也。"根据《说文解字》的解释,副指剖分为两半,益为增多之

---

[1] 列维-布留尔:《原始思维》,丁由译,商务印书馆 1981 年版,第 204 页。

白玉雕鹰熊双联瓶

意。《诗经·大明》:"上帝临女,无贰尔心。""贰心"即不专心。《左传·隐公元年》:"大叔命西鄙北鄙贰于己。公子吕曰:'国不堪贰,君将若之何?'""贰于己"就是分属于自己,共叔段欲使原属郑国管辖的西鄙北鄙从国中分出归属于自己;"国不堪贰"指的是国家不堪分裂。公子吕对共叔段"贰于己"的做法极为不满,问郑庄公怎样对付。《国语·晋语》:"子盍蚤自贰焉","贰"则表示将自己与国君分离开来,不要混在一起。从上述例子中可以看出,"二"作为"一"的对立面,"贰"作为"壹"的对立面,都难免具有某种负价值的语义色彩,成为一些贬义词的结构要素。

比如"贰"在上古可引申为敌人。《左传·哀公七年》:"君之贰也。"注:"贰,敌也。"《广韵》也以"敌"释"贰"。又引申为背叛。《左传·昭公二十一年》"臣不敢贰",就是不敢背叛君王的意思。《玉篇》释"贰"为"畔",意思也差不多。从有贰心,发展到背主谋反,其实只是把想法变成行动的实施过程。难怪统治者特别反感这个"贰"字。清朝统治者把明朝灭亡时投降清人的臣子统称"贰臣",对他们另眼相看。乾隆四十一年(1776)皇帝下诏国史馆增列《贰臣传》,专门收入明臣降清者,凡一百二十多人。可见"贰"作为道德上的名词,是带有贬斥意义的。

又如"贰言"。《国语·越语》:"王曰:无是贰言也,吾已断之矣。"注:"贰,二也,二言,阴谋淫佚也。"再如"贰志"。《左传·襄公三年》:"绛无二志,事君不辟难。"又如"贰情",指疑念。《文选》载袁宏《三国名臣序赞》:"继体纳之无贰情,百姓信之无异辞。"又如"贰偷",指混乱因循。《左传·昭公十三年》子产曰："晋政多门，贰偷之不暇，何暇讨。"注："贰，不壹，偷，苟且。"又如"贰端"，指妄生端绪。《汉书·宣帝纪》："用法，或持巧心，析律贰端，深浅不平，增辞饰非，以成其罪。"又如"贰适"，也指三心二意。《尚书·多士》："惟我事不贰适，惟尔王家我适。"与传统伦理所倡导的"懿德"相应，"不贰"也成为延续千载的道德要求。

## 第五节　伏羲、女娲是葫芦精吗
——世界父母型神话中的辩证法

　　体现太极生两仪原理的创世神话除了葫芦剖判型之外，另一种常见类型叫"世界父母型"，即把宇宙的开辟描述为一对阴性、阳性大神的由合而分：他们相交缠绕之时，宇宙如一团混沌；他们相分相离，才有了天地开辟，万物繁衍。《淮南子·精神训》中就有一个这样的故事："古未有天地之时，惟象无形，窈窈冥冥……有二神混生，经天营地……于是别为阴阳，离为八极，刚柔相成，万物乃形。"高诱注："二神，阴阳之神也。"这个故事中，"混生"的两位大神分阴阳，辟天地，离八极，形万物，具有无穷的创生伟力。尽管这个故事比较抽象，带着较浓的哲理色彩，还是可以看出两位主人公的对应身份：男神与女神。

合二为一的性器石像，塞浦路斯出土，公元前 3000 年

　　从阴阳二神的混生神话，我们自然会想起伏羲、女娲这一对传说中的始祖神。一说他们是一对夫妇。卢仝《与马异结交》诗："女娲本是伏羲

妇。"一说他们本是兄妹。《路史·后纪二》引《风俗通》："女娲,伏希(羲)之妹。"不管怎么说,他们都是两位混生之神。袁珂先生曾介绍了汉代画像石上对这一对传说中大神的描绘,他说:

> 汉代的石刻画像与砖画中,常有人首蛇身的伏羲和女娲的画像。这些画像里的伏羲和女娲,腰身以上通作人形,穿袍子,戴冠帽,腰身以下则是蛇躯(偶有作龙躯的),两条尾巴紧紧地亲密地缠绕着。两人的脸面,或正向,或背向。男的手里拿了曲尺,女的手里拿了圆规。或者是男的手捧太阳,太阳里面有一只金乌;女的手捧月亮,月亮里面有一只蟾蜍。有的画像还饰以云景,空中有生翅膀的人首蛇身的天使们翱翔。有的画像更在两个人中间挽着一个天真烂漫的小儿,双足捲走,手拉两人的衣袖,给我们呈现了一幅非常美妙的家庭行乐图。[1]

从这段描绘看,伏羲和女娲是一对夫妇。但也有许多民间传说,说他们本为兄妹,以后才结为夫妻。瑶族古歌《发习冬奶》就讲述了伏羲兄妹结婚的故事:

> 妹打主意难哥哥,
> 各人爬上一高坡,
> 对山烧火火烟绞,
> 两烟相绞把亲合。
> 两股火烟相绞了,
> 妹妹还是不愿合。
> 妹想合亲急出火,
> 出点主意逗哥哥:
> 隔河梳头隔河拜,

---

[1] 袁珂:《中国神话传说》,中国民间文艺出版社1984年版,第80页。

头发绞合亲也合。
哥哥下水就过河，
哥上一坡妹一坡，
隔河梳头隔河拜，
哥妹头发绞成坨。
头发成坨妹又变，
看哥硬石几经磨。
隔河种竹隔河拜，
竹尾相交把亲合。
哥也拜来妹也拜，
两根竹尾绞成坨。
哥哥你莫欢喜早，
我的主意有蛮多。
对门对岭对过坡，
各把磨石滚下坡，
两扇磨石叠合起，
磨石相合人也合。
妹妹对山滚石磨，
果然磨石叠合了，
两扇磨石合拢了，
看妹主意有好多？
磨石合了我不合，
围着大树绕圈捉，
若是哥哥追着我，
妹拉哥哥把亲合。
……①

---

① 《楚风》第四期，李本贤、郑德宏整理翻译，转引自袁珂：《中国神话传说》，中国民间文艺
出版社 1984 年版，第 86—87 页。

以后,是哥哥追妹妹,从"日出追到日西落",仍未追着,然后是乌龟献计,妹妹自然落入哥哥的怀抱。这一伏羲兄妹成亲的故事,涉及与阴阳神话相类的另一个神话母题:兄妹创世说。

象征通达水陆两界的鱼尾狮,2006 年摄于新加坡

在中国西南少数民族地区,这类神话流传极广,而且具有相同或者相近的叙事模式:一场世界性大洪水,淹死了所有的人,只有一对兄妹待在类似"挪亚方舟"的葫芦中,成为劫难余生者。为了繁衍人类,他们只有结合,可是这样做又不合伦理,于是,他们只好以烧烟火、推磨盘甚至追逐等难题方式,看天意是否让他们结合。结果,烟火相绞,磨盘相合,兄妹成亲,人类繁衍。

除了伏羲兄妹成亲,我们还可举出许多保留在中国少数民族神话、史诗中的同类叙事模式,如彝族的《梅葛》《阿细的先基》《查姆》,白族的《人类的起源》,黎族的《人类的起源》,仡佬族的《人皇制人》,水族的《兄妹开亲》等。①

所有这些阴阳二神、兄妹成亲的神话与史诗,故事双方均为阴阳——对立的两极,表现为共同的二元对立,但这种对立不是相互排斥,而是相反相成。这不禁使人又想起中国哲学中与"一分为二"相反的另一重要命题——"合二为一"。有种种迹象表明,作为世界父母的兄妹二神确实是

---

① 参见陶立璠、赵桂芳、吴肃民等编:《中国少数民族神话汇编·人类起源篇》,中央民族学院少数民族古籍整理出版规划领导小组办公室印行,1984 年。

一而二、二而一的。无论是乾阳坤阴、天父地母,还是上男下女,二者都是同一个原始整体分化后的产物,而且在分化后仍然自发地谋求重新结合为一。若进一步从语源上做深层推考,还可看出此类对偶神创世神话同葫芦剖判型神话本来具有同源分化的关系。闻一多先生在《伏羲考》一文第五部分"伏羲与葫芦"中指出,神话中作为创生之祖的男女二神伏羲、女娲均为葫芦的拟人化,或者说是一对葫芦精。他的论证侧重在语音的通转关系方面:

> 伏字《易·系辞传下》作包,包匏音近古通,《易·姤》九五"以杞包瓜",《释文》引《子夏传》及《正义》并作匏。……匏瓟《说文》互训,古书亦或通用,今语谓之葫芦。
>
> ……
>
> 女娲之娲,《大荒西经》注、《汉书·古今人表》注、《列子·黄帝》篇释文、《广韵》、《集韵》皆音瓜。《路史·后纪二》注引《唐文集》称女娲为"媧娲",以音求之,实即匏瓜,包戏与媧娲、匏瓟与匏瓜皆一语之转。然则伏羲与女娲,名虽有二,义实只一。二人本皆谓葫芦的化身,所不同者,仅性别而已。[1]

读了这一段石破天惊的议论,会心的读者也许能产生二种豁然贯通的感觉,当然,也难免稍有些疑惑:世界父母神怎么能是同样的葫芦精呢?如果熟悉"二"为阴阳合体之数的原理,这种疑惑就有可能大大减弱。前文已经说明,葫芦和贝壳之类中分之物乃是抽象出一分为二哲理的首选实物原型。以伏羲、女娲为总代表的对偶创世神或人祖神系列都可视为图解"一阴一阳之谓道"原理的人格化寓言。北宋哲人张载发挥"一"与"两"对立统一关系说,"两不立则一不可见,一不可见则两之用息","不有两则无一"(《正蒙·太和》)。南宋朱熹也说:"凡天下事,一不能化,惟两而后能化。"(《朱子语类》卷九八)到了清初王夫之那里,对立统一规律又由抽

---

① 闻一多:《闻一多全集》(第一卷),生活·读书·新知三联书店1982年版,第59—60页。

象返回到具体,变得更加明晰了。王氏《思问录·内篇》云:"两端者,虚实也,动静也,聚散也,清浊也,其究一也。"

至于《易·系辞》所说的"太极生两仪"之理也被纳入对立统一规律而获得新的阐释。过去把两仪视为天地的代名词,后人则倾向于用阴阳范畴来统括之。

东汉虎版盂,象征天地两界

南宋俞琰《俞氏易集说》的解释似可用来做世界父母型神话的注脚:

> 仪也者,一阳一阴对立之狀也。《尔雅》云:"义,匹也。"谓其阴阳相并也。

这样看来,神秘数字"一"和"二"之间的关系体现了原始辩证法思想的概括形式,"一"喻示着"合"与统一,"二"喻示着剖分和对立。没有"合"就没有"分",没有"分"则"合"也失去了意义。在伏羲、女娲兄妹结合的情节模式中演示着"一"与"二"对立统一关系的活剧。

## 第六节 "合二为一"的"鞋"与"嬬"

如果说葫芦剖判的表象中潜伏着一分为二的哲理思想,那么将剖为两半的葫芦瓢重新合在一起,这样一种破瓜重圆的表象最适合表现合二为一的观念。在上古中国的结婚礼仪中,便还保留着这一原始象征哲学的表象,即所谓"合卺(jǐn)"。《礼记·昏义》记载的结婚仪式中有夫妇"共牢而食,合卺而酳"一项,孔颖达解释说,卺指的是一只葫芦瓜剖分为二瓢,新郎新娘各执一瓢相互用酒为对方漱口,这种象征和合的行为就叫合卺。后代民风中干脆把结婚叫合卺,而原有的合卺礼则演变成了喝交杯酒。宋人孟元老《东京梦华录·娶妇》中记载当时婚俗说:"用两盏以彩连结之,互饮一盏,谓之交杯酒。"此外还有饮酒后各将杯掷地,验其俯仰,以卜和谐与否等细节,这简直像神话中兄妹结合前的问卜神意一类做法了。变来变去,却万变不离其宗,为男女两性的正式结合寻找种种"合二为一"的天然证据或制造人为的神圣象征,使这种阴阳匹配的行为获得合法性。

汉族神灵崇拜中有一种"和合"崇拜。"和合"为神话中象征夫妻相爱之神。原为一神,后改为两神,亦称"和合二仙"。旧时民间婚嫁喜庆,多陈列两神像,蓬头笑面,一持荷花,一捧圆盒,谐和合之音。

由于汉人对汉语中的谐音现象极为敏感,同音的字总是被类比附会到一起,引申出种种奇妙难解的新鲜事。比如说"荷盒"二字可以等同于"和合","喝鞋"二字也可以象征"和谐"。请看《金瓶梅》第六回西门庆演出的如下一幕:

> 西门庆脱下潘金莲一只绣花鞋儿,擎在手内,放一小杯酒在内,吃鞋杯耍子。

不明真相的人读到这里的描写一定会产生厌恶反感心理,以为西门庆纯粹是在恶作剧吧。其实不然,喝鞋杯至少从确立喝交杯酒礼俗的宋代起,就已成为一种流行的习俗了。元代的陶宗仪《南村辍耕录》卷二十三中有"金莲杯"一条,写道:

> 扬铁崖耽好声色,每于筵间见歌儿舞女有缠足纤小者,则脱其鞋载盏以行酒,谓之金莲杯,予窃怪其可厌。后读张邦基《墨庄漫录》,载王深辅道《双凫》诗云:"时时行地罗裙掩,双手更擎春潋滟。傍人都道不须辞,尽做十分能几点。春柔浅蘸蒲萄暖,和笑劝人教引满。洛尘忽泛不胜娇,划蹋金莲行款款。"观此诗,则老子之疏狂有自来矣。

从这条记载看,"鞋"这种东西在类比联想中至少有两重意义。第一层意义在于,鞋总是成双成对的,因此可以借来喻示"合二而一"的理念。王深辅唱出的咏鞋杯诗用《双凫》做题目,这不是把成双成对的鞋比作形影不离的鸳鸯吗?喝鞋杯的行为总是在男女两性之间展开的,尚未见到同性之间以鞋为杯的现象,这足以表明鞋在两性结合中的象征作用。第二层意义在于,"鞋"这个汉字的读音与"和谐"之"谐"完全一样,所以借鞋来象征男女好合就又多了一重根据。唐人传奇中有一篇名作叫《霍小玉传》,作者蒋防在叙述中夹了一段说明:"鞋者谐也,夫妇再合。"正是从语音象征上使用鞋来喻示两性结合的。如此看来,善用比兴手法的诗人骚客们看中"鞋杯"这一隐喻便是自然而然的了。清人吴景旭《历代诗话》卷七十"鞋杯"条下收录有瞿宗吉、王弇州、王深辅等人的以鞋杯命题的诗词作品多首,西门庆只不过是因袭此种流俗而以潘金莲的绣鞋盛杯,重演类似合卺礼或交杯酒一类"合二为一"的程式罢了。

除了上述两重象征意蕴之外,精神分析学家还认为鞋的中空形状可喻示女性性器,从而把穿鞋解释为交合的象征。也许由此出发可以解释民俗语汇中诸如"破鞋""遗孀"一类语汇的发生。让我们看一看"孀"这一称谓。古人称寡妇为"孀"。《淮南子·原道训》说:"妇人不孀。"许慎注:"寡妇曰孀也。"这个孀字有时也写作霜,如《太平御览》引《吕氏春秋》"以养孤霜"句。古人所说的"孀妇",并不专指死了丈夫的女人,而是泛指与丈夫生离或死别的所有女人。鲍照《还乡诗》云:"孀妇当户叹。"陈琳《饮马长城窟行》云:"边城多健少,内舍多寡妇,作书与内舍,便嫁莫留住。"这里的孀妇、寡妇均指丈夫不在家的妻子。为什么称暂时或永久失去配偶的妻子为"孀"呢?美国威斯康辛大学历史系教授周策纵先生推测说:"孤霜的取义,固然可能如《说文》所云:'霜,丧也。'指丧夫之妇,但同时霜与正式婚姻或夫妻义有关,古人期望寡妇坚贞于婚姻,故以霜妇称之,也未尝不可能。"[1]照此推测,"孀"之称呼出于寡妇不得外嫁的封建礼教。再做深一

---

① 周策纵:《古巫医与"六诗"考——中国浪漫文学考源》,(台北)联经出版事业公司1986年版,第40—41页。

层的推究,"霜"与鞋的数量单位"双"恰好谐音,所以早在《诗经》记述的婚仪迎亲礼上,就已有"葛屦五两,冠绥双止"的记载,说的是用麻鞋五双(一说五为二之误)和带有双串长缨的帽子作为娶亲的道具。《中华古今注》说,凡娶妇之家,先下麻鞋一双,取其和谐之义。这大概是祝愿夫妻永远成双、白头偕老吧。"两"和"双"同为数词"二"的同义词,不过更加突出了"合二为一"或不可分离的意思。称失去丈夫的女人为"孀",似乎是让她时时记住自己是原有"一双"中的一只,不能另外去寻求配偶,否则破了"双",也就不免成为"破鞋"了吧。在古希伯来人的婚俗中有一种叫作寡妇内嫁的制度,死了丈夫的妻子要再嫁给小叔子,继续作为本家之"双"去完成传宗接代的义务。假如小叔子不肯娶寡嫂为妻,便会落得个"脱鞋者"的恶名,当众遭到羞辱。据《旧约·申命记》第二十五章所记,孀妇对待小叔的做法是:

> 当着长老,走到他面前,脱掉他脚上的鞋,吐唾沫在他脸上,说:"不为他的兄弟留后的,就要这样待他。"在以色列人中,他一家都要被称为"脱鞋者之家"。

西汉二龙拱璧灵芝空心砖,西安市文物库房

在讨论了鞋和孀的象征隐义之后,这段文字就不用再多解释了。"脱鞋者"作为骂人话同中国的"破鞋"一样,都是指破坏了法定的配偶关系即破坏"和谐"者,尽管这两个词分别适用于男人和女人。

对"双""对"之间合二而一的和谐关系的高度重视并不限于婚配方

面,也非常鲜明地表现在中国哲学之中。换言之,婚配方面对和谐和专一的要求也从一个侧面体现着中国哲学的文化精神。《淮南子·天文训》说得明白:"阴阳合和而万物生。"《吕氏春秋·有始览》也说:"天微以成,地塞以形,天地合和,生之大经也。"高诱注:"天,阳也,地,阴也。"天地合和也就是阴阳相合相谐,化对立为统一。明代方以智在《东西均·三征》中把这种思想界定为"合二而一",他写道:

> 交也者,合二而一也;轮也者,首尾相衔也。凡有动静往来,无不交轮,则真常贯合于几可征也。[①]
> 两间无不交,无不二而一。[②]

方以智的这一概括把古人对矛盾运动的认识向前推进了一步,使"二而一"同"一而二"相辅相成,更加突出了中国式数理哲学的辩证意义。当代学者钱穆先生对中国思想传统中重"和"的特色做过极精当的比较说明,他说:"西方思想重分别。如黑格尔辩证法,有甲则有非甲,合为乙。又有非乙,合为丙。始此以往,则永无止境。故西方思想有始而无终,有创而无成。有变有进,而无完无极。中国则不然。乾道生男,坤道生女。男不称非女,女不称非男。男女和合为人,既具体又确切。万物与天地对,合成一大体。在此一体中,天地万物亦各有止有极,即有成有终。人有男女,禽兽亦有雌雄牝牡,则正反合一形式,已臻复杂。又如男女结合为夫妇,则夫妇即成为一体。此非于一男一女之外别有增加。又如死生为一体,生可以包括死,死可以融入生,亦非于生之外别有死。"[③]钱穆的这段话是从中西文化对比的意义上讲的,它对于理解数字"二"在中国文化中的特殊哲理性是极富启发的,就连数千年的中国文明史,不也是不断地重演着一而二、二而一的历史剧,在分与合、合与分的大循环中推向前进的吗?

---

① 方以智:《三征》,见《东西均》,中华书局 1962 年版,第 24 页。
② 方以智:《三征》,见《东西均》,中华书局 1962 年版,第 17 页。
③ 钱穆:《现代中国学术论衡》,岳麓书社 1986 年版,第 35 页。

# 第三章　天地人三才

## 第一节　"三"等于"多"
### ——从"韦编三绝"谈起

1 + 2 = 3,这是当今的学龄前儿童也会熟知的算术真理,要说三等于多,恐怕难免招致哗众取宠、危言耸听的讥嘲。

然而曾有一个相当长的时期,人们确实是把数字三作为"多"或"无限大"的代称来使用的。还是先从一则关于儒家圣人孔子学《易》的传说谈起。

《史记·孔子世家》记载了一个"韦编三绝"的故事:

> 孔子晚而喜《易》,序《彖》《系》《象》《说卦》《文言》。读《易》,韦编三绝。曰:"假我数年,若是,我于《易》则彬彬矣。"

"韦"指熟牛皮,古代用竹简写书,以熟牛皮条把竹简编连起来叫"韦编";"三绝"指多次断绝。孔子晚年经常读《易》,以至把编竹简的皮条都弄断了多次。即使这样,他还说,再让我多活几年,我对《易》的研究就可

以文辞义理兼备充实了。后来,人们常用这个例子形容人勤奋好学。在
"韦编三绝"这个故事中,"三"并非通常意义上的自然数字,而是表示"很
多"的意思。

红山文化三孔玉璧,台北故宫　　　　　红山文化双熊首三孔玉器

　　"三"所具有的这种意义,当然不是出自古人的突发奇想,而是经历了
一个漫长的演变过程。

　　从"三"的产生看,它起源于人类社会计数不超过三的时代,它与"多"
有着不解之缘。人类学家对于原始民族的研究表明,许多原始民族用于计
数的名称只有一和二,间或有三。T.丹齐克指出:"南非洲的布须曼
(Bushmen)族,除了一、二和多之外,再没有别的数字了。"①列维-布留尔则
在《原始思维》一书中写道:"在非常多的原始民族中间(例如在澳大利亚、
南美等地),用于数的单独的名称只有一和二,间或还有三。超过这几个
数时,土人们就说:'许多,很多,太多'。"②他还说:"在安达曼群岛,尽管语
言词汇非常丰富,数词却只有两个:1 和 2。3 的意思实际上是'多一
个'"③。这里所谓"间或还有三"者,这个"三"与"多一个"是同样的意思。

---

① T.丹齐克:《数:科学的语言》,苏仲湘译,商务印书馆1985年版,第3页。
② 列维-布留尔:《原始思维》,丁由译,商务印书馆1981年版,第175页。
③ 列维-布留尔:《原始思维》,丁由译,商务印书馆1981年版,第185页。

这样,当某件事物的数超过二时,原始人往往用"多一个"或"多几个"的办法来计算,凡在二之外增加若干数都可称之为"三",因此"三"又具有"许多,很多,太多"乃至"无限大"的含义。正如列维-布留尔引述的乌节尼尔和笛尔斯两位学者的研究结论所说:"这个数的神秘性质起源于人类社会在计数中不超过3的那个时代。那时,3必定表示一个最后的数,一个绝对的总数,因而它在一个极长的时期中必定占有较发达社会中'无限大'所占有的那种地位。"[1]可见,"三"是人类早期所能认识的最高数了。

人类学家还告诉我们,在三以上的数概念尚未建立起来的漫长史前时代中,就连一、二、三这三个最简单的数也还要借助于具体的实物来表示。L. 霍

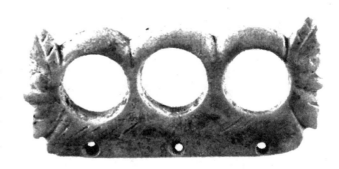

红山文化出土双人面三孔玉器

格本说:"样子和我们相同的最早的人类,生活在大约二万五千年以前。'你要得到我的一头鹿,就得拿三个矛头来换'。他们可以借助自己的双手这样说——一个手指指着那只鹿,三个手指指着那些矛头。这种最原始的一个手指代表一件东西,三个手指代表三件东西的计数方法,就是他们所懂得的唯一算术了。长达几千年里,这些人们把任何比三大的量只能看成'一堆'或'一群'。"[2]手指与实物的这种对应关系,从中国古文字中亦可找到直观的证据。在商代甲骨文中,从一到四的数字常写作:

一　二　三　三

古文字学家认为这四个数的写法正是一根、二根、三根和四根手指的象形。这也说明早期的数概念不是纯抽象的,而是附属于计数实物的。

"三"所具有的这种原始意义和观念,在汉字的造字方法上,也得到了

①　列维-布留尔:《原始思维》,丁由译,商务印书馆1981年版,第202—203页。
②　L. 霍格本:《数学的奇境》,贺明明、吴聿衡译,陕西科学技术出版社1980年版,第1页。

充分体现。三"水"为"淼",《说文解字》曰"淼,大水也",表示烟波浩渺。三"木"成"森",《说文解字》曰"森,木多也",表示森林。三"隹"成"雥",表示众鸟,《说文解字》曰"雥,群鸟也"。三"车"为"轟",表示众车之声,《说文解字》曰"轟,群车声也"。三"力"为"劦",表示齐心协力,《说文解字》曰"劦,同力也"。三"毛"为"毳",表示野兽身上无数细毛,《说文解字》曰"毳,兽细毛也"。三"火"为"焱",代表火势熊熊,《说文解字》曰"焱,火华也"。三"马"为"驫",表示众马,《说文解字》曰"驫,众马也"。三"星"为"晶"("星"的古文),表示繁星。其他如三"犬"成"猋",古义应为众犬。三"石"成"磊",表示乱石累累,《说文解字》曰"磊,众石也"。三"人"成"众",表示众人,《说文解字》曰"众,众立也"。《周语》曰"人三为众",也都以三为众多。即使有些字在语言流变过程中已经失去其本义,有些与另外的字合成了后起的形声字,其字形结构仍透露出它原初的"多"的意义。像"羴"字,许慎解作"羊臭",即"膻"字,表示一种难闻的味道,但不难看出其本义当以三"羊"表示一群羊。像"群"字,是一个后起的形声字,但"从羊君声",仍表现出与"羊"的联系。《诗经·小雅·无羊》曰:"谁谓尔无羊? 三百维群。"大意是:谁说你没有羊? 有三百群呢! 这个"群"就是羊众多的意思,可见其本义为"羊群"。《国语》说:"兽三为群。"这里的"三兽"即为"三羊","三羊"的"羴"其实就是"兽三为群"之"群"的本字。

遗憾的是,这种文字结构所具有的神圣象征意味随着文明的进展而逐渐被人们忘却了,偶尔提起,也带有一种调侃的味道。据《闻见后录》,北宋史学家刘攽见王安石"喜说字,至以成俗",就开玩笑说,"三鹿为麤,鹿不如牛;三牛为犇,牛不如鹿"。在政治上锐意改革的王安石还想在学术上推陈出新,他从最基础也最艰深的文字学入手,写了一部重新解释汉字的书《字说》,没想到被后人当成笑料,像"波为水之皮""诗为寺人言"一类说法,至今还被当作望形生义的误解例子。不过王安石按照"三为多"的原则解说的"赢""麤"等字却是不无道理的。

进一步从字形结构上加以分析,人们可以更直观地认识三等于多的观念在汉字形成时所留下的永久性印记。在甲骨文中,表示人的毛发时,多用三根线条。比如"首",作"𩠐",人头上的三根线代表着数不清的头发。"眉",作"𥄉",眉生于目(眼睛)之上,"目"上的三条线代表许多眉毛。"子",作"𠀬",一个小孩之形头上长了三根头发,活像《三毛流浪记》中的"三毛"形象。表示人的手足时,也用三根线代表所有的手指和足趾。如"屮"(左)、"ㄕ"(右)、"𤵜"(足),都是只画三条线而不是按

龙山文化三尖玉璇玑,台北"故宫博物院"

照实有的手指、足趾数画五根线条。表示木本植物时,也多取三作为代表。如"米"(木)字,形体是一棵树的样子,上部为枝丫,下部为树根,用三条线象征着所有的枝丫根须;如"果"(果)字,用三只果子表示树上"硕果累累";"桑"(桑)字,用三片叶子代表树上所有的叶子;"束"(束)字,外部方圈表示绳索,圈的中间有三根木柴,代表所有被捆扎的柴草;"采"(采)字,三只果子表示枝繁叶茂,果实累累,而其上那三条线被用来表示采摘果子的那只手。至于同水有关的事物,其例更是不胜枚举,所谓"三点水"(氵)不正代表着所有的"水"吗?像"雨"(雨)字,三垂三点就象征了全部的雨丝和雨点;像"酒"(酒)字,三斜撇多像坛中的酒汩汩流出。从上述例子中不难看出,以"三"示"多"观念的发生和滋长,实在是源远流长。汉字中按照这一原则所造出的会意字真是数不胜数。

## 第二节 从"三人成虎"到"三千佳丽"

"三等于多"的原则不仅在汉语和汉字中留下不可磨灭的印记,在许多欧洲语言中,"三"这一词汇的构成与"多"之间也存在着语源上的联系。

"英文的 thrice 和拉丁文的 ter,同样的有双重意义:三倍和许多。拉丁文的 tres(三)和 tran(超过)之间有着可信的联系;而法文的 très(甚)和 trois(三)也是如此。"①这种不约而同的文化现象说明人类认识发生过程中的某种普遍规律,它对于理解众多文化现象都大有裨益。在这里,我们想顺藤摸瓜地考察一些中国历史和文学中以"三"为结构素的典故、成语和佳话,看一看以三为多的原始数观念是如何积贮在集体无意识的深处,并不断派生出新的作品的。

齐家文化三联玉璧

**三人成虎** 《战国策·魏策》:"庞葱与太子质于邯郸,谓魏王曰:'今一人言市有虎,王信之乎?'王曰:'否。''二人言市有虎,王信之乎?'王曰:'寡人疑之矣。''三人言市有虎,王信之乎?'王曰:'寡人信之矣。'庞葱曰:'夫市之无虎明矣,然而三人言而成虎。'"这番话是魏国大臣庞葱陪魏太子到赵国做人质,临行前对魏王说的。"三人成虎",意思是说的人多了,谣言也会使人信以为真,借以比喻谣言足以耸动视听。庞葱这番话意在启发魏王能够明察,不为流言所左右。魏王表示自己心中有数,安抚对方不必过虑。不料庞葱走后,果真有人说他的坏话,魏王竟信以为真,对庞葱产生怀疑。后来,太子质押期满,庞葱回到魏国,魏王果然没有召见他。"三人成虎"的忧虑竟不幸而言中。在这个传说中,数字"三"仍指众多,现代习语"谎言重复千遍,也会变成真理"说的是同样道理,但"三"已变成了"千"。

**三折肱** 《左传·定公十三年》:"三折肱,始为良医。""三折肱",指

---

① T. 丹齐克:《数:科学的语言》,苏仲湘译,商务印书馆 1985 年版,第 3 页。

多次折断手臂。意为屡次折臂，多方医治，伤者自己也会成为良医。后用来比喻阅历广，经验丰富，才能造诣精深。《书言故事·身体说类》云："言人更历事变，曰三折肱。"唐代诗人刘禹锡《学阮公体诗》："百胜难虑敌，三折乃良医。人生不失意，焉能慕己知。"诗中寄寓了作者身世遭遇的愤懑和痛苦，抒发了自己历经"三折肱"磨难后的无限感叹。宋代张侃《岁时书事》诗云"年来三折肱，逢人漫称好"，也是借用同一典故表达自我排遣的心理状态。

**三衅三浴**　《国语·齐语》："（鲁）庄公将杀管仲，齐使者请……于是庄公使束缚以予齐使，齐使受之而退。比至，三衅三浴之。"这个典故说的是齐国厚待管仲的故事。公子小白立为桓公后，以齐军拒鲁，大败鲁军，鲁国被迫按齐的要求杀了公子纠，召忽自杀，管仲请囚。正当鲁庄公要杀管仲的时候，齐国使臣前来要人，于是管仲在被捆绑后交给齐方。齐国使臣径直将管仲送抵馆舍，再三为之熏香沐浴，以礼相待。"三衅三浴"的"三"，代表多次，表示优礼有加，十分尊重。

**三顾茅庐**　《三国演义》中的这个故事已是家喻户晓的了。刘备是否真的先后三次去茅庐中请诸葛亮出山，除了当事人以外恐怕没有人敢确证这件事了。不过诸葛亮《出师表》中的"三顾"之说至少可以表明刘备的诚意和谦恭，因为"三"毕竟喻示着很多。

这样的例子在中国古代典籍中还可找出许多。如三思而行、三缄其口、事不过三、举一反三、三番五次、三命而俯、三朝元老、三令五申、三智五猜、三推六问、三年不窥园、三过其门而不入、一沐三握发、一饭三吐哺等等，这里就不一一罗列和逐个解说了。读者若能掌握住总的原则，便能够举一反三，做出自己的理性判断和阐释。

随着社会的发展和语言的演进，以"三"为"多"的虚化用法已经无法完全满足"更多"的要求了，人们需要用更大的数词，在更大的范围内，表征"更多"的意义。但是，潜藏在无意识底层的原始观念的力量实在是太强大了，以至于只能在保留"三"的基础上加上一个更大的数词"千"，构成一个新的组合，以维护原有的对"三"的神圣信仰和潜在的巫术力量。于是，以"三千"为"多"的新用法应运而生了。

浙江瑶山出土类三尖冠形玉饰，良渚文化

《诗经·小雅·采芑》："方叔莅止，其车三千，师干之试。""方叔莅止，其车三千，旂旐央央。""方叔莅止，其车三千，师干之试。"方叔是周宣王手下的卿士，蛮荆叛周时，他受命为将，率军南征。这首诗正表现了方叔出征时的赫赫军威。"其车三千"，是指兵车的数量，但这里并非确指，而是炫耀和夸张。朱熹《诗集传》认为："其车三千，法当用三十万众。盖兵车一乘，甲士三人，步卒七十二人，又二十五人，将重车在后，凡百人也。然此亦极其盛而言，未必实有此数也。"朱子此言可谓知音之论。同样道理，还可适用于《礼记·中庸》形容王家气派所说的"威、仪三千"，《史记·孟尝君列传》及《信陵君列传》《春申君列传》所说的门下食客三千。《滑稽列传》则说东方朔初入长安至公车上书，凡用三千奏牍，举都举不动。《韩非子》述周武王伐纣说"将素甲三千战一夜而破纣之国"；《水经注》引传说谓昆仑山有铜柱高入天，其周长竟有三千里；《管子》形容音乐之盛说"女乐三千人，钟石丝竹之音不绝"。凡此种种"三千"，都是以"三"为"多"原则的夸张变体。

在文学艺术的海洋里，那"水击三千里，抟扶摇而上者九万里"（《庄子·逍遥游》）的大鹏，以其拍波击浪、昂首高飞的雄姿，展示出一种壮伟的力量。那"白发三千丈，缘愁似个长"（李白《秋浦歌》）的深沉喟叹，寄寓着诗人忧思之深广。而"飞流直下三千尺，疑是银河落九天"（李白《望庐山瀑布》）的神奇画面，则活现出大自然雄奇瑰丽的景象和磅礴的气势。唐明皇"后宫佳丽三千人，三千宠爱在一身"（白居易《长恨歌》），则喻指对杨玉环的宠爱至极。古诗文中类似的用法几乎形成一种修辞惯例，为历代骚人墨客津津乐道。儒家圣人说"不孝有三，无后为大"，到了陶渊明的

诗中,这话变成"三千之罪,无后为急",一下子扩展了一千倍。再看以下几例:

> 翡翠帘前,怅望三千之女,芙蓉帐里,分明二八之人。(康僚《汉武帝重见李夫人赋》)
>
> 正以先王之修,则曲礼三千,习以孔门之徒,则冠者五六。(无名氏《太学壁经赋》)
>
> 星精效祥,聿归三五之圣;龙姿挺异,不溺三千之群。(范仲淹《天骥呈才赋》)
>
> 十五男儿志,三千弟子行。(杜甫《又示宗武》)
>
> 怨女三千放出宫,死囚四百来归狱。(白居易《七德舞》)
>
> 书功笔秃三千管,领节门排十六双。(杜牧《寄唐州李玭尚书》)
>
> 三千宫女自涂地,十万人家如洞天。(赵嘏《送沈单作尉江都》)
>
> 宣室三千虽有恨,成周八百岂无情。(李咸用《依韵修睦上人山居十首》)
>
> 秾艳三千临粉镜,独悲掩面李夫人。(司空图《力疾山下吴村看杏花十九首》)
>
> 楚谣襦袴整三千,喉舌新恩下九天。(陈陶《送江西周尚书赴滑台》)
>
> 只遣三千履,来游十二峰。(苏轼《刘孝叔会虎丘,时王规父斋素祈雨,不至,二首》)
>
> 人间化鹤三千岁,海上看羊十九年。(黄庭坚《次韵宋楙宗三月十四日到西池都人盛观翰林公出邀》)
>
> 高人只在第九叠,太白一去三千秋。(虞集《写庐山图上》)
>
> 别院三千红芍药,洞房七十紫鸳鸯。(杨维桢《无题效商隐体四首》)
>
> ……

新郑黄帝故里三熊足大鼎　　　　　　　　三星堆巫师戴三尖冠铜像

这一组合使以"三"为"多"的文化意蕴进一步得到强化。

汪中先生在《释三九》一文中广征古籍,把"三"的实指与泛称用法分为实数和虚数,实数指称具体的数量,虚数代表"多"或"极多"。他说:

一奇二偶,一二不可以为数,二乘一则为三,故三者,数之成也。积而至十则复归于一,十不可以为数,故九者数之终也。于是先王之制礼,凡一二之所不能尽者,则以三为之节,三加三推之属是也。三之所不能尽者,则以九为之节,九章九命之属是也。此制度之实数也,因而生人之措辞,凡一二之所不能尽者,则约之三以见其多:三之所不能尽者,则约之以九以见其极多,此言语之虚数也。实数可稽也,虚数不可执也,何以知其然也?《易》近利市三倍,《诗》如贾三倍,《论语》焉往而不三黜,《春秋传》三折肱为良医,此不必限于三也。《论语》季文子三思而后行,雌雉三臭而作,《孟子》陈仲子食李三咽,此不可知其为三也。《论语》子文三仕三已,《史记》管仲三仕三见逐,于君三载,三战三走,田忌三战三胜,范蠡三致千金,此不必其果为三也。故知三者虚数也。[①]

岑仲勉先生赞同汪中的三为虚数说,并为这一说法搜集了更多的例证:"《论语》的'三月不知肉味','回也其心三月不违仁','比及三年','子生三年',《毛诗》的'如三秋兮',都无非'好久'的意思。"因此,"各种事物,往往说作'三'数,实际上却不定真是'三'数"。[②] 由此看来,三的倍数九,三的百倍三百,三的千倍三千等数就更是虚多而实少了吧。

## 第三节　作为生成发展之基数的"三"

除了代表多或无限大以外,数字"三"的神秘性还有另一方面的意义和用途,那就是作为万事万物生成发展的基数,宇宙创化的单元。《老子》说"道生一,一生二,二生三,三生万物",从道到万物之间最大的创生飞跃就在于"三",这是为什么呢? 换一种问法,从一到三都是依次逐个"生"出的,为什么从三就一下子"生"到"万"了呢?

原来"二"代表的是天地阴阳即乾坤的生成,天地阴阳相交又生出了"人"。"三"便代表着天地人,别称"三才"。神话思维把天地人三才齐备作为化育万物的前提,所以"三"就成了宇宙创化的第一个完整的单元,万物生成发展的基数了。《荀子·王制》云:

> 故天地生君子,君子者,天地之参也。

这里大写的"三"即"参",又写作叁、弎,本从厽,古"晶"字,是"星"字初文,参为声符。本义指二十八宿中的参宿,由三颗亮星构成。《左传·昭公三十二年》注引服虔曰:"三者,天地人之数。"《说文解字》则因袭成说

---

① 汪中:《释三九》,见《述学·内篇》。
② 岑仲勉:《"三年之丧"的问题》,见《两周文史论丛》,商务印书馆 1958 年版,第 300 页。

道:"三,天地人之道也。"中国传统思想把人放置在仅次于天地的万物之灵的地位上,代表人的"三"也就成了创造之数,化成万有之数。在老子的"三生万物"之说后,司马迁在《史记·律书》中又重申了"三"的这种性质:

数始于一,终于十,成于三。

扬雄《太玄》也云:

诸一则始,诸三则终,二者得其中乎。

又由于《周易》哲学把天地人之数正式命名为"三才",遂有了中国式的三位一体观。《说卦》云:"昔者圣人之作《易》也,将以顺性命之理。是以立天之道,曰阴与阳;立地之道,曰柔与刚;立人之道,曰仁与义。兼三才而两之,故《易》六画而成卦。"《系辞下》亦云:"有天道焉,有人道焉,有地道焉,兼三才而两之。""三才"就此而成为表达天人合一思想的象征,数字"三"的宇宙论意义也由此而奠定。刑爵《尔雅注疏叙》云:"夫混元辟而三才肇位,圣人作而六艺斯兴。"王符《潜夫论·本训》又说:"是故天本诸阳,地本诸阴,人本中和。三才异务,相待而成。"可知"三"又兼有了矛盾对立转化后的"中和"价值,相当于西

象征上中下三界的妇好墓青铜偶方彝

方哲学针对正题、反题而言的合题。

董仲舒将"三"崇尚为"天之大经",其基数意义更显繁复:"三起而成日,三日而成规,三旬而成月,三月而成时,三时而成功。寒暑与和三而成物,日月与星三而成光,天地与人三而成德。由此观之,三而一成,天之大经也。"(《春秋繁露·官制象天》)《淮南子·天文训》也体现了"三"所具有的这种基数性质:

> 一生二,二生三,三生万物。天地三月而为一时,故祭祀三饭以为礼,丧纪三踊以为节,兵重三军以为制。

"三"的这种哲理化倾向使之成为集体意识中的模式数字,并通过无意识作用不断投射到各种以"三"为结构素的文化现象上,派生出种种流传千古的文化遗产。难怪郭沫若感慨道:"古人数字的观念以三为最多,三为最神秘(三光、三木、三纲、三宝、三元、三品、三宫大帝、三身、三世、三位一体、三种神器等等)。"[①]

## 第四节　帝王世系中的"三位一体":"三皇"异说

史籍中有多种"三皇"说体系都似与"三才"相应。

《春秋纬》云:"天皇、地皇、人皇,兄弟九人,分为九州,长天下也。"(《太平御览》卷七八引)。

晋王嘉《拾遗记》卷九云:"(频斯国)有大枫木成林","树东有大石室,可容万人坐。壁上刻为三皇之像:天皇十三头,地皇十一头,人皇九头,皆龙身"。

徐整《三五历记》云:"天数极高,地数极深,盘古极长。后乃

---

① 郭沫若:《中国古代社会研究》,见《郭沫若全集·历史编》(第一卷),人民出版社1982年版,第33页。

有三皇。"(《艺文类聚》卷一引)

"自从盘古开天地,三皇五帝到如今。"民间流传的这种说法,道出了中国神话传说中的帝王谱系。在这一帝王谱系中,"三皇""五帝"究竟指哪些人是不易弄清的。即以"三皇"为例,就有几种组合。

**象征三界贯通的梵蒂冈圣殿怪兽**

《尚书大传》载,"三皇"为燧人、伏羲、神农。"遂人为遂皇,伏羲为戏皇,神农为农皇也。遂人以火纪,火太阳也,阳尊,故托遂皇于天;伏羲以人事纪,故托戏皇于人。……神农悉地力,种粜(谷),故托农皇于地。"(《风俗通义》卷一)燧人氏乃传说中人工取火的发明者,因为钻木取火,教人熟食,结束了人类"茹毛饮血"的历史,被尊为火神。伏羲氏又名包牺、庖牺、炮牺、宓羲、伏戏,亦称牺皇、皇羲,也有人认为伏羲即太皞,他最初为渔猎神,后演变为人类始祖,传说他和女娲兄妹结婚而产生人类,故称人皇。神农氏则为古代农业神和医药之神,故称地皇。

《礼纬·号谥记》以伏羲、神农、祝融为三皇;《春秋纬运斗枢》以伏羲、神农、女娲为三皇;晋皇甫谧《帝王世纪》以伏羲、神农、黄帝为三皇……其谱系中的具体成员虽有种种差异,但是以"三"凝成的数理结构却是不变的。在这变与不变之间,反映了神秘数字作为跨文化的、超时空的通用符号和中华各民族、部落集团之间不同的祖系传说的汇通和融合。因此,究竟哪一种三皇说更为确凿是无法说清的,也是不重要的,重要的是理解三皇说得以发生的数字模式及其无意识作用。

作为人类共同语汇的神秘数字,其作用本无国界。回首西望,在西方神话世界中,也存在着大量的"三位一体"的神祇。像希腊有命运三女神,即主司人的命运的三位女神:第一位在人诞生时纺出生者的生命之线,第二位决定生命之线的长短,第三位在人死亡时负责切断生命之线;机遇三女神,主司"幸运"和"机会";复仇三女神,她们身穿黑袍,手持鞭子、火把、弯剑或毒蛇,惩罚那些做伪证者、谋杀亲人者和苛待外乡人者;美惠三女神,即宙斯的三个女儿,一个名为阿格莱亚(Aglaia),代表光辉英俊,一个叫欧佛洛绪涅(Euphrosyne),代表喜乐欢快,一个叫塔莉亚(Thalia),代表青春焕发。基督教的三位一体信仰影响更为深广。所谓圣父、圣灵和圣子的关系,据比较神话学家分析,其实就折射着天父、地母和人子的三角关系,和中国的"三才"在发生根源上还是基本一致的。所不同的是,基督教的三位一体崇拜体现着一神论的价值观,而中国的三才说突出的是人在宇宙之中顶天立地、鼎足而三的优越地位,这中间自有神本文化和人本文化的重大差异。换言之,西方的"三"是"圣三一"的信仰标志,中国的"三"因渗透到世俗社会之中,因而显得十分普及。《史记·封禅书》记载汉武帝设立"三一"之祭,所祭对象为"天一、地一、太一(泰一)",合起来象征着天子的权力遍及寰宇。中国古代官制中也有众多的"三"式花样,所谓"三公""三卿""三官""三省六部",皆是其例。《礼记·王制》说到司徒、司马、司空的三位一体;《周礼》等则有太师、太傅、太保的三位一体;《老子》六十二章亦说"立三公,置天子",揭示出政治统治的宝塔形结构。

## 第五节　儒、佛、道中的"三"

同西方思想史上所谓"三权分立"的传统相对,中国思想史上有儒、佛、道三家鼎立的局面,彼此间既有冲突和斗争,又有吸收与融合互补,构成意识形态方面的"三位一体"。

就儒、佛、道三家本身而言,神秘数字"三"在每一家的体系中都发挥了明显的生成发展和统合建构的作用,形成一大批以"三"为说的名目掌故。像"三纲五常""三从四德"等皆是其例。

儒家奠基人孔子对"三"有一种特殊的偏爱,翻阅一部《论语》,叠床架屋的"三"扑面而来,令人应接不暇。《学而》篇标榜曾子的"吾日三省吾身",成为后世知识分子洁身自好的传统;《述而》篇所说"三人行必有我师"和《季氏》篇所说"益者三友,损者三友""益者三乐,损者三乐",为后人树立了标准的交友处世之道。《季氏》篇还提出著名的君子三戒:

少之时,血气未定,戒之在色;及其壮也,血气方刚,戒之在斗;及其老也,血气既衰,戒之在得。

《公冶长》中称赞"季文子三思而后行";《泰伯》中曾子又说"君子所贵乎道者三";《述而》中孔子批评那种"举一隅不以三隅反"的人智力有缺陷;《子张》中子夏提出"君子有三变",其具体内容为:"望之俨然,即之也温,听其言也厉。"此外还有《季氏》中孔子区别君子与小人的"三畏"标准:

孔子曰:"君子有三畏:畏天命,畏大人,畏圣人之言。小人不知天命而不畏也,狎大人,侮圣人之言。"

除了明确表述的"三"数结构,《论语》的话语中还充斥着许多未明言"三"的三句式结构,如《泰伯》篇:

南岳道教三元宫之门

子曰：兴于诗，立于礼，成于乐。

又如《子罕》篇：

子曰：知者不惑，仁者不忧，勇者不惧。

再如《论语》开篇《学而》第一句：

子曰：学而时习之，不亦说乎！有朋自远方来，不亦乐乎！人
不知而不愠，不亦君子乎！

如果有人问"三"的这种运用究竟有什么功效，可借唐章怀太子注《后汉书·袁绍传》时的一种解释作为回答："三"乃是数之小终。这是生成发展之基数的意思。

就孔门人物而言，以"三"为组的结构也是常见的。孔子弟子子路、子贡、冉求并称"三子"。一次，鲁国大夫季康子问孔子，三子之才可以为政乎，孔子答道："由也果，于从政乎何有？""赐也达，于从政乎何有？""求也艺，于从政乎何有？"意思是子路果敢决断，子贡通情达理，冉求多才多艺，让他们治理政事有什么困难呢。孔子的话中对弟子的喜爱之情溢于言表。

孟子、荀子、杨子以其文名并称三子。《小学绀珠·圣贤类·三子》云："孟子好《诗》《书》，荀子好《礼》，杨子好《易》。孟子之文，直而显；荀子之文，富而丽；杨子之文，简而奥。"这种三人并称的习惯还可进一步追溯。《论语·微子》说到殷商名臣时便有"三仁"之名："微子去之，箕子为之奴，比干谏而死。孔子曰：'殷有三仁焉。'"

在中国文学史上，还有许多三人并称的文学现象：东汉后期散文家王符、崔寔、仲长统并称"汉末三子"；汉魏间诗人曹操、曹丕、曹植合称"三曹"；晋王羲之、王承、王悦少有名望，被称为"三少"，谢尚、谢奕、谢安书法有名，时称"三谢"；南朝宋谢灵运、谢惠连，南齐谢朓皆有诗名，也为"三谢"；唐末罗隐与其族人罗虬、罗邺同时应举，又擅文辞，并有诗名，号称

"三罗";宋王安石、王安国、王安礼三兄弟,为"三王";苏洵、苏轼、苏辙父子三人皆工散文,世称"三苏";孔文仲与弟孔武仲、孔平仲皆有文名,时称"三孔";明袁宏道、袁宗道、袁中道兄弟,并有文名,时称"三袁";明末魏赵、魏祥、魏礼,皆有诗名,时称"宁都三魏"。类似的情形——排列出来的话,有如一部小型文学史。

在道教中,"三"也是一个神圣的数字。由上、下加上中间方位,构成了空间分割的宇宙观念,由此,"三"也具有神秘的蕴涵。道教以天帝、地祇、水神为"三官",谓天官赐福,地官赦罪,水官解厄。以玉清、上清、太清三个最高"清境"为"三清",亦名"三天"。"三清"也指道教的三位天神:玉清元始天尊(又称天宝君)、上清灵宝天尊(又称

073

天地人三才,泰国曼谷机场

灵宝君、太上大道君)、太清道德天尊(又称神宝君、太上老君)。以天、地、水为"三元"。《云笈七签》卷五六:"夫混沌分后,有天地水三元之气,生成人伦,长养万物。"此外,如"三尸""三性""三房""三宫""三神""三光""三尸三恶门"等,更是举不胜举。道家的三位思想家老子、庄子和列子也被后人封为"三圣"。

道教信仰中的"三位一体"表现为三位尊神。当你来到北京的白云观,登上三清殿,瞻仰那三尊神情庄严的神像,就会看到:中间那尊神像左

手虚拈,右手虚捧;左边那尊神像,双手捧着一个半黑半白、黑中有白点、白中有黑点的圆形物;右边那尊神像,则手持一把同样画有圆形物的扇子。三位尊神中,元始天尊位居中间,他手中虚拈,象征的是"天地未形,万物未生"时的"无极";左边是灵宝天尊,他手中的"阴阳镜",象征的是刚从无极状态中衍生的"太极";而右边的是道德天尊,即后世通称的太上老君,他手中的扇子,则象征着由"太极"而分出阴阳的"两仪"。三尊神像与他们手中的物什,组合起来恰好构成道教的一元三分式宇宙图式。

佛教虽是外来宗教,但作为人类通用语的神秘数字"三"依然发挥着统合观念、组构思想的结构素作用。构成佛教世界观基础的是"三世"说,指过去、现在和未来。还有"三生"说,指人的前世、现世和来世。这两种时间观为轮回思想和报应思想创造了条件。随之而来的便是"三界"说,指有情众生在生死轮回过程中所处的三种境界:欲界,为具有淫欲、食欲的众生所居,如四大部洲等;色界,位于欲界之上,为已经离开淫、食二欲的众生所居,但仍离不开物质;无色界,更在色界之上,为无形色众生所居。佛教以为这"三界"都是人未觉悟前所处的"迷界",从中解脱出来达到"涅槃"境界才是至高理想,故主张"跳出三界外"。

三神蛙铜旋璧

佛家称佛、法、僧为"三宝"。其中的佛指佛教创始人释迦牟尼,也泛指一切佛。法指佛所讲说的教理即佛法。僧指僧伽,即佛教僧众。又称佛教典籍为"三藏"。"藏"原指盛放东西的竹箧,佛教用以概括全部佛教典籍,划分为"经藏""律藏"和"论藏"三类。佛教史上把通晓三类经典的僧人称为"三藏法师",《西游记》中的唐三藏即指唐代大法师玄奘。此外,同佛教教派和思想体系相关的各种"三"式结构的名目还很多,如以《中论》《十二门论》和《百论》三部经典而得名的"三论宗";佛教吸收信徒的仪式"三皈依";用以印证佛经真伪的"三法印"标准;隋唐时划分"时、处、人"的所谓"三阶教";构成天台宗基本教义的"三谛圆融"说;等等。

在儒、佛、道三教之外,"三"的弥漫性也很可观。旧小说中讲战争场面时经常提到"擂鼓三通",究竟怎样擂法呢?唐李靖所著兵法《李卫公问对》解释,一通鼓为三百三十三下。这可真是巫术性地发挥"三"的效力的典型例子。又由于"三"有数之小终的意思,也在民俗中引发了许多以"三"为极限的用法,如守三年之丧,三月三日到水滨举行驱邪修禊之礼,敬礼、鞠躬等好事不过三遍,等等。俗语中也有"话说三遍淡如水,再说三遍打驴嘴"的说法,与《左传》中一鼓作气、再而衰、三而竭的佳话遥相呼应,体现出"三"的循环基数和终极之数的性质。至于作为阳数和天数的"三",主要限于《周易》的数理哲学体系,将留待下文中与阴数和地数"四"合起来讨论。

# 第四章　四象运衡玑

人类所生活的这个星球,在哥伦布环海航行的大发现以前,一直被认为是四四方方的,"四"的观念为人类提供了最基本的时空尺度,因而在神秘数字系列中具有特殊的重要意义。就我们中国人来说,似乎从祖先的时代起就已确定了一种无所不在、无所不包的"四"的宇宙观:我们脚踏的大地是四方的,头上的星辰有四七二十八宿,"中国"的外围有"四荒"之国,更远处还有载地的"四海"、撑天的"四极",我们写的是四方的汉字,住的是四合院,文章有骈四俪六,诗有四、五、七言,器用有文房四宝,吃有四喜丸子,祝愿说四季发财,活动要选四大吉时,性情要四平八稳,在家要学四书五经,出门要讲四海为家,就连死后埋在土中还要摆成四脚朝天的姿势……如果说人是文化动物,那么中国人简直可以说是被

青海民和出土辛店文化 M255 四太阳纹陶瓮

"四"的条条框框所铸塑出的文化动物了。

一个简单的数字为什么会有这样大的潜能,成为文化范式并无意识地主宰着人的思维和行为模式呢? 本章将从溯源求本的意义上解答这一疑问,力求从文化基因、宗教世界观和相关的神话、礼仪、民俗等多种角度去透析"四"的神秘性由来,并从发生学立场上说明"四"概念从具体到抽象的演化过程。

## 第一节 "两仪生四象"新解

《周易》的四象八卦是众所周知的占卜系统。据《周易·系辞传上》说:易有太极,是生两仪,两仪生四象,四象生八卦,八卦定吉凶。那么,究竟什么叫作"两仪生四象"呢?

原来,"太极"至"八卦"的衍生原理不同于《老子》中的圣数加法递进,而是一种倍数递进,即一生二,二生四,四生八,八生六十四的过程。我们在第二章已经解说

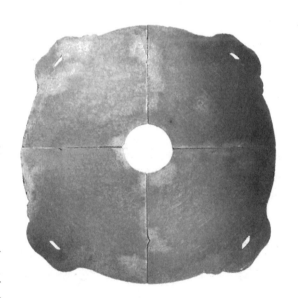

四联异形玉璧

了"两仪"就是阳(—)与阴(--),"四象"则为"两仪"重叠而成的四种组合形式:

(1)太阳(⚊)、(2)太阴(⚏)、(3)少阳((⚎))、(4)少阴((⚍))。

可见,"两仪""四象"之间构成一种生成关系。如果以天地阴阳表示

"两仪",所生"四象"又是什么？

《易乾凿度》以"四时"比附"四象"，颇有影响：

> 太极分而为二，故生天地，天地有春夏秋冬之节，故生四时。

《易·系辞传》孔颖达疏：

> 四象谓金、木、水、火。震木，离火，兑金，坎水，各主一时。
> （《周易正义》）

这仍是以"四象"为四时之象。

《周易尚氏学》更进一步将卦爻四种组合形式一一落实到四季，说：

> 四象即四时：春少阳，夏老阳，秋少阴，冬老阴也。[1]

按照上述传统的解释，所谓"两仪生四象"讲的是由天地变化所衍生出的一年四季变迁规律，春夏秋冬被视为"四象"之原型。

然而，根据古代文献，四时（四季）的发生相对晚出，在甲骨文中可见四方和四方风名[2]，但未见四时之称。正如于省吾先生所说："甲骨文和《山海经》没有四时的说法。《书·尧典》才把四方和四时相配合。应该指出的是，商代的一年分为两季制，甲骨文只以春和秋当作季名用，两者有时对贞。西周前期仍然沿用商代的两季制，到了西周后期，才由春秋分化出夏冬，成为四时。"[3]这一论断说明，四时划分是较晚的事情。再者，"四象"一词首见《易·系辞》，它的产生年代经学者们考证属于战国中后期，就其产生时间而言，说"四象"为四时并不为错，但若以"两仪生四象"作为人类

---

① 尚秉和：《周易尚氏学》，中华书局1980年版，第301页。
② 胡厚宣：《甲骨文四方风名考》，见《甲骨学商史论丛初集》（第二册），齐鲁大学国学研究所1944年。
③ 于省吾：《甲骨文字释林》，中华书局1979年版，第124页。

认识发生过程的原始表述,则"四象"本义为四时的传统解释似应修正。追溯"四"的原始发生,我们会对"四象"有一个新的看法。

人类学的材料表明,人类认识"四"这个数,经历了漫长艰巨的智力努力。在许多现存的原始部落文化中,人们关于

红山文化四尾羽绿松石鸮

数的概念仅仅停留在"二"或"三"的水平上,尚没有"四"这个数。"柯尔(Curr)对于澳洲的原始民族有过广博的研究,他以为只有很少的土人能够辨别四,处于野居状态中的澳洲土人没人了解七。南非洲的布须曼(Bushmen)族,除了一、二和多之外,再没有别的数字了,而这三个字又是那么语调含糊,那些土人是否赋予它们以明晰的意义,也还是个疑问。"①

那么,"四"是怎样得来的呢?从"四"的神圣性意义来看,它很可能是原始人空间知觉的四方方位感的产物。人们最早只知道两个方位,那就是日出的方位东方与日落的方位西方。民族学的材料表明,我国的许多民族是先知道东西方向,后来才有南北方向的知识的。景颇族称东方为"背脱",即日出的方向;称西方为"背冈",即日落的方向。这种只知道东、西两个方向的智力水平恰恰与不能数到三以上的史前民族相应。而已经确认了的东、西两个方位却同"二"这个数字一起获得了某种神秘内涵。在我国新石器文化的墓葬遗址中,我们看到了模式化的埋葬方向"如宝鸡北首岭墓地是'头西面东',王因墓地是'头西脚东',大汶口墓地是'东西向'等"。② 一旦确立了东、西二方位,再识别南、北两个新的方位就相对容

① T.丹齐克:《数:科学的语言》,苏仲湘译,商务印书馆1985年版,第3页。
② 宋兆麟、黎家芳、杜耀西:《中国原始社会史》,文物出版社1983年版,第431页。

易一些了。由二方位空间感向四方位空间感的演变,反映在新石器文化的墓葬遗址中,就是在东西向的埋葬模式之外,又出现了南北向的埋葬模式。由于太阳一天的运行经过东、南、西三方,北方是日不到之方,所以在四方位空间观念最初形成之际,北方便被认同为阴间地狱的方位,由此导出了殷商早期墓穴及祭祀坑的南北向构建模式,以及后代文献中的模式化说法:"葬于北方、北首,三代之达礼也,之幽之故也。"(《礼记·檀弓下》)"故死者北首,生者南乡(向)。"(《礼记·礼运》)这一埋葬模式的出现,就是四方位空间意识成熟并取代原始的二方位空间的标志。恐怕这一由二方位空间意识向四方位空间意识的演变,才真正是"两仪生四象"的终极根源吧!

在东、西两个方向之间又有了南、北,"二"的数觉必然飞跃向"四"的数觉。神秘数字"四"首先是作为方位空间数字而诞生的,这是因为原始思维使用的语言中几乎没有概念化数词,数概念是借助于"数-总和",即一些能执行数字功能的具体事物来表达的,而在这些事物中能赋予"四"以非数字意义,使之成为

象征天地四方的四鸮首二兽面方罍,商代,台北"故宫博物院"

神秘数字的首先是具体的空间方位定向。《墨子·贵义》中就有方位观念与"四"对应的例证:

子墨子北之齐,遇日者。日者曰:"帝以今日杀黑龙于北方,而先生之色黑,不可以北。"子墨子不听,遂北,至淄水,不遂而反焉。日者曰:"我谓先生不可以北。"子墨子曰:"南之人不得北,北之人不得南,其色有黑者,有白者,何故皆不遂也?且帝以甲乙

杀青龙于东方,以丙丁杀赤龙于南方,以庚辛杀白龙于西方,以壬癸杀黑龙于北方。若用子之言,则是禁天下之行者也。是围心而虚天下也。子之言不可用也。"

从墨子与日者的对话中可见,以具体事物与空间方位相匹配,是早期神秘数字意义表达的习见形式。正如列维-布留尔所言:"东南西北四方、与这四个方位互渗的四个方向的风、四种颜色、四种动物等等的'数-总和'起了重要的作用。"①

因此,"四"的原始表现形式不外乎十字形与正方形两大类。二者均与方位的观测和确定密切相关。"古代墨西哥的玛雅人已经会用两条交叉的棍子观察规定的点了。"②由此可知,用十字形代表空间四方位同用十字形象征时空的创造者太阳,这两者之间非但不矛盾,反而是互为表里的。

兼喻一二三四神圣空间的西周铜器

人类的四方方位意识是在太阳的启示下发生的,因而"四"这个数的神圣性亦与太阳崇拜密不可分,成为原始宗教仪式的表现中心。神话学家坎贝尔(J-Campbell)指出,"四"是美洲印第安人的"仪式性数",与此相关

---

①　列维-布留尔:《原始思维》,丁由译,商务印书馆1981年版,第200页。
②　林耀华主编:《原始社会史》,中华书局1984年版,第380页。

的仪式活动是对宇宙四方空间的象征性确证。① 人类学家利普斯则记述了以四方位象征表演为特征的太阳崇拜仪式的全过程：

> 仪式的高潮是对日出象征性的模仿。开始，出现十六个男人，一个篮子中装着太阳像，他们围绕一个高柱唱歌和跳舞。突然他们往回移动，这时太阳像缓慢而庄严地在柱子上升起，并在柱顶停留片刻，然后降下隐没不见了。
>
> 黎明快到时，结束了仪式。……仪式地点周围的松篱原来仅在东方有一个入口，表示太阳由那里来。当真正的太阳在天空开始自己的旅程时，东西南北都打开豁口，表示太阳向各方放射光芒。②

在古印度的宗教文献中，我们还可以看到同类仪式的变体。《唱赞奥义书》第三篇便是围绕着太阳神祭祀而展开的四方唱赞礼辞，其言曰：

> 太阳东方之光明，则东方之蜜房也。
> "黎俱"，蜜蜂也。《黎俱韦（吠）陀》，花也，甘露水者。
> 太阳南方之光明，则南方之蜜房也。夜珠，蜜蜂也。《夜珠韦（吠）陀》，花也，甘露水者。
> 太阳西方之光明，则西方之蜜房也。"三曼"，蜜蜂也。《三曼韦（吠）陀》，花也，甘露水者。
> 太阳北方之光明，则北方之蜜房也。《阿他婆安吉罗斯》之诗颂，蜜蜂也，故事神话，花也，甘露水者。③

礼辞中言及四部诗集即婆罗门教四合一的圣典，又称《梨俱吠陀》《夜

082

---

① 坎贝尔：《神的面具：原始神话学》，1958 年英文版，第 77 页。
② 利普斯：《事物的起源》，汪宁生译，四川民族出版社 1982 年版，第 328 页。
③ 参见：《五十奥义书》，徐梵澄译，中国社会科学出版社 1984 年版，第 124—126 页。

柔吠陀》《娑摩吠陀》《阿达婆吠陀》四吠陀,据神话说是从创造神大梵天的四张脸中化生出来的。礼辞中提到的甘露水,则为祭礼仪式上所用之圣水。从《唱赞奥义书》的上述礼辞不难看出,是太阳崇拜本身分化出"圣数四"的崇拜以及相关的四面神、四圣典之类的神话传说。

行文至此,我们可以推断,"四象"本义并非四季,而是比时间观念更早发生的四方空间观念。"两仪生四象"这句玄妙又深奥的数理原则,其实说的是人类借助太阳运行轨迹而确定东与西两个方位之后进一步确定了南、北方位,从而在平面上将宇宙空间划分为四的认知真相。而四时(四季)只是在文明发展之后,在春、秋二季的观念基础上派生出来的。

抽象思维尚不发达的汉民

泰国绘画中的四面梵天

族祖先们凭借具体可感的自然物象辨认四方,并创造了东、西、南、北等方位字,给后人留下了概念之先的直观表象。

东:日在木中,意思为旭日初升。旭日初升的地方就是东方。至今仍有"日出东方"的儿歌。

西:西字古形是鸟在巢上,即太阳西沉而鸟归巢栖息。"鸟归巢"就成了方位字"西"。

南:南字的外框,是木字的变形。"羊",指向的意思,即草木承受南面充足的阳光,枝叶就长得繁茂。所以,向阳处就是南方。

北:古文写成两人相背,宫室多坐北朝南,背面就是北面,北(背)也就成了北方的"北"。

明确了"四象"(四相)的本义为四方,所谓"八卦方位图"一类东西就可迎刃而解了。原来那正是在四方基础上进一步划分出东南、西南、西北、

石雕大梵天四面神像　　　　乳钉纹四羊首罍，商代，台北"故宫博物院"

东北四个子方位的派生物啊。

　　至于"四方"基础上的观念意义，则在承袭过程中被引申。《诗经》中多处引用"四方"，其用法略同于"四国"。如"日靖四方"（《周颂·我将》），"奄有四方"（《执竞》），"于以四方"（《桓》），"正域彼四方"（《商颂·玄鸟》），"使不挟四方"（《大雅·大明》），"纲纪四方"（《棫朴》），"监观四方""奄有四方""四方以无侮""四方以无拂"（《皇矣》），"四方攸同"（《文王有声》），"四方之纲"（《假乐》），"四方为则""四方为纲"（《卷阿》），"以绥四方"（《民劳》），"四方其训之"（《抑》）等。英国学者艾兰也引述《大雅》《商颂》中"四方"之句，如"四方既平"（《大雅·江汉》）、"四方来贺"（《大雅·下武》）、"商邑翼翼，四方之极"（《商颂·殷武》），认为"'四方'被视之为世界的荒远之壤，包括它们的统治者和人民，它的引申义可单指整个世界"[1]。

---

[1]　艾兰：《龟之谜——商代神话、祭祀、艺术和宇宙观研究》，汪涛译，四川人民出版社1992年版，第83页。

# 第二节 "十字架"与圣四崇拜

苏联学者托波罗夫将"四"与"三"的数字观念模式进行比较,认为"四"不同于"三"。"三"是动态完美的象征,而"四"则是所谓静态完美(即观念范畴稳定的结构)之意象(诚然,确有这样一种观点,认为三位一体应解释为四元结构的"不完善")。于是"四"被用于宇宙创始神话,并被用以表达方位,诸如四域、四方、四联神或四相神(如立陶宛民间创作中的四佩尔库纳斯以及种种神话中的四方守护神)、四季、四时期、四元素(有时并与四神话人物相应)等等。"四成分"体现为种种几何体,诸如此类几何体具有极大的神话诗功用,诸如方形、"曼荼罗"、"十"字形①。如果进一步从发生学立场上去分析,圣"四"观念经历了从具体到象征,再到抽象数概念的漫长的发展成熟过程。

> 创造诸神和人类的神圣数啊!愿您赐福我们!啊!圣洁的、圣洁的四(tetraktys)啊!您孕育着永流不息的创造源泉!因为您起源于纯洁而深奥的一,渐次达到圣洁的四;然后生出圣洁的十,它为天下之母,无所不包,无所不属,首出命世,永不偏倚,永不倦息,成为万物之锁钥。②

这就是毕达哥拉斯学派的"圣四"祷文。该派虽是古希腊文明中的哲学发展之产物,其中却保留着许多与文明的发生过程相伴随的圣数崇拜观念及相应的仪式活动。"四"被奉为创造的源泉和永不倦息的万物锁钥,可见这个神圣数字的重要价值。在这个抽象的概念背后,还有介于具体与抽象之间的过渡性符号,那就是神秘的十字形象征。

卡西尔曾经分析了"四"与"十"字形状崇拜的对应关系,他说:

---

① 托波罗夫:《神奇的"数字"》,魏哲译,载《民间文学论坛》1985年第4期。
② 转引自 T. 丹齐克:《数:科学的语言》,苏仲湘译,商务印书馆1985年版,第33—34页。

对数字四的崇拜表现为对十字形状的崇拜,十字形状证明是最悠久的宗教符号之一。我们可以从四尖十字的最初形式卐字开始,一直到把基督教义全部内容都注入十字直观的中世纪的思辨,追踪一切宗教思想的共同基本倾向。在中世纪,当十字的四端被等同于天堂四界时,当东、西、北、南被等同于基督教救世史话的特定阶段时,十字便是特定原始宇宙——宗教主题的再现。①

河南偃师二里头出土镶嵌"十"字纹铜圈 X 光照片

　　借助于西方象征学家们的论述,中国自新石器时代陶纹中的十字符号,直到甲骨文和金文中大量的十字造型象征图案均可得到理性的解释。就连历代皇帝所居的"明堂"建筑的十字形构造,也是以人为的物化符号形式表达的"圣四"崇拜观念。只不过这种观念还没有像毕达哥拉斯派的祷文和基督教的十字架那样达到纯抽象的境界而已。

　　南美洲印第安人的"羽蛇"神话也是表现前概念阶段"圣四"信仰的典型例子。相传"羽蛇"为最古时期创立文化伟业的神王,其地位就相当于中国的黄帝。神话一开始讲到他的由来,无意识地采用了海中日出的自然

---

① 恩斯特·卡西尔:《神话思维》,黄龙保、周振选译,中国社会科学出版社 1992 年版,第166 页。

现象作为表现模型:

> 一个漆黑的夜晚,狂风和大海把他抛上海滩。他身子缚在木十字架上,一动不动地躺在那里,浑身盖满泡沫。……
>
> 次日,晨曦微露,周围一派宁静。他躺在海滩上。他只记得来时的方向,升起的太阳和把他身子系住的伸向四方的木十字架。正是这个木十字架,在那狂风之夜,在暴风雨的怒号之中,飘在海上,把他送到这块离开了水的陆地上。[①]

其实,所谓"羽蛇"这种幻想出来的动物组合就是水生动物蛇和飞行动物鸟的二合一形象。印第安人创造这一形象的动机在于用拟人化的形式演示太阳神既能上天又能入地、下海,巡行于水陆空三界的特异本领。把早期的文化英雄或人王同羽蛇形象相认同,为的是更加生动具体地表现神话观念和信仰。这位模仿海中日出景象而来到世间的羽蛇英雄,一出场就同圣数四的象征形式——十字架难解难分地缚为一体,这不正是借形而下之象以传达形而上之思的明证吗?

羽蛇借助于神异特征而获得世人拥戴,向人们传授十字架的教义,并赐给他们祭拜时用的乐舞,以及四架木琴、四支笛子。羽蛇还教人们组织起来进行劳动分工,教会他们渔、猎、种植技术和各种手工艺活动。羽蛇还在部落的中心即"宇宙的脐眼"上建造起一座大房子,它的中央是圆的,向着东、西、南、北四方各有一幢巨大的侧屋。整个结构就像平铺在大地上的一个大十字架。每一方向的侧屋都由一种颜色的石头砌成。这座大房子是代表宇宙运行秩序的四方四时的神圣象征,也是人类文化的纪念堂,喻示着统治权和财富,其实质同埃及法老的四边形金字塔、巴比伦神殿的四边形通天塔、中国天子的明堂之类没有什么不同。值得庆幸的是,关于建房者和建房动机的全套故事完整保存在印第安传说中,使我们可以窥见圣四观念的较早情形。

---

① 洛佩斯·波蒂略:《羽蛇》,宁希译,人民文学出版社 1978 年版,第 3 页。

"四"的神秘意义在大多数北美印第安人部族也是以非抽象的形式同各种神话表象相联系的。它首先涉及东、南、西、北四个方位和从四方吹来的风，并与四方之神的观念纠结在一起。所有的神都是四个一组地出现，全部按四个方位排列并被涂上每个方位固有的颜色。在这里可以看到四个熊神、四头豪猪、四只松鼠、四位身材高大的女神、四个年轻的圣徒、四只闪电鸟等等。在这些部族的巫术仪式和风俗中，"四"的神秘作用总是被一再表现出来，比如，要挑选四个年轻人，要不近女身、元阳未泄的处子，要他们四个陪伴巫师作法，还要绕祭台走四圈。作为道具，他们带着定数的彩箭，数目是四支，相当于人的四肢。

苏兹人则相信有四个雷神，面貌分别为黑色、黄色、紫红色、蓝色。他们住在天边的高山上，他们的住宅大门向四方洞开，各门又以蝴蝶、熊、鹿和海狸做"门卫"。在曼丹人那里，其神秘的巫术仪式之一，便是在帐篷地上一直放着四只装满水的皮囊，象征四只神龟，认为这四龟永远保存着取自东、南、西、北四方的水，从开天辟地起这些神水就赐予曼丹人了。

四方与中央：海达酋长仪式用毯，贝制熊骨架

在契洛基人的巫术咒语中，东、南、西、北四方以红、白、黑、蓝表示，红色为力量，白色为和平，黑色为死亡，蓝色为失败，这四色原本都是巫术的前兆。如列维-布留尔所描述，在有些古代部落里，女子分娩后，与其婴儿至少要在帐篷里留居四天，或者八天、十二天、二十天。因为在他们看来，四与四的倍数是神圣而有魔力的，这同曼丹人以猎杀更多野牛为目的的野牛舞这种巫术形式，确实有

着异曲同工之妙。在这种舞蹈中,第一天要跳四次,第二天八次,第三天十二次,第四天十六次,构成一种以四为进位基数的严整系列。

在加拿大的温哥华岛,古代由巫医举行的青年男子成年割礼手术完成后,巫师站起来,必须向左转四圈,接着向前伸足四次,在走出门之前,必须照样走四步;用餐时,水壶、盘子、匙子和杯子四样东西只供其一人专用,用四个月就扔掉;吃饭每口不能嚼过四下;等等。[①] 根据发生认识论的原理,动作思维是最初级的思维和认知形式,表象思维其次,语言概念思维再次。在印第安文化中看到的圣数"四"崇拜显然还保留着动作思维的明显特点,以及由表现四次、四种、四倍等观念的程式化象征动作向神话表象发展过渡的迹象。如此看来,我国甲骨卜辞中依次排列的四方神名和四方风(凤鸟)名,也是在四时观念形成之先圣数"四"崇拜的神话表象吧。

## 第三节 从"黄帝四张脸"到"方相四只眼"

与印第安人的羽蛇英雄具有同样地位的中国始祖是黄帝。黄帝一名最早见诸记载已经是战国时期的事了,所以"古史辨"派学者认为这是个神话传说中的人物,而不是真实的历史人物。可是古人说到黄帝总是相信他的历史真实性,所以有关黄帝的神话表象也就被加以理性化的曲解,使之失去了本来面目。黄帝形象的最大特征,据《尸子》和新近出土的马王堆汉墓帛书说,就是"四面",即长着四张脸孔。从象征意义上看,黄帝的四张脸同羽蛇身背的十字架一样,都

四节大玉琮,商代,成都金沙博物馆

表明他们具有宇宙四方的真正主宰者、统治者的特殊身份。可惜孔子在同

---

① 参见列维-布留尔:《原始思维》,丁由译,商务印书馆 1981 年版,第 205—208 页。

弟子的对话中把"黄帝四面"曲解为黄帝派人治理四方,黄帝的本相就此而湮没无闻了。

　　除了长有四张脸孔的华夏始祖神之外,神话传说中还有其他一些类似的以"四"为奇异生理特征的表象,尤其突出的是"四只眼睛"。据传太阳神舜的别名叫"重华",屈原《离骚》中也有"就重华而陈辞"的说法,注释家们解释"重华"为"重瞳",也就是四只眼珠的意思。相传为华夏民族造出汉字的大英雄仓颉也是长有四只眼的异形人。《春秋元命苞》说他"龙颜侈哆,四目灵光……创文字,天为雨粟,鬼乃夜哭,龙乃潜藏"。看来鬼怪是很怕四眼异人的,而且他们也对人类掌握文字书写技术感到由衷的恐惧和震惊。这一传说反映了古人对文字神圣性的高度重视。有了文字记载,各种有关"四"的神话和礼俗才得以流传下来。

齐家文化四联红陶杯,甘肃省博物馆

《周礼·夏官》中有这样一段记载:

　　方相氏:掌蒙熊皮、黄金四目、玄衣朱裳、执戈扬盾,帅百隶而时难,以索室驱疫。大丧,先柩;及墓,入圹,以戈击四隅,驱方良。

　　这是关于方相氏黄金四目最早的文献记载。从这番话中可以看到,方相氏身着奇特的装束,全副武装,统帅百隶,主持盛大的驱邪仪式。这一仪式的内涵主要有三:一,"索室驱疫",搜索居室,驱逐恶鬼。二,"大丧,先柩",逢重大的丧葬仪式时走在队伍前面,威慑凶邪,诚如孔颖达疏:"丧所多有凶邪,故使之导。"三,"及墓,入圹","以戈击四隅",在墓道里施行驱鬼巫术。由于这一仪式中方相氏总要"执戈扬盾",模拟与邪疫恶鬼的战斗,属于武事,因而隶属于军事长官——夏官司马。

但是,何为"黄金四目",黄金四目的功能何在,则久已失传,成为一个难解之谜。汉高诱注《淮南子·精神训》中的"頯"曰:"頯,頯头也。方相氏黄金四目,衣赪,稀世之颠貌。非生人也,但其像耳目……"仅指出方相氏的"頯头"不似活人,并无对"黄金四目"的具体分析。《后汉书·礼仪志》则因袭《周礼》。只是到了《旧唐书·礼仪志》,才明确"黄金四目"为镶嵌"四目"的面具。不过,目前的考古发掘还未见到"四目"的面具。

清人曾钊不同意"面具"之说,而解"四目"为相视四方之意。其《周礼注疏小笺》释方相氏"四目"曰:"曰四目者,谓掌熊皮黄金以相视四方,所谓'方相'也;书四目亦如此诂。若以为面具则舜明者其不可解说矣。"按照这种解释,相为相视,方为四方,四目为目视四方。尽管他未阐说"黄金"之意,已经为人们揭开谜底开启了新的思路,提示人们比较形形色色的"四目"神话,从神话思维的角度破解"黄金四目"的象征意义。近人李干忱先生把"四目"作为一种神话表象,并同"黄帝四张面孔"的表象相联系,提出了大胆的新见解。他说:

> 方相,头是四方的,所以叫"方相",一方安一眼,共有四眼。[1]

这样解释就把上古驱鬼礼俗同四面神系统贯通了。

与印度教中创造之神大梵天的四面形象相似,佛教中也存在着四面之神或四方崇拜的变体。时轮院和欢喜金刚院所供奉的四臂观音菩萨,就是

---

[1] 李干忱:《破除迷信全书》卷十,转引自宗力、刘群:《中国民间诸神》,河北人民出版社1986年版,第485页。

四头,并涂着蓝、白、红、灰四种颜色,酷似梵天的"孪生兄弟"。在佛教神话中,东方香积世界有阿閦佛,南方欢喜世界有宝相佛,西方极乐世界有阿弥陀佛,北方莲花世界有微妙声佛,四方四佛既象征宇宙的四方空间,也隐喻佛的无边法力,具有统驭四方寰宇的神圣意义。佛教中关于宇宙空间的观念,也同太阳崇拜有着密切的关系。太阳不仅确定了大地的空间坐标,具有辉映四方的光辉,而且被视为佛的化身,成为佛的偶像,有了至高无上的意义。难怪印度佛教中四大思想家被喻为"四日照世"。唐玄奘《大唐西域记》卷十二"朅盘陀国"条载:"东有马鸣,南有提婆,西有龙猛(即龙树),北有童受(即'鸠摩罗多'),号为四日照世。"

四方空间观念的确立之际,也就是数字"四"的神秘性质诞生之时。因而,在佛教教义、文献中,存在大量的"四"结构,其象征功能渗透于整个佛教之中。佛教谓慈、悲、喜、舍四心"普缘无量众生",称"四无量心";以布施、慈爱、化导、共欢四种施恩为"四恩";以生、老、病、死为"四苦";以色、香、味、触为"四尘";以欲漏、有漏、无明漏、见漏四种烦恼为"四漏";以行、往、坐、卧者皆严肃有仪为"四威仪"。《俱舍论》卷十六所说有"四业":黑黑业,谓恶有恶报;白白业,谓善有善报;黑白业,谓善恶相混;不黑不白业,谓达到涅槃境界的佛教修习。《增一阿含经》卷十七、《俱舍论》卷八谓"四生",六道众生有卵生、胎生、湿生(亦名因缘生)、化生(无所依托,借业力而出现者,如诸天神、饿鬼及地狱中的受苦者)四种形态。《大般涅槃经》谓学法当依"四依":"诸比丘,当依四法。何等为四?依法不依人,依义不依语,依智不依识,依了义经不依不了义经。"此外还有所谓"四智""四缘""四谛""四禅天""四禅定""四无色定""四摄法""四辩""四信""四性""四方便""四大""四见""四分""四有""四众""四

束埔寨吴哥的四面梵天

劫""四恩""四道"等等名目,这里就不做讨论了。至于四大天王、四大金刚等,在世俗社会中更是早已家喻户晓。

　　道教杂糅了老庄和阴阳五行思想,特别偏爱的数字是一、三、五、七等阳数,并不像佛家那样看重"四"。不过由于老、庄的书中也曾提到过"四"的作用,道教中的四联神之类的存在仍不乏其例。《老子》第二十五章有"四大"之说:

道大,天大,地大,王亦大。域中有四大,而王处一焉。

　　这里的"王"字又作"人",注释家们为辩证究竟应是"王"大还是"人"大争论了两千年仍未有结果。其实,即使是王的话,也是人王,所以二者之间并不是非此即彼的对立。《庄子·秋水》篇进一步引申了老子的意思,说"号物之数谓之万,人处一焉"。这就把人在宇宙中"四分之一大"的位置压缩成了"万分之一",这可真是对人类自大狂的

东汉四神铜镜

一种反拨。其实,用四分法来划分宇宙与人类的关系,正是神秘的数字"四"及四方空间尺度的一种扩大化的引申。把作为宇宙本源的"道"和作为世界父母的天地说成是"域中"四分之三大,让人类占据另外的四分之一,这样一种有趣的划分方式其实也不是中国独有的创造。老子所讲的"四大"的范围是"域中",也就是空间之中。汤一介先生说:"老子讲的道是先于天地存在,只是说在时间上先于天地存在,而不是在逻辑上先于天地存在。老子讲的道虽是无形无象,但不是超空间的,而是没有固定的具体的形象,这样的'道'才可以变化成为有固定具体形象的天地万物。老子认为'道'、'天'、'地'、'人'是宇宙间的'四大',如'道'和'天'、'地'、

'人'是不同的实体，就不应当这样放在一起称之为'四大'。"①董思靖《道德真经集解》则说："道贯三才，其体自然而已。"在古印度人的宇宙观中，也有类似的四分法。《梨俱吠陀》第十卷九十首《原人歌》第三至四节唱道：

> 如此神奇，乃彼威力；
> 更为胜妙，原人自身；
> 一切众生，占其四一；
> 天上不死，占其四三。
> 原人升华，用其四三，
> 所余四一，留在世间。
> 是故原人，超越十方，
> 编行二界，食与不食。

同老子"四大"说相比，差别只是宗教神话叙述与哲学论述之间的差异。后来佛家谓地、水、火、风为"四大"，并用来解释人体构成（见《圆觉经》），这才同老子道家之说完全相异。

道教中典型的神灵，为道教"四御"。"御"本是对帝王的尊称，被借来指称仅次于"三清"的四位天帝。"四御"中为首的一位是玉皇大帝，全称为"昊天金阙至尊玉皇大帝"，在旧中国民间拥有最广泛的信仰者；中天紫微北极大帝，协助玉皇执掌天经地纬、日月星辰和四时气候；勾陈上宫天皇大帝，协助玉皇执掌南、北极与天地人三才，统御诸星，主持人间兵革之事；承天效法土皇地祇，为执掌阴阳、生育、万物美满与山河灵秀的女神。道教还将所信奉的时间神划分为"四值功曹"，让他们分别值年、值月、值日、值时。"功曹"和"御"一样，本为世俗名称，被宗教神话所借用。"功曹"原为中国古代郡县的书吏，道教宣称在天上神庭中也有此类书吏，凡是人间"上达天庭"的表文，焚化之后便由他们呈递。所以给这四位取名叫"四值

---

① 哲学研究编辑部编：《老子哲学讨论集》，中华书局 1959 年版，第 149 页。

功曹"。在《西游记》等神话小说中,三清、四御、四功曹都纷纷登场,好不热闹。

四神瓦当,东汉

古人还将地上的动物种类与天上的星座分布结合起来,为二十八星宿的每个星座都配上一种动物,如《浑天赋》《宋志》和《索隐》所载:东方苍龙,有角(蛟)、亢(龙)、氐(貉)、房(兔)、心(狐)、尾(虎)、箕(豹);南方朱鸟,有井(犴)、鬼(羊)、柳(獐)、星(马)、张(鹿)、翼(蛇)、轸(蚓);西方白虎,有奎(狼)、娄(狗)、胃(鸹)、昴(鸡)、毕(乌)、觜(猴)、参(猨);北方元武,有斗(獬)、牛(牛)、女(蝠)、虚(鼠)、危(燕)、室(猪)、壁(貐)。与之相应,道教中称青龙(东)、朱雀(即朱鸟)(南)、白虎(西)、玄武(龟蛇合体之象)(北)为四方四神。四方神之中唯北方玄武的故事最多。相传因龟壳色黑,故称"玄",龟甲能捍御敌人攻击,故称"武"。道教认为玄武在黄帝时降生,入湖北太和山修炼,久而得道,玉帝册封为玄武真君,太和山因此更名为武当山,意思是非玄武不足以当之。

按照"天人合一"原则,作为星宿之象的朱雀、玄武、青龙、白虎四兽又转为军阵之名。《礼记·曲礼上》曰"行,前朱鸟而后玄武,左青龙而右白虎"。唐人孔颖达疏云:"前明军行逢值之礼也,此明军行象天文而作陈法也。前,南。后,北。左,东。右,西。朱雀、玄武、青龙、白虎,四方宿名。军前宜捷,故用朱雀;军后宜殿,故用玄武。玄武,龟也。龟有甲,能御侮也。左为阳,阳能发生,象龙变生也。右为阴,阴沈能杀,虎,沈杀也。军之左右,生杀变如龙虎也……郑云'画招摇星于旌旗上',则四物皆画可知矣。"何胤云,如鸟之翔,如蛇之毒,龙腾虎奋,无能敌此四物。由此看来,道教借四方神兽来做护卫神,原来是为了壮大声势,加强威仪。这同方相氏的黄金四目、黄帝的四张脸孔实质上还是相通的。

## 第四节　"天圆地方"与"天三地四"

在老子说了"四大"划分之后,紧接着又提出了"人法地,地法天,天法道,道法自然"的著名命题。在这种依次效法的排列范式中,体现出古代哲人对人与宇宙关系的高度关注和朴素的见解。除了形而上的道,人所最崇仰又最亲近的就是天和地。汉字"天"古文写作另,就像一个头戴天、足踏地的"大人"。人把天地看作最大的神灵,试图通过某种神秘的信息传播手段同天地建立起交往和依存关系,并把人类个体看成是天父地母按照他们各自的样式合成造出的"小宇宙模型"。

古人从日月星辰的运行曲线中直观地判定天是圆形的,或像一个大壶盖,或像一个蒙古包,盖在大地之上。所谓"天似穹庐",便是这种观念的反映。古人又根据天象和四方位空间意识,判定大地是一个向四方延展的方块形,在每一方位的边极处都有大海,故有东海、南海、西海、北海四海之说。大地方形就漂浮在海水之上。"天圆地方"的神话宇宙观一旦形成,人们对人体小宇宙的类比解释也就随之发生了。河南的汉画像石上的伏羲女娲图,描绘着这两位人祖一人手持规、一人手持矩的形象,乃是以规象征圆,即法天之象,以矩象征方,即法地之象,两者相配恰为男性与女性,合成一个阴阳二分的小宇宙,就好像天阳地阴合成一个大宇宙一样。

《吕氏春秋·序意》说："爰有大圜在上，大矩在下，汝能法之，为民父母。盖闻古之清世，是法天地。"这一说法将"天地"并列为人类效法的对象，似还没有经过男权社会"天尊地卑"观念的改制，较之老子的"人法地，地法天"之说显然更为古老，托之于"古之清世"，盖有以也。又《列子》张湛注云：

> 人虽七尺之形，而天地之理备矣。故首圆足方，取象二仪；鼻隆口宏，比象山谷；肌肉连于土壤，血脉属于川渎，温蒸同乎炎火，气息不异风云。内观诸色，靡有一物不备……

这就把大小宇宙间的类比推进到细节的层面上了。《文子·十守》也发挥过同类的联想，说："头圆法天，足方象地。天有四时、五行、九曜、三百六十日。人有四肢、五藏、九窍、三百六十节。天有风雨寒暑，人有取与喜怒，胆为云，肺为气，脾为风，肾为雨，肝为雷。"还有《春秋繁露·人副天数》中的说法："惟人独能偶天地。人有三百六十节，偶天之数也；形体骨肉，偶地之厚也。上有耳目聪明，日月之象也；体有空窍理脉，川谷之象也；……足布而方，地形之象也。"所有这些说法，若按照科学标准来衡量，纯属于神话类比的产物。比如人的脚，其实不论怎样看都不是四方的，却被牵强附会地说是大地四

猪变四不像，河南淮阳泥泥狗

方之象。凡此种种，倒为诗化想象提供了广阔的驰骋天地。

人既然是仿效天地而派生出的活物，他必须时刻保持与天地父母的和

谐关系,所用的交往手段很多,神秘数字和占卜问卦便是其中最主要的。如《周易·系辞上》所说:"参伍以变,错综其数。通其变,遂成天地之文。极其数,遂定天下之象。"究竟怎样才能"通其变"和"极其数"呢?《系辞上》接着列出一个标明天地之数的公式:

天一、地二,天三、地四,天五、地六,天七、地八,天九、地十。

又引孔子的话说,只要掌握了这些象征天地变化的数字,就可以通过筮法来得到开启物智、成就事物、包容天下的道理了。从公式中可以看到,十以内的数全被当作天地象征之数:奇数象征天,偶数象征地。如第九章所说"天数五,地数五"。《周易正义》:"此言天地阴阳,自然奇偶之数。"奇数象天,故又为阳数;偶数象地,故又为阴数。《京房易传》卷下云:

故《易》卦六十四,分上下,象阴阳也。奇偶之数取之于乾坤,乾坤,阴阳之根本。

又云:

初为阳,二为阴,三为阳,四为阴,五为阳,六为阴。一、三、五、七、九,阳之数。二、四、六、八、十,阴之数。

准此,乾坤阴阳的复杂变化全都可以用奇偶之数来做抽象的符号表达了,这便是《周易》数理哲学的立论基础。所谓阴阳八卦,从阴爻阳爻的数目上看,便也都是些奇偶之数的符号。就连按照"近取诸身"的原则从男女性器抽象而来的象征两仪的阳阴爻画,即一和--,不也正是奇偶之数的始祖一和二吗?就此看来,八卦占筮原理与神秘数字的奇偶组合原理本是一而二、二而一的东西。尽管究竟是八卦符号演变为原始数字,还是原始数字演变为八卦符号的问题,学者们之间尚有争议。① 但有一点可以肯定,那就是二者都代表着先民试图用某种人为的符号语言去法象天地之道,在大小宇宙之间建立沟通交往的联系。就此而言,神秘数字就好比当今人类凭借技术手段向茫茫太空发出的联络外星生命的电码信息吧。所不同的是,今人发出的太空电码只是一种单向度的交往要求,被动地等待着外星人的回应;而神秘数字和八卦符号却是能够通过自身的奇偶组合变化代表天意和神明解答人类所渴求的卜问难题,因而是一种虚幻的双向交流符号,或者说是人类自娱自足的一种数字游戏吧。

虽然神秘数字的功效中有迷信心理的作用,但作为人所独有的符号系统,它毕竟使数成为精神领域和人类自我意识结构中的本质力量。如卡西尔所说,它证明自身是一种将多种意识力量联结成网的纽带,它把感觉、直觉和情感等领域结成一个统一体。数因而实现了毕达哥拉斯学派赋予和谐的那种功能。它充当神奇的纽带,这纽带与其说是把万物联结起来,不如说是使万物与灵魂达到和谐。②

天地之数虽有十个,但毕竟太多太泛了一些,还应该进一步确定最有代表性的两个数。结果不是一和二,而是三和四有幸成为真正的天数和地数。《易纬乾凿度》和《京房易传》都引用孔子的话说:

阳三、阴四,位之正也。

"位之正"指的是真正的位数。为什么让三和四充任此殊荣正位呢?《京房易传》的说明是这样的:"三者,东方之数。东方日出之所,又圆者径一而开三也。四者,西方之数。西方日入之所,又方者径一而取四也。"从这一说明中可以看出两层理由。第一层是说,三和四分别是东方日出和西

---

① 参见金谷治:《易的占筮与义理》,于时化译,齐鲁书社1990年版。

② 恩斯特·卡西尔:《神话思维》,黄龙保、周振选译,中国社会科学出版社1992年版,第169页。

山东龙山文化玉琮,台北"故宫博物院"

方日入之处的方位象征。由于日出代表阳长阴消,夜去昼来,所以象征东方的三也就成了代表阳、天、乾的正位之数;日入代表阴长阳衰,昼尽夜来,所以象征西方和太阳入地的四也就成了代表阴、地、坤的正位之数。第二层是说,三这个数字恰恰符合圆形的直径与周长之比,而天是圆形的,所以三最适合做象天之数。四这个数字恰恰符合方形的单边长度与周边长度之比,而地是方形的,所以四最适合做象地之数。前引《吕氏春秋·序意》已将天和地分别称为"大圆"和"大矩",天地之数分别与圆方之形的计算方法有了对应关系。《周髀算经》中有"数之法出于圆方"一说,汉代的赵君卿注云:

圆,径一而周三;方,径一而匝四。……故曰数之法出于圆方。圆方者天地之形、阴阳之数。然则周公之所问天地也,是以商高(人名——引者)陈圆方之形以见其象,因奇偶之数以制其法。

读罢这段注文,对数字的认识似有新的附带收获:古人之所以特别注重方与圆的组合,创制出规与矩,内圆外方的礼器如玉琮、瑞圭等,外圆内方的钱币等,都是旨在代表神秘数字的职能,取象天地乾坤,与自然之道相沟通。美国哈佛大学人类学教授张光直先生指出,创制和使用规、矩的专家不是别人,正是职掌交通鬼神、沟通天地神圣职责的远古巫师。

　　"知地者智,知天者圣";能掌天握地的巫因此具备智人圣人的起码资格。甲骨文中的"巫"字作十,即两个丨字相套。《说文》:"工,巧饰也,象人有规矩也,与巫同意。"金祥恒《续甲骨文编》把甲骨文的巫字排在"巨"字下,引《说文》:"规巨也,从工象手持之。"这都明确地指出巫与巨的关系,也就说明了甲骨文中巫字的来源,即巫是使矩的专家,能画圆方,掌握天地。①

　　从圆方与三四的等值关系看,神秘数字的起源和流布也一定与巫的行为相关。这就解释了为什么《周易》的卦象和数理一再被推崇为感鬼神、通天地的媒介手段。在这里,神话宇宙观的"天圆地方"说同神秘数字系统中的"天三地四"说便获得了完满的统一。

　　为什么古人要把阳三阴四与天地的形状扯在一起呢?杨希枚先生对此做了如下推测:至迟在汉代的历算研究上,已经达成了三四两数为圆方象征数字

四千年前的齐家文化玉琮,甘肃广河出土

---

① 张光直:《谈"琮"及其在中国古史上的意义》,见《中国青铜时代》,生活·读书·新知三联书店1999年版,第294页。

的认识。其所以如此,是由于当圆的直径与方的边径相等时,圆方的周径之比为三比四;换句话说,就周径而言,圆是三,而方是四。且由于圆天方地,三四两数就更是天地之数。特别是由于圆方周径之比不是一与二、五与六、七与八或九与十之比,所以在十个天地数中,也就唯独三四两数是真正的圆天方地之数①。这种推测有多少可信性,杨先生自己尚觉得没有把握。就目前对这一问题的研究来说,还没有更加充实确凿的答案,只好留待后来者了。

## 第五节 "肆"与"死"

中国人对同音字或音近字的敏感联想世代相沿,形成一种特殊的听觉与心理的反应模式。尤其是对十以内数字的发音,早就形成了固定的联想取向。如说到"八"而联想到"发",说到"三"而联想到"下三""瘪三"等。"四"这个字的发音同"死"相近,所以也很容易在本来风马牛不相及的两个概念之间建立意义上的联系,甚至形成某些避讳和禁忌,这其实是毫无道理的。以愚昧称之,也并不过分。

四神面纹玉琮,良渚文化

---

① 杨希枚:《中国古代的神秘数字论稿》,《"中央研究院"民族学研究所集刊》1972 年第 33 期。

不过,"四"的大写字"肆"却不仅仅在语音上同"死"有巧合关系,而且在意义上也同"死"的观念有着不解之缘。用"肆"来代替"四"表示数目,是很晚近的事了,并不像壹、贰、叁代表"一""二""三"那样古老。朱骏声《说文通训定声》释"四"条说:

后世官书数目以"肆"为之,所以防奸易也。

"防奸易"就是防止奸诈之人在笔画简单的四字上做手脚,改易数目的意思。看来古今的大写数字在这一点上用意是相同的。那么,这个被后人张冠李戴,假借为"四"的"肆"字,本来是什么意思呢?《说文解字》的解释令现代人想都不敢想,说什么"极陈也",也就是杀人而暴尸的意思:极指处以极刑;陈指陈尸。《古今韵会举要》把这层意思表述得更清楚些:"肆,既刑陈尸曰肆。"这或许就是它的本义了。上古时有以"肆"命名的祭祀仪礼。如《史记·周本纪》中有"自弃其先祖肆祀不答"的说法。集解云:"肆,祭名。"可以推知,肆祭之礼的本相当与杀牲献祭有关。《周礼·春官·大宗伯》讲到大宗伯所掌管的国家祭礼,有"以血祭祭社稷……以肆献裸享先王"的仪节规定。注云:"肆者,进所解牲体,谓荐熟时也。"意思是说在进献烹熟的祭品时拿出被宰杀分解的动物肉身,这就是"肆"。唐人贾公彦在疏中进而解释说,分解动物牺牲之肢体为二十一大块才叫作"肆"。这里的"肆"实为"肆解"即"肢解"之义,景象颇具残酷的原始意味。可见肆祭礼仪的本相在于"肆解",在于杀牲而分尸的献祭方式,这倒是与人类学家所描述的那种"尸分竞地"的原始农耕祭典大致吻合了。

随着文明取代野蛮的历史进程,"肆解"的对象从活人到牲畜,《周礼》中说的当属后者,而各史前文化乃至佤族等边远文化中却仍保留着杀人祭谷、猪头祭谷的古老风俗,透露"肆"与"死"的原初联系。也许有人会问,把人或动物牺牲的肢体分割成二十一大块或更多的碎块,究竟是出于一种什么动机呢?从巫术心理方面似可找到合理的答案。弗雷泽等早期人类学家已经说明,宗教祭祀来源于巫术信仰。根据巫术原理,杀牲而肢解是为了将代表着神明去死的牺牲物中所蕴涵着的生命力播散扩展

四蝉圆玉琮,台湾藏玉堂

开去,使农作物产地获得分享此种神圣生命力的可能,以促进作物的丰产。所谓"尸分竞地"的原始祭俗正是出于此种巫术心理。陈梦家先生在研究商代祭俗时也发现,甲骨文中反映的牺牲祭礼大致可划为二类:巫术性用牲和祭祀性用牲。二者的区别在于:巫术性用牲有被禳的意义,重视鲜血的巫术力量;祭祀性用牲旨在供享,重在牲肉方面。[①] 从佤族猎头祭谷专用人头滴血分洒全村社田地的祭俗看,巫术性使用牲血的动机仍是很明显的。于此可窥见"肆解"一类祭典的巫术根源,并进而推考"肆"一词的语源。

如前所述,《说文解字》释"肆"为杀死后陈尸。《论语·宪问》:"吾力犹能肆诸市朝。"皇疏:"肆者,杀而陈尸也。"《周礼·秋官·掌戮》:"肆,既刑陈尸曰肆。"这些训释反映的是上古"肆"概念的意义之一。到了三国时编定的《广雅》一书,"肆"已经被笼统地解释为"杀也"了。从发生程序上

---

① 陈梦家:《商代的神话与巫术》,载《燕京学报》1936 年第 20 期。

看,陈尸暴尸一类祭法是从分尸、分肉、滴血洒播等更原始的祭法发展而来的。"陈"和"暴"的最初动机也不外乎是让牲体内的生命能量得以散发流布开来,绝不像后世刽子手杀人暴尸或悬头以恫吓众人。唯其如此,"肆"的另外一些相关意义才变得易于理解了。比如说,为什么"肆"会有"放""恣""显露""极尽"等义项呢?《左传》中说某人"肆其心",便是放纵不羁的意思;《易·系辞下》说"其言曲而中,其事肆而隐",这个"肆"就是与"隐"相对的显露之意。这些意思原来都是从巫术性地播散牲体所蕴之神力的祭俗中引申而来的。难怪后人会造出"放肆""大肆""肆虐"一类贬义词组,那正是巫术仪式的本相已湮没不闻,陈尸暴尸演化为纯粹威吓警诫类刑罚之后的相应语言变化的产物吧。

这样看来,由于有这个大写的假借字"肆"作为中介,数字"四"与"死"的联系确实是有案可稽,而且是意味深长的呢!

四圆角玉玦,台湾史前卑南文化,台北"故宫博物院"

# 第五章　五行昭日月

神秘数字有世界性的,也有民族性的。一位美国的汉学家爱伯哈德说:"在一本中文大字典中,列有'五'的十二种含义,一千一百四十八种用法。其中大约有一千种直接与'五行'相关"①。可见"五行"在中国社会生活中的影响力是多么巨大而深远了。我们说"五"是最具有中国文化特色的一个神秘数,也许并不夸张,因为"五行"思想的根源,说到底,还是神秘数字作用的直接结果。然而,在阴阳五行学说大为盛行的汉代,这种因果和源流的关系却变得模糊不清,甚至干脆被弄颠倒了。许慎在其《说文解字》中竟然用"五行也"来给数字"五"下定义,正是这种以末为本、倒因为果的时代讹传的明证。本章将对这一问题做出新的梳理和沿波溯源式的说明。

## 第一节　"五"出于"四"而胜于"四"的奥秘

在中国古代,"五"具有特殊的意义。以"五"为中心的五行思想"是中

---

① 　W.爱伯哈德:《中国文化象征词典》,陈建宪译,湖南文艺出版社 1994 年版,第 112 页。

国人的思想律,是中国人对于宇宙系统的信仰"①。要探讨"五"的神秘意义,应该追溯它的产生,从源头上进行探索。

郭沫若先生强调"数生于手",他认为:"数生于手,古文一二三四作一二三亖,此手指之象形也。手指何以横书?曰请以手作数,于无心之间,必先出右掌,倒其拇指为一,次指为二,中指为三,无名指为四,一拳为五。"②

列维-布留尔在《原始思维》一书中列举了许多原始民族的计数方法,说明五以内的数都与手有关。新几内亚的布吉来人的计数方法是:1 = monou——左手小指;2 = reere——无名指;3 = kaupu——中指;4 = moreere——食指;5 = aira——拇指;6 = ankora——腕;7 = mirika mako——手肘之间;8 = na——肘;9 = ara——肩;10 = ano——颈;11 = ame——左胸;12 = unkari——胸;13 = amenekai——颈右胸;14 = ano——右边,等等。③

阿·尼·格拉德舍夫斯基《原始社会史》也谈道,"谢涅加的黑人有由一到五的数字,而以后则相加,如五加一,五加二等等。通常很多的部落认为五这个数字最大。如果比这个数目更多的话,他们就松开头发,以此来表示这个数目是这样大,像头上的头发那样多,或者说:'很多。'计数的工具通常是手"④。从手指计数到作为基数

五兽同堂瓦当,陕西凤翔出土

---

① 顾颉刚:《五德终始说下的政治和历史》,见《古史辨》(五),上海古籍出版社 1982 年版,第 404 页。

② 郭沫若:《释五十》,见《郭沫若全集·考古编》(第一卷),科学出版社 2002 年版,第 159 页。

③ 列维-布留尔:《原始思维》,丁由译,商务印书馆 1981 年版,第 184 页。

④ 阿·尼·格拉德舍夫斯基:《原始社会史》,东北师范大学历史系翻译室译,高等教育出版社 1958 年版,第 118 页。

的五,似乎是一个天然尺度自发形成的过程。

刘师培先生从文字学角度加以考证,认为"五"为中国古代基本计数单位,五以上的数皆由五演变引申而来:"一、二、三、四、五皆有古文,而六字以上,即无古文,以此为上世原人只知五数之证"①。郭沫若也认为"十位数字中,于文字结构上可判为二系,一至五为一系,六至十又为一系"②。

除汉字外,罗马数字也可作为以五为基本计数单位、数源于手的例证。罗马数一二三,分别作ⅠⅡⅢ,皆竖指之象形,五在罗马数中作Ⅴ,为手掌之象形,十字是合掌写作Ⅹ。罗马数四六七八九,分另作ⅣⅥⅦⅧⅨ,皆为Ⅴ(五)的加减。

凡此种种,都说明"五"作为计数单位,来源于屈指计数,手既是操作工具,又是五以内数字的象形。

**齐家文化五联玉璧**

但是,要探讨"五"概念的发生,"五"数崇拜的深刻根源,止于手是远远不够的。

人类学家们经过大量的调查研究后发现,在一些古老的民族或氏族巫术中,"五"常常具有神秘的性质。在爪哇,土人的一个星期只有五天,他们认为这五天与颜色和方位划分构成神秘的联系。这五天依次表示白色和东方、红色和南方、黄色和西方、黑色和北方、杂色和中心。在印度,"五"在不同地区有不同的巫术意义。1817年,印度贾索尔地区大规模地流行霍乱,许多人被夺去了生命。探寻病因,人们归咎于这年八月有五个星期六,而"五"正是由破坏神湿婆所控制的"凶数"。这样,"五"与霍乱

① 章太炎:《太炎文录》卷二《与刘光汉书》引。
② 郭沫若:《卜辞通纂》,见《郭沫若全集·考古编》(第二卷),科学出版社2002年版。

之间立刻构成联系,人们要做的只是怎样避开"凶险"的"五"。但在其他一些地方,五又是一个吉数,农民用铲掘五个土团,用犁开五条沟,用神圣的芒果树枝给每条沟溉五次水,"五"成为虔诚的土地崇拜仪式之数。①

以上事例表明,"五"的神秘意义的产生并不在于单纯计算用的数概念,而在于由数概念所隐喻传达的宇宙观方面的蕴涵。这种情形同圣数"四"和四方观念、圆天方地观念的因果联系十分相近。甚至可以说,五行思想的形成同五方观念确实有着难解难分的关联。

前章已经说明,初民如何确定东南西北四方观念,以及由此而带来的意识形态的模式化构成。现在再来看五方观念的发生也就较容易理解了。在一个平面空间里,把周围向外延展的部分划分为四方,自然会产生一种"中间"的意识。处在四边包围以内的内空间一旦从理性上被确认为是除四方外的又一个方位,第五个平面空间的方位——"中方"便应运而生了。就像一个人把自己身体周边划为前后左右四方,那么人体所处的位置也就非"中"莫属了。可见,"中方"作为第五方位,完全是四方划分的派生物,是以四方空间意识的成立为前提条件的。既然四方空间意识的形成已经使"四"这个数成为象征宇宙的圣数,那么随着四方空间意识的发展而诞生的五方意识也必然会使"五"成为新的宇宙论的象征性符号。《同文举要》说得十分精辟:

> 圣人画卦,由四而五,有君道,故曰:五位,天地之中数也。

这段话揭示出"由四而五"的方位意识进化,这就无异于发现了"五"这个数神秘蕴涵的根本源头。其实,就在汉字"五"的造字表象中,也可依稀辨识出此种由四方到五方的空间观念进化的迹象。《说文解字》引古文"五"作×,甲骨文和金文中的"五"大都作X。许慎说"五"的本义是阴阳在天地之间交午。此说虽不中亦不远矣。它告诉我们的不是有关计算数字的信息,而是阴阳哲学的宇宙论信息。既然我们在上一章中已经弄清了

---

① 列维-布留尔:《原始思维》,丁由译,商务印书馆 1981 年,第 212 页。

两条垂直交午的直线所构成的十字形与四方空间观念的本质关系,再来看古文"五"字的构型也就洞若观火了。原来这个字突出表现的不是数概念,而是代表四方的两线相交午的情形,也就是以交点为核心的第五方位的确定。如果说起源于新石器时代的十字符号代表着四方空间,同代表数字四的"≣"并行不悖,那么这个在十字符号基础上改制而成的X字,也正是代表着"中"这一方位的神圣符号,同代表五数的"≣"并行不悖。最后具有神圣性的X完全取代了取象于手的非神秘符号"≣",成为汉语中"五"概念的通用文字载体。这其间"圣"战胜并取代"俗"的真相早已被人们抛掷到文化无意识的底层去了。

有种种迹象表明,五方取代四方的过程是在殷商时代即华夏文明史的初期就开始的。它表现为祭祀与占卜的"四方受年"到"五方受年"的过渡,从帝使四方风神的观念到"帝五臣"观念的过渡,以及随之而来的四方神到五方神的过渡,还有稍后的四岳到五岳的过渡。

胡厚宣先生在《殷卜辞中所见四方受年与五方受年考》一文中按照年代顺序考察了卜辞中卜年(收成)的辞例,发现早期卜辞中常有占卜四方受年之例,而没有占卜五方受年之例。卜者求问的内容总是东南西北四方是否能获得神保佑的好收成。卜问的顺序有两种,第一种是顺着太阳运动的方向,由东而南而西而北,或由北而东而南而西;另一种是逆着太阳运动的方向,由南而东而北而西。到了武乙、文丁时期的卜辞,出现了卜问五方受年的辞例,即把"商"作为一方加入四方系列之中的卜问方式。如《小南屯地卜辞》一千一百二十六片:

商。—

南方。—

西方。—

北方。—

东方。—

以"商"与南、西、北、东四方同组并贞,已是五方了。再到后期的帝乙、帝辛时期,这种五方同贞的现象更为常见。这一微妙的变化似可视为五行思想的源头之一。为什么"商"能够代表除四方外的另一方呢?胡厚宣先生解释说:"所以知商与东南西北四方为五方者,因卜辞常称'商'为'中商'……商为殷人首都,'商'而言'中商',犹言'中央商',中商而与东、南、西、北四方并举,则殷人已有中、东、南、西、北五方之观念甚为明显。"①

殷人之所以把自己的都城视为"中央商",这实在是一种神话意识所造成的错觉。正如商星即心宿在东方苍龙七宿中位于中心位置,被占星家称为"天子明堂",地面上的"中央商"也是殷人自以为处在世界中心的幻想产物。"中华"和"中国"这样一些来自神话幻觉的名称的渊源亦当上溯于此。在陕西临潼姜寨史前文化中已可看到四方形的村邑格局,这可视为与文明同步到来的城市之雏形。日本汉学家山田庆儿指出,殷的京城是以城墙四边围着的。这表明了一种自为中心的内空间意识。"國"这个字就是用武器守卫城墙中都市的象形。把世界区别为内和外,用武力一面对内进行统治,一面对外应付敌人,所谓国家首先就是作为这样的格局而被观念化了的吧。把世界划为五方的做法也就相当于把世界划为处于"中"的"内空间"和处于四方的"外空间"。"内"是不包含分裂因素的单一民族,而"外"则是众多不同种的异己民族的世界。就殷人的世界观而言,"方"不只意味着方向,它还指周边居处的异民族,特别是不臣属于殷而与"中央"相抗衡的敌对民族。"换言之,空间上规定了秩序的异民族的敌对世界,才是语言本来意义上的四方。""在那里,进行教化的中华和作为被教化的东夷、南蛮、北狄、西戎,这种古典观念的萌芽已经隐约可见了。"②在陈梦家先生的《殷墟卜辞综述》"方国地理"一章中,武丁时代称"方"的异族就有"方""土方""邛方""鬼方""亘方""羌方""马方""印方""尸方""黎方""基方""扑方""祭方""大方""旁方""豸方""兴方"等将近三十

①　胡厚宣:《殷卜辞中所见四方受年与五方受年考》,见深圳大学国学研究所主编:《中国文化与中国哲学》,东方出版社 1986 年版,第 61 页。
②　山田庆儿:《空间·分类·范畴》,见辛冠洁、衷尔钜、马振铎等编:《日本学者论中国哲学史》,中华书局 1986 年版,第 65 页。

种。可见当时"方"的概念并不限于四方,而是泛指外空间异文化的符号。日本的甲骨文学者岛邦男在《殷墟卜辞综类》这部工具书中一连列举了四十二个称"方"的异族。有人把这些"方"理解为"旁"的意思,理由是古文献中依然可见方、旁换用的现象。不管怎么说,"方"或"旁"都是从内空间的"中央"立场上所获得的外空间概念。用东西南北的四分法对外空间加以秩序化的描述也自然导致"内空间"意识的相对自觉,从而使"五"的地位和意义日益显得重要,最终居然青出于蓝而胜于蓝似的取代了"四",成为新的宇宙论圣数。

以上,就是"五出于四而胜于四"的深层意蕴。由它所转换、派生出的"五"的故事实在举不胜举。让我们还是先看看四岳让位于五岳的历史剧吧。

## 第二节　五岳、五帝、五神、五经皆源于"四"

"五岳寻仙不辞远,一生好入名山游。"这是大诗人李白表达豪放襟怀的名句。"五岳"之称早已随着无数骚人墨客的吟咏称颂而在华夏文化传统中深入人心、家喻户晓了。再加上佛寺和道观的点染烘托,"五岳"至今仍是国人所向往的旅游观赏胜地,素有"五岳归来不看山"的美誉。

今人所传按照东、南、西、北、中五方配置的"五岳",至少在汉代已经定型了。不过五岳的具体所指却并不十分明确。汉代成书的《尔雅·释山》首列五山:河南华,河西岳,河东岱,河北恒,江南衡。随后又列五岳:泰山为东岳,华山为西岳,霍山为南岳,恒山为北岳,嵩山为中岳。两种名单不尽相符,引出后人无穷争论。焦点在于南岳究竟为何山。有人认为霍山是天柱山,有人确信衡山就是霍山。这场官司一直打到今天。

东岳泰山(也称"岱宗"),位于山东,为五岳之首。它气势磅礴,巍峨挺拔,古代帝王多以祭泰山为重要祀典,封禅泰山的历史,已近四千年。《尚书·舜典》说虞舜曾巡祭泰山,"岁二月,东巡守,至于岱宗",他用火焚柴先祭天神,按次序遥祭东方的名山大川,然后接见东方诸侯。而《史记·封禅书》记载,到西周时已有七十二君来这里举行过封禅大典。秦始皇封禅泰山,在山上竖立石碑,颂扬自己的功德;汉武帝来泰山封禅,曾称颂泰山"高矣,极矣,大矣,特矣,壮矣,赫矣,骇矣,惑矣……"历代文人墨客吟诗作赋,盛赞泰山之雄浑壮伟。《诗经·鲁颂·閟宫》赞曰:"泰山岩岩,鲁邦所瞻。"《孟子·尽

五文昌塑像,2009 年 2 月摄于台湾醒修宫

心上》说:"孔子登东山而小鲁,登泰山而小天下。"李白《游泰山诗》曰:"旷然小宇宙,弃世何悠哉!"杜甫在《望岳》诗中赞道:"会当凌绝顶,一览众山小。"在道教中,泰山被称为"群山之祖,五岳之宗,天地之神,神灵之府"(《续道藏·搜神记》),被奉为"东岳天齐仁圣大帝",简称"东岳大帝"。

南岳衡山,位于湖南。《尚书·舜典》曰:"五岳南巡守,至于南岳。"《传》曰:"南岳,衡山。"有七十二峰,主峰祝融峰。据神话传说,黄帝南巡到南岳,因不辨方向,曾派"祝融辨乎南方"(《管子·五行篇》)。《吴越春秋》说,大禹受命治水,曾在南岳山顶"血白马以祭之",祈祷苍天,终于得到了黄帝藏于南岳的金简玉书,助其治水成功。随着佛道兴盛,衡山被罩上浓郁的宗教色彩,增添了新的神灵、仙人。著名的有"南岳夫人",据说她原名魏华存(一说魏元君),在此修道"成仙",飞升上天。李白诗曰:"寻仙向南岳,应见魏夫人。"(《江上送女道士褚三清游南岳》)杜甫诗曰:"恭闻魏夫人,群仙夹翱翔。"(《望岳》)

西岳华山(一名"太华山"),位于陕西,素以巍峨雄险著称。《尔雅》曰:"华山为西岳。"《山海经·西山经》曰:"太华之山,削成而四方,其高五千仞,其广十里。"李白诗盛赞其雄姿:"西岳峥嵘何壮哉,黄河如丝天际

来。"(《西岳云台歌送丹丘子》)杜甫诗称:"西岳崚嶒竦处尊,诸峰罗立如儿孙。"(《望岳》)据神话传说:"华岳本一山当河,河水过而曲行,河神巨灵,手荡脚蹋,开而为两,今掌足之迹仍存华岩。"(《水经注·河水》)其得名因"状似莲花"(古代"华""花"二字相通)。华山是最早被封为神山的两岳(东岳、西岳)之一,为古代帝王封禅拜神之地,黄帝、虞舜都曾到此巡游。

北岳恒山,位于河北与山西接壤处。《尚书·禹贡》:"太行恒山,至于碣石,入于海。"《水经注》称其为玄岳,又称镇岳,其高三千九百丈。因其高,被传为五岳之冠。神话传说中,舜、禹曾在此巡狩,后土常来此梳妆……

中岳嵩山,位于河南。《诗经·大雅》云:"崧高维岳,峻极于天。"《释名》曰:"嵩字或为崧,山大而高曰嵩。"由于嵩山处于中国古代历史舞台的中心,历代帝王频繁来此祭拜。《史记·封禅书》说:"昔三代之君,皆在河洛之间,故嵩高为中岳,而四岳各如其方。"汉武帝曾礼登嵩顶,建万岁宫亭。唐武则天时曾立嵩山为"神岳",封其神为天中王,配天灵妃,后尊天中王为"神岳天中黄帝",天灵妃为"天中黄后"。宋太祖赵匡胤曾下令为中岳之神制作衣冠剑履,从此中岳神像着衣戴冠……

关于"五岳"的命名:汉代的《白虎通义》做了如下解释:"东方为岱者,言万物更相代于东方也;南方为霍,霍之为言护也,太阳用事,护养万物也;西岳为华,华之为言获也,言万物成熟,可得获也;北方为恒,恒者常也,万物伏藏于北方,有常也;中央为嵩,嵩言其高大也。"这显然是受了五行说影响后的看法。《周礼·大司乐》中也提到"五岳",但未说明所指山名,注释家们照例搬出《尔雅》中的异说争辩不休。现在,我们根据"五出于四而胜于四"的通则,可以说明"五岳"前身本为"四岳"。《左传·昭公四年》司马侯说到"四岳、三涂、阳城、大室"。司马侯是东周时人,他以"大室"与"四岳"并称,可知"大室"当时还不算"岳"。后来有人把别名大室的嵩山加进古已有之的"四岳",这才有了"五岳"之说。原来古帝王所居的明堂五室建筑群四方各有室,中央名为"大室",其位置恰恰像处在四岳之中的嵩山,所以嵩山也就有了大室之称。它之所以得列为"五岳"之一,也是

"先四方而后中"的空间划分的产物。再看《尚书·尧典》等篇称四方诸侯主方岳之官为"四岳",而无"五岳"之说,更可以确信"五岳"乃"由四而五"的派生产物。

接下来再看"五帝"及"五神"系统,虽歧说纷纭错综,大体上仍是殷卜辞所见四方神及四风神衍变派生出来的。

五帝是阴阳五行观渗入上帝崇拜而构拟出的五位上帝。五帝所指,其说向来不一。

《易·系辞》中,以伏羲(太暤)、神农(炎帝)、黄帝、尧、舜为五帝;《大戴礼·五帝德》《史记·五帝纪》以黄帝、颛顼(高阳)、帝喾、尧、舜为五帝;《帝王世纪》以少昊、颛顼、高辛、尧、舜为五帝。此外还有《吕氏春秋》和《古文尚书序》《汉书·王莽传》《资治通鉴外纪》等书中罗列的五帝说,总共算下来不亚于六七种。所有这些说法的文献出处,竟没有一种可以确认是春秋时代以前的,所以争来争去,弄得众败俱伤,没有一种无破绽。20世纪二三十年代的"古史辨"派学者经过考证辨伪后确认:五帝说同三皇说一样都是战国以来编造出的伪古史系统,因为战国以降正是阴阳五行说兴盛的时期,"五"数模式大行于世。在此之前的说法应是"四帝",如《荀子·议兵》和《孙子》都有"四帝"说。《史记·封禅书》则记载了汉高祖刘邦即位后,祭祀由"四帝"到"五帝"的过程:"故秦时上帝祀何帝也。对曰:四帝。有白、青、黄、赤之祀。高祖曰:吾闻天有五帝,而有四,何也?莫知其说。于是高祖曰:吾知之矣。待我而具五也。乃立黑帝祀,命曰:北畤。"可见尚五之风经历了一个过程。

在《礼记·月令》《吕氏春秋·十二纪》《淮南子·时则训》《淮南子·天文训》中,五方神又与传说中的远古五帝联系在一起,被视为五帝的五位辅佐神。东方:春,其帝太暤,其神句芒。南方:夏,其帝炎帝,其神祝融。西方:秋,其帝少暤,其神蓐收。北方:冬,其帝颛顼,其神玄冥。中央:土,其帝黄帝,其神后土。五神之中,句芒、祝融、蓐收、玄冥分别与殷代四方神析、因、彝、伏的名称相应,寓有春生夏明秋收冬冥之义,而后土则与殷代"中商"相吻合。可以看出,这里的五方神与殷代的"帝五臣"是有传承关系的。丁山先生已指出,如果用甲骨文解释甲骨文,"帝五臣"当为"帝使

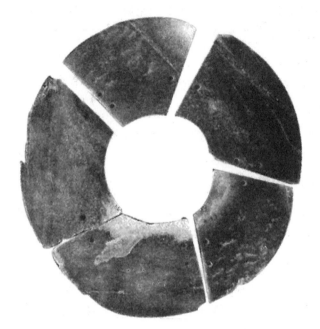

凤"和析、因、彝、伏四神之合①。不过,进一步深究可知,卜辞中所说的"帝使凤"之"凤",同"风"字通用无二,而卜辞中有几个明显的例子则把风神分别为四位,与四方神并列在一起。这就表明"帝五臣"之说是在四方神与四方风的系统之后出现的。战国以后伪造出的配合五帝说的五方神系统,如果除掉居中的后土神

齐家文化五璜玉璧,台北"故宫博物院"

以外,另外四位的身份完全可以上溯至殷人的四方神。这样说来,他们倒比他们所辅佐的主子"五帝"更古老一些了。

在中国神话中,五方神的传说充满着浓郁的神奇色彩。

句芒为木官,鸟身人面,乘两龙。据《吕氏春秋·孟春》高诱注,句芒乃少暤之裔,曰重,佐木德之帝太暤。他职司于"东方之极,自碣石山,过朝鲜,贯大人之国,东至日出之次,扶樽木之地,青土树木之野……所司者万二千里"(《淮南子·时则训》)。有一次,"郑穆公当昼日中处于庙",句芒"入门而左,鸟身素服,三绝面,状正方",郑穆公"恐惧而奔",句芒一面劝他不要害怕,一面告诫他要使国家兴旺,子孙繁茂。(《墨子·明鬼下》)丁山先生认为这位鸟形神也就是玄鸟、凤凰的化形,这就同殷代位于东方的风(凤)神合而为一了。《诗经·商颂·玄鸟》所说的"天命玄鸟"生商,实即帝使风神生商。

---

① 丁山:《中国古代宗教与神话考》,上海文艺出版社 1988 年版,第 141 页。

祝融为火官,兽身人面,乘两龙。据《山海经·海内经》,祝融乃炎帝后裔,而《大荒西经》又说他是黄帝之裔。黄、炎古时同族,所以两说并不矛盾。他为火德之帝炎帝之佐,职司于"南方之极,自北户孙之外,贯颛顼之国,南至委火炎风之野……所司者万二千里"(《淮南子·时则训》)。祝融是火神,神话中常常充当杀伐的角色。大神鲧为了平息滔天洪水,偷取了天帝的息壤。不幸这件事被天帝知道了,天帝就派祝融在羽山杀死了鲧,夺回了余剩的息壤,结果大地上重现一片汪洋。(《山海经·海内经》)成汤伐夏时,天帝命祝融"隆(降)火于夏域之闲,西北之隅"(《墨子·非攻下》)。周灭殷时,祝融等七神冒雪远来,扬威助阵(《尚书大传》《太公金匮》)。至于共工与祝融战,不胜而怒触不周山之事,更是在民间广为流传。

　　蓐收为金官,天帝少暤之佐。他是少暤的儿子,但也有少暤叔的说法。他职司"西方之极,自昆仑绝流沙沈羽,西至三危之国,石城金室,饮气之民,不死之野……所司者万二千里"(《淮南子·时则训》)。蓐收为刑神,所以形貌分外狞猛。《国语·晋语》说他"人面,白毛,虎爪,执钺";《楚辞·大招》则云:"豕首纵目,被发鬤只。长爪踞牙,诶笑狂只。"

　　玄冥为水官,也称雨师,颛顼之佐。他职司"北方之极,自九泽穷夏晦之极,北至令正之谷,有冻寒积水、雪雹霜霰、漂润群水之野……所司者万二千里"(《淮南子·时则训》)。

　　后土为土官,黄帝之佐。他职司"中央之极,自昆仑东绝两恒山,日月之所道,江汉之所出,众民之野,五谷之所宜,龙门河济相贯,以息壤埋洪水之州。东至于碣石……所司者万二千里"(《淮南子·时则训》)。从发生顺序上看,黄帝与后土都是晚出的崇奉对象。他们的空间定位"中央之极"在殷商时代是由"中央商"所占据的,周灭商后,在成周作大邑,"城方千七百二十丈,南系于洛水,北因于郏山,以为天下之大凑"(《逸周书·作雒》)。这个"大凑"说的是周人观念中的天下中央,就好像为四方所辐辏一样①。这个比喻取象于车轮,把中心设想为众多车条(辐辏)所指向的车

---

① 参见方以智:《释地》,见《方以智全书》第一册《通雅》(上),上海古籍出版社 1988 年版,第 611 页。

轴。至少在周人把成周大邑当作天下中央的时候,黄帝与后土掌管中央之极的说法尚未产生。直到周室衰微,群雄争霸中原的战国时代,新的中央之神黄帝才被抬上了历史舞台。其间的内幕将在下文加以讨论。

再看"五经"说的由来。我国古代经典的组合模式有"五经""六经""七经""九经""十三经"之说,其中流行较广的两种说法是"五经"和"六经"。"五经"之说最初见于汉代。《史记·乐书》说:"通一经之士不能独知其辞,皆集会《五经》家,相与共讲习读之……"《汉书·武帝纪》说武帝在建元五年(前136)春天设立了五经博士之官职。宋人王应麟《困学记闻·经说》考证说,汉文帝时始建一经博士,当时申公、韩婴为《诗》博士,其余诸经尚未列为学官。武帝立五经博士,将《书》《礼》《易》《春秋公羊传》同《诗》并列为官学。不过,汉代还有另两种"五经"说,一种见于《白虎通义》,其《经说》篇云:"经所以有五何?经,常也,有五常之道,故曰五经。《乐》仁、《书》义、《礼》礼、《易》智、《诗》信也。"这里的"五经"说不包括《春秋公羊传》却包括《乐经》。另一种说法见于班固《汉书·艺文志》,不包括《易》而包括《乐经》。到了唐代所立的五经博士,比汉武帝时又有变化,去掉了《春秋公羊传》而换上了《春秋左传》。

在"五经"说流行的西汉之前,"四经"说便已存在了相当一段时间。据《礼记·王制》记载:"乐正崇四术,立四教,顺先王《诗》《书》《礼》《乐》以造士,春秋教以《礼》《乐》,冬夏教以《诗》《书》。"这里说的"先王"指周代帝王,"造士"指的是培养国家官员。《左传·僖公二十七年》也有这样的说法:

> 《诗》《书》者,义之府也。
> 《礼》《乐》者,德之则也。

《管子·戒》是最早出现"四经"之称的文献,注云:四经,谓《诗》《书》《礼》《乐》。可见先秦时代便已有"四经"说,而且是配合一年四时而设教的。汉代所谓对应"五常"的"五经"说,显然直接脱胎于先秦"四经"说,只不过又增加了《易》或《春秋公羊传》为第五经而已。

# 第三节 "五"又怎样战胜"六"

要充分把握"五"在中国文化中的特殊地位,除了认识它出于"四"又战胜"四"的过程,还应了解它同"六"相争并获胜的情形。从很早的时候起,崇"五"与崇"六"这两种倾向便开始了默默的竞争。

台湾排湾人六祖神木牌,"中央研究院"凌纯声博物馆

《尚书·大禹谟》中,禹向帝舜进言,提出"水、火、金、木、土、谷惟修,正德、利用、厚生惟和"的"六府三事"。"六府"的内容是"五行"再加上"谷",这反映出圣数"六"的模式作用。

《尚书·洪范》中,周武王访问箕子,询问殷亡国的原因,箕子不忍说出殷的恶政,于是武王改问上天安定下民之道,箕子示以"洪范九畴",即大法九类。"洪范"的内容是:"初一曰五行,次二曰敬用五事,次三曰农用八政,次四曰协用五纪,次五曰建用皇极,次六曰乂用三德,次七曰明用稽疑,次八曰念用庶征,次九曰向用五福,威用六极。"五行:水、火、木、金、土。五事:貌、言、视、听、思。八政:食、货、祀、司空、司徒、司寇、宾、师。五纪:岁、月、日、星辰、历数。皇极:君王的法则。三德:正直、刚克、柔克。稽疑:用卜决疑。庶征:雨、旸、燠、寒、风、时。五福:寿、富、康宁、攸好德、考终命。六极:凶短折、疾、忧、贫、恶、弱。从《尚书·洪范》中可以看出,尽管它也存在着"六"与"八"的偶数序列,但"五"还是具有超越众类的特殊地位。

《左传》中似乎有"六"与"五"融和的倾向。《左传·文公七年》载,晋郤缺对赵宣子进言时,引用了上面提到的《尚书·大禹谟》中的话:"水、火、金、木、土、谷,谓之六府,正德、利用、厚生,谓之三事"。但《左传·昭公元年》的记载,又与"洪范"之说相类似。《左传·昭公元年》说,晋侯求医于秦,秦伯使医和视之。医和探视后说:

> 天有六气,降生五味,发为五色,征为五声,淫生六疾。六气曰阴、阳、风、雨、晦、明也。分为四时,序为五节。过则为灾,阴淫寒疾……

在"阴淫寒疾"之后,还谈到"阳淫热疾""风淫末疾""雨淫腹疾""晦淫惑疾""明淫心疾"。一共凑足了"六"的数字模式。

这一记载,显示出"六"与"五"的融和与折中。这里的"六气",与《尚书·洪范》中的"庶征"六现象在内容上相同,而淫"六气"与"六疾"同《尚书·洪范》的"六极"相通。《左传·昭公二十五年》又说:

> 夫礼,天之经也,地之义也,民之行也。天地之经,而民则实之。则天之明,因地之性,生其六气,用其五行。气为五味,发为五色,章为五声,淫则昏乱,民失其性。

晋杜预注"六气":阴、阳、风、雨、晦、明。"五行":金、木、水、火、土。与《尚书·洪范》的说法相合。

《国语·周语下》也将"六"与"五"并称:

天六地五,数之常也。经之以天,纬之以地。经纬不爽,文之象也。

所谓天六地五,仍指天之六气,地之五行。从"经之纬之""数之常也"的说法看,六与五皆被视为常数,不分轩轾,共存共荣。

上述情况表明,《左传》《国语》中,无论是"六府""六气"的"六",还是"五行""五事"的"五",都无亲疏之分,都是人们尊崇的圣数。不过,这种"五"与"六"相争的局面并没有持续太久,在"五"战胜并逐渐取代"四"而成为宇宙论模式的最权威代表后,"六"也就渐渐地敌不过如日中天的"五"的势力,甘居于"五"的下风了。

"五"源于"四"又超越"六",独自称霸在源远流长的中国传统文化中,这当然主要是那个无所不包的"五行"观念作用的结果。

按照历史年代排列,最早出现的与"五行"有关的观念,似乎当举出《尚书·大禹谟》中的:"德惟善政,政在养民,水、火、金、木、土、谷惟修"。但《尚书·大禹谟》为伪古文尚书,是公认的假冒古典,只表征伪书作者所处的时代,却不足以说明"五行"的观念产生于大禹统治下的夏代。

在《尚书·甘誓》中,又一次出现了"五行"的说法。当治水英雄大禹带头打破传统的"禅让制",把王位交给了儿子启以后,同姓诸侯有扈氏极为不满,起而反抗。启举兵讨伐。他召集六军将领,在甘地(陕西鄠邑区西)发布誓词(据说时间在公元前2196年),告诫他们说:

嗟!六事之人,予誓告汝:有扈氏威侮五行,怠弃三正,天用剿绝其命,今予恭行天之罚。

其意为:啊,六军的将士们,我告诫你们:有扈氏轻慢五行,废弃三正,因此,上天要断绝他的国运。现在我只有奉行上天对他的惩罚。这番训词不仅显得师出有名,而且简直是替天行道了。按照通常的解释,此"五行"即水、火、木、金、土,"三正"即建子、建丑、建寅。孔颖达疏:"马(融)云:建子、建丑、建寅,三正也。"夏启把有扈氏轻慢五行视作逆天大罪,说明当时

"五行"所具有的崇高地位。但是,据近人考证,"五行"与"三正"对举,是汉人的观念,是汉代易服色、改正朔的翻版;况且子、丑、寅三正被用来分配周、商、夏。《甘誓》为夏书,夏为寅正,伐有扈时还没有商、周二正,训词中何来"三正"呢?[①] 可见,这里的"五行"亦有汉人窜入之嫌。

《尚书》中另一篇书《洪范》,更详细地论述了"五行":

> 初一曰五行……五行:一曰水,二曰火,三曰木,四曰金,五曰土。水曰润下,火曰炎上,木曰曲直,金曰从革,土,木曰曲直,金曰从革,土爰稼穑。润下作咸,炎上作苦,曲直作酸,从革作辛,稼穑作甘。

在这里,五行既指水、火、木、金、土五物,也包括了五行之性(五德)、五行之味(五味)。水向下润湿,火向上燃烧,木可以弯曲,也可伸直,金属可以顺从人意改变形状,土壤可以种植百谷。润下之水产生咸味,炎上之火产生焦苦之味,曲直之木产生酸涩之味,从革之金产生辛辣之味,稼穑之物产生甘甜之味。显而易见,《洪范》的五行说,已非简单的观念,而是具有相当系统的体系了。按照传统的说法,周灭商后不久(周武王十三年,约公元前1122年),武王亲访被俘的商贵族箕子,询问治国之道,箕子向武王陈述了"洪范九畴"即治国安民的九类大法,其中第一条就是五行。可是据近人刘节考证,《洪范》出于战国末期[②],这里的"五行"之说是否为原始五行观念,仍无证据。

从以上简述中可以看到,在早期文献中,我们还难以确认原始的五行观念。那么,五行观念是如何发生和演变的呢?这是研究中国思想文化史不可回避又极为棘手的问题。前辈学者为此已花费了许多时间和精力,但至今尚没有一种众所公认的结论。问题的症结现在已较明显,主要在于

---

① 参见梁启超:《阴阳五行说之来历》,顾颉刚:《五德终始说下的政治和历史》,见《古史辨》(五),上海古籍出版社1982年版。

② 参见刘节:《洪范疏证》,见《古史辨》(五),上海古籍出版社1982年版。

《尚书》中的《甘誓》一篇及《洪范》一篇的写作年代上面。因为只有首先确定它们的写作时期，才能说明五行说定型的相对年代。20世纪早期的史学家们本着疑古辨伪的科学主义精神，确认了一大批托古冒名的伪书和晚出经文，《尚书》中的大部分篇章也没有例外地受到置疑，尤其是《甘誓》文句浅显易读，更被视为伪托之作。于是，"五行"说的出处就落在了战国后期的著作中。

梁启超《阴阳五行说之来历》指出："五行说之极怪诞而有组织者，始见于《吕氏春秋》之十二览。其后《小戴礼记》采之（即《月令篇》），《淮南子》又采之。其说略如下：'孟春之月：……其日甲乙，其帝太皞，其神句芒，其虫鳞，其音角，…… 其味酸，其臭膻，其祀户，

齐家文化六联玉组璧，台北"故宫博物院"

祭先脾。……天子居青阳左个。驾苍龙，载青旂，衣青衣，服青玉，食麦与羊。……'如此将一年四季分配五行，春木，夏火，秋金，冬水；所余之土无可归，则于夏秋交界时为拓一位置。于是五方之东、西、南、北、中，五色之青、赤、黄、白、黑，五声之宫、商、角、徵、羽，五味之酸、苦、咸、辛、甘，五虫之毛、介、鳞、羽、倮，五祀之井、灶、行、户、中霤，五谷之黍、稷、稻、麦、菽，五畜之马、牛、羊、犬、豕，五藏之心、肝、肺、脾、肾，五帝之太皞、炎帝、黄帝、少昊、颛顼，五神之句芒、祝融、后土、蓐收、玄冥，皆一一如法分配。（《洪范》五事抑未编入。）乃至如十天干、六律、六吕等数目不与五符者，亦割裂以隶之。于是将宇宙间无量无数之物象事理，皆硬分为五类，而以纳诸所谓

五行者之中。"①梁氏此论由于得到顾颉刚等人的赞同,在相当时期里都颇有影响。20世纪70年代初出土的马王堆西汉墓帛书给五行说的起源问题又提供了新材料,一时再度成为学界热点。

帛书的成书年代被定在战国时期,有些部分甚至早于孟子。其中的《德行》《四行》两篇都将"五行"与"四行"相提并论,其内容不是指五种物质元素或方位,而是道德的行为规范。《德行》中说:"四行和谓之善。善,人道也。"帛书整理小组注:"四行下文屡见,即仁、义、礼、知。"帛书所言"五行",是在仁、义、礼、知之外又加上"圣"。这和汉初贾谊《贾子·六术》所说的"人亦有仁、义、礼、智、圣之行,行和则乐,与乐则六"完全吻合。可知偏重于人伦道德的"五行"原出于"四行",正像"五岳"出于"四岳","五神"出于"四方神"一样。而且,"五行"也有"与乐则六"的变化,近乎"六行"了。但是事实上,"四行"和"六行"都未能流行开来,只有"五行"独占鳌头。

庞朴先生在《阴阳五行探源》中,对甲骨卜辞中的所有五数概念进行分析,认为五方是五行观念的起源。他说:

> 从以上这些五方、五臣、五火的诸五中,我们不仅依次看到了殷人尚五的习惯,而且还能看到一个隐约的体系,那就是以五方为基础的五的体系:五臣是五方之臣,五火是五方之火;而五方本身,则不再属于其他,它是帝。这种以方位为基础的五的体系,正是五行说的原始。在后来的一些系统化了的五行学说里,如《管子》的《四时》、《幼官》,《淮南子》的《天文》等,仍然以方位打头,便可想见它的影响和威力,也是原始五行说所留下来的蛛丝马迹。②

不过,他认为这里的五方不是简单的空间定位,而是一种神祇崇拜。

---

① 梁启超:《阴阳五行说之来历》,见《古史辨》(五),上海古籍出版社1982年版,第352页。
② 庞朴:《阴阳五行探源》,载《中国社会科学》1984年第3期。

这与郭沫若所说"这种观念的起源应该是起于殷代的五方或五示的崇拜"属于同类看法。

以"古史辨"派现代传人自居的刘起釪先生在协助顾颉刚师整理《尚书》时发现,《甘誓》中所说的"五行"既不指五种物质,也不同于帛书中的指行为准则的"五行",而是代表着五星的运行。《管子·五行篇》说得很明确,"作立五行"的目的在于"正天时",其方法是"经纬星历,以视其离"。《史记·历书》也说:"黄帝考定星历,建立五行。"《论衡·说日篇》则说:"星有五,五行之精。"都把"五行"与"星"联系在一起。所谓"五星",就是现在所知的太阳系九大行星中的水、金、火、木、土五行星。但战国以前这五行星的名称与金、木、水、火、土毫无关系,只叫作"辰星""太白""荧惑""岁星""填星"。就天球面上的视运动看来,五星运行于经星二十八宿之间,故又称"五纬"。它们有规律地在天上运行,所以古书说"天有五行"[1]。至于此种天上的"五行"观形成的年代,刘氏依据《甘誓》所反映的内容,把它确认为"殷末西周间",从而引发了反驳的意见[2]。剩下的问题是:天上五行说如何同地上的五行说统合起来,形成无所不包的哲学范畴体系,并最终占据意识形态中的正宗地位?

## 第四节　"五行"与"黄帝"

在前文的讨论中已经说明,"五行"说的来源有两个主要方面:天上的五星运行与地上的五方定位。使二者统合起来并获得至尊地位的原因或许是多方面的,但主要原因在于被奉为中华始祖神的黄帝。

在《史记·五帝本纪》中,司马迁写下了黄帝的行迹,但似乎是不大情愿地写下的。他告诉我们他取材的最可靠来源是《尚书》,而"《尚书》独载尧以来",根本没有一个字提到黄帝。他又说到一个令人困惑的情况:"百

---

[1]　刘起釪:《释〈尚书·甘誓〉的"五行"与"三正"》,见《文史》(第七辑),中华书局 1979 年版。

[2]　参见赵光贤:《新五行说商榷》,见《文史》(第十四辑),中华书局 1982 年版。

家言黄帝,其文不雅驯,荐绅先生难言之。"难怪孔子只说到尧舜,不再往上追溯。原来关于黄帝的说法虽多却怪异而杂乱,可信程度太低。这就是司马迁在不得已的情况下(汉初以来黄老之学大兴,并得帝王赏识利用)记下黄帝及五帝事迹时所交代的一番隐情和苦衷。

黄帝既然不可信,《史记》中为何还有"黄帝建立五行"的说法呢? 它们之间究竟是一种什么关系呢? 是否可以这样理解:黄帝在司马迁心目中本来是不可信的,至少也是要打上大问号的人物。但是为了追溯五行说的始作者,司马迁又不得不诉诸黄帝。这确实暗寓着一个很大的矛盾,同时也暗示着一个重要的事实:在汉人心目中的五行之始与黄帝有着难解难分的关系。其表现在于:黄帝作为"中央"之象征与圣数"五"的对应与配合。

前面已经说明,从四方观念到五方观念的过渡是圣数"五"形成的主要动力。在金、木、水、火、土五种物质元素尚未被整合到"五"的模式化宇宙论中以前,五色、五气、五味、五音等已趋向于一个统一体了。20 世纪 40 年代在长沙出土的战国缯书为我们展示了从四方四色系统向五方五色系统转换过渡的真实表象:

> 缯书中有五木之色;又在四角图象上绘着青、赤、白、黑等色(或以为在中央还应该有黄色),以代表四方或五方。用五色以配五方的观念,表现得很清楚。但是,值得注意的是上面并没有水、火、金、木、土的观念。[1]

在此看到的青、赤、白、黑四颜色完全可以看作分治四方的青帝、赤帝、白帝和黑帝的象征符号,那么"五缺一"的不正是"黄帝"吗? 由于第五方位从诞生之日起就是凌驾于四方之上的尊位,所以配合中央之色——黄——的这位帝,也自然借助于人们崇奉"中"的心理而后来居上了。换句话说,在四方配四色的古老观念(《墨子·迎敌祠》已表明四色与四神的对应关系)基础上后来的"居中"一色"黄"是与圣数"五"同时降生的,它

---

① 安志敏、陈公柔:《长沙战国缯书及其有关问题》,载《文物》1963 年第 9 期。

们的神圣性质和尊荣都直接来自"中"这一位置。古人把"五"定义为"中数",把"黄"称为"中和之色"正透露了其中最关键的联系。

**战国双龙双凤拱兽面五联玉佩,台湾玄真书室**

"中"的魔力何在？这已成为解开五行说与黄帝信仰之谜的前提了。宗教史学家告诉人们,"中"是一切原始信仰和神话哲学所关注的核心问题。尽管商、周的统治者总是出于神话幻觉把他们所居之都邑视为世界之"中央"或"大辇",这并不妨碍后继的王者继续以"中"自居的新尝试。从跨文化的视野上一望可知,所有的原始民族和远古民族都一厢情愿地将自己所居处的地方当作天下之中。只有在这个位置上才可以确证宇宙的秩序存在,因为"中"永远是万物向心力的所在,也是天与地相沟通的圣地。人在"中"的位置上才能同天神地鬼建立交往关系,建立起人类社会的小宇宙秩序。古代希腊的奥林帕斯圣地,德尔斐的阿波罗神坛,古代的罗马城,阿拉伯人的麦加,都曾被视为世界或宇宙中心之所在。

犹太人也认为,以色列位处世界的中心,并认为耶路撒冷神庙的基石代表着世界的创立。耶路撒冷的坚固基石深深地扎根地下达到了地下水体(tehom)。耶路撒冷庙就正是坐落在这泓地下水之上,希伯来文的这个字与巴比伦文的"apsu"相同,意即创世之前的水。"apsu"和"tehom"象征着水的浑沌即最初的宇宙物质形式,同时,也象征着死亡的世界、来世的世界。……

因而,耶路撒冷就是:

"人世上离天最近的地方,不仅在平面上是地理世界的正中心,而且在垂直线上也是上界与下界的正中心,在耶路撒冷上天与地狱都是离地表最近的……对犹太人来说,旅行到耶路撒冷就是升迁到那个创造之初的熔炉、万物的发源地、现实实在的中心和源泉、卓越杰出的祈福之地。"[1]

以这段描述为借鉴,反观华夏文明的情形,不是可以对"中华"和"中国"这一类神话幻觉派生出的自我中心心理做出理性的透视吗? 也正是在这样一种极度崇"中"的文化里,中数"五"和"中和之色"黄才能同时获得至上尊荣吧。另一个重要启示是,居于世界中心的神庙基石和在时间上先于创世的混沌之水相连,这乃是"中"具有"始祖"或"神圣开端"意义的奥妙所在。战国以来被奉为"中华始祖"的黄帝本人不也同混沌表象互为表里么?

在讲到《庄子》混沌神话时已提到,混沌君有一个表明空间位置的雅号叫"中央之帝"。仅从方位上讲,混沌帝与黄帝是两相重合的。混沌在《山海经》中叫浑敦,据说有"四翼六足",形如黄袋。这似乎暗示了与"五"和"黄"的联系。这位浑敦又被等同为帝江。山田庆儿指出,帝江就是帝鸿,即不外是黄帝。在《左传》中是黄帝之子,但在《山海经》中却成为黄帝本人了。顾颉刚说,皇、黄二字通用,黄帝即皇帝,亦即皇天上帝。在五德终始说发生以前,黄帝本为独尊之上帝;及五德终始说出,以五色配五方而有五天帝,黄帝乃与赤、白、青、黑四帝并立而为中央之帝。至称之曰"帝鸿氏"者,黄皇皆音 huang,鸿音 hong,转变甚易。[2] 这些见解都表明

---

[1]  米尔希·埃利亚德:《神秘主义、巫术与文化风尚》,宋立道、鲁奇译,光明日报出版社1990 年版,第 34—35 页。

[2]  顾颉刚:《史林杂识初编·黄帝》,中华书局 1963 年版,第 176—184 页。

黄帝与帝鸿即混沌氏本有关系。地上的五行说形成的关键一步就是"中方"的观念统合起四方观念,原位于中央的混沌帝摇身一变为黄帝,不仅占尽了地利,而且在时间上也同"始初"和创世本原相联系,于是乎奠定了他的"共祖""始祖"之地位,同时也被推举为创造之神。诸如"黄帝生阴阳""黄帝制器""黄帝做宝鼎""黄帝造车,故号轩辕氏""黄帝始蒸谷为饭""黄帝做钻燧生火""黄帝始穿井""黄帝吹律以定姓"等种种神话皆因此而生。在创世主的神话观念相对淡漠的华夏民族,祖先崇拜无疑占有最显赫的地位。黄帝被封为文化英雄和人文初祖,也就相当于外域的创造主和至上神了。

与地上的五行说日渐成熟的历程大约同时,天上的五行说也由于对"中"的关注而发生变化,从五行星的确认进而到对"帝星"即北极星的崇仰,从而使天上的中央之帝与地上的中央之帝得到了相互认同的结合点。殷代之人不仅自称"中央商",而且还称"天邑商",这两种名称之间已透露出天人合一的"中"之崇拜。陈江风说,这种观念出于天文观测经验。在中原地区所见北极附近诸星皆不没于地平线下,众星有秩序地围绕北极星运行旋转,古人便以为北极星为天上领袖群伦之神,奉之为"帝",并将其星位视为"天邑"。地上的帝王所居也相应地效法天象,因有"天邑商"之名①。到了《史记·天官书》中,天上的五宫分布已经十分细密严整。与地上居中的黄帝受到至高尊崇一样,天上五宫中居中的北极星也荣获"太一"和"天皇大帝"等极端之名。

《合诚图》说:"天皇大帝,北辰星也,含元秉阳,舒精吐光,居紫宫中,制驭四方。"在这种颂赞之中依稀可感对黄帝的敬奉。在关于黄帝的种种神话中有一则说黄帝创制了指南车,使人学会辨别方位。这不是把北斗指向的天文经验加以神化的产物吗?《史记·天官书》又说:"斗为帝车,运于中央,临制四向,分阴阳,建四时,均五行,移节度,定诸纪。"把这段话同"黄帝生阴阳""黄帝造指南车""黄帝四面""黄帝建五行""黄帝定历法"

---

① 陈江风:《天文与人文——独异的华夏天文文化观念》,国际文化出版公司 1988 年版,第 128 页。

的种种说法相比较,天上地下两种五行说的对应关系也就一目了然了。

至此,我们可以确信,与黄帝崇拜相连带的圣数"五"崇拜无形中助长了五行说的普及流行,而黄帝崇拜则是"中央"崇拜的人格化派生物。黄帝这个人物如果不完全出自神话虚构,那么其原型也只是西北方的一位部落联盟领袖。《山海经·西次三经》《穆天子传》和《庄子·至乐》都说黄帝在西方或在昆仑山。"以五行说绳之,黄帝必当居中央;而自神话之发生地观之,则自当在西北,故《晋语》谓其以姬水成,《庄子·在宥》谓其问道空同(今甘肃平凉),《封禅书》谓其墓在桥山(今陕西中部县),铸鼎在荆山(今河南西部阌乡县),《水经注·渭水篇》谓其生于天水,无一地非西北也。黄帝所以在西北者,祠之之秦人国于西北其大原因也。"①由于秦国的势力在战国后期日益扩展到中原,秦人信奉的黄帝也随之扩大影响范围,这完全是可能的。不过从神话学立场上判断,昆仑山的地望却与现实中的昆仑山有很大出入:它不在西北边地,而恰在世界之中央!

寓意五福临门的玉蝙蝠

明代学者焦竑《焦氏笔乘》卷三"地中"条已涉及这一点,他参照《周礼》中均人求地中的记载和佛教的大千世界之说,认为"昆仑当为天地之

---

① 顾颉刚:《史林杂识初编·黄帝》,中华书局 1963 年版,第 178—179 页。

中正"。按照比较宗教学的术语,这居于天地之中央的昆仑山正是"宇宙山"。照此看来,黄帝居昆仑的传说同黄帝脱胎于中央之帝混沌的推测就非但不矛盾,而且相互统一在天下之中的神话表象上了。

## 第五节 "五"的万能膏药效应

随着"五"被赋予神圣的意义,复杂的自然、社会现象也常常被纳入其范畴,形成以五为中心的文化模式。这一模式由于五行思想的作用而得到强化。天地、自然、人伦诸方面的"五"制规范自不待言,就是在政治方面,其表现也非常明显。笔者拟将"五"的这种泛滥称为"万能膏药效应"。

管仲是春秋时期杰出的政治家,齐桓公时出任齐相。他治国理政具有非常丰富的经验,很重要的一条就是将民整理为以五为基数的秩序单位。《国语·齐语》曰:"管子于是制国:五家为轨,轨为之长;……五家为轨,故五人为伍,轨长帅之;十轨为里,故五十人为小戎。"他用这种办法,使民"祭祀同福,死丧同恤,祸灾共之","守则同固,战则同强"。这种以数治民的方法,用观射父的话说就是"于是乎有天地神民类物之官,是谓五官;各司其序,不相乱也"(《国语·楚语》)。"五"制的背后竟隐藏着使民"不相乱"的秩序化逻辑力量。不过,这种理政方式并非管仲的独创,内史过就曾对惠王进言:"尧临民以五。"(《国语·周语上》)可见以五为基数的理政方式源远流长。

在漫长的中国古代社会,"五"所具有的神秘力量对政治的影响是深刻的。殷制以司徒、司马、司空、司土、司寇典司五众,为"五官"(见《礼记·曲礼下》)。统治者要"敬用五事"(《尚书·洪范》),以之修身。宋王安石《临川集·洪范传》:"五事,一曰貌,二曰言,三曰视,四曰听,五曰思。貌曰恭,言曰从,视曰明,听曰聪,思曰睿。……五事以思为主,而貌最其所后也。"向君主进谏要用"五谏":讽谏,顺谏,阕谏,指谏,陷谏。王者之制,爵位分为"五等":公、侯、伯、子、男。

相传,帝舜朝见群臣,同掌管刑法狱讼的大臣皋陶和禹详细讨论了国家大计。在谈到治国者应勤勉于政事时,皋陶说:

天叙有典,敕我五典五悖哉! 天秩有礼,自我五礼有庸哉! 同寅协恭和衷哉! 天命有德,五服五章哉! 天讨有罪,五刑五用哉! 政事懋哉懋哉!(《尚书·虞夏书·皋陶谟》)

"五典",指父义、母慈、兄友、弟恭、子孝五种常法;"五礼",指天子、诸侯、卿大夫、士、庶人五种礼制;"五服",指天子、诸侯、卿、大夫、士五等礼服;"五刑",指墨、劓、刵、宫、大辟五种刑罚。在皋陶的论说中,上天赐予人间的尊卑等级,竟充斥着"五"制的威仪。"五"的灵验和效力似乎是受之于神灵,成之于造化,不证自明,不宣而彰,统贯着宇宙和人生的存在秩序。

"五"的万能膏药效应从宫廷波及乡野。民间有端午节缠五色丝的习俗。是日,人们用五色彩丝缠于手足腕;或用彩丝垂金锡制成钱锁,挂于脖项;或缠纸串折菱角方,缀于胸前。据说此习俗始于汉代。汉代流行阴阳五行之说,相传五色丝象征五色龙,佩于身上,具有驱邪避瘟的效用。

民间还流行一种导引养生派的健身操叫"五禽戏",系模仿五种动物的动作编排而成,包括虎戏、鹿戏、熊戏、猿戏和鸟戏。习练时似虎之蓄势欲扑,似鹿之奔驰反顾,似熊之倒卧翻滚,似猿之攀枝自悬,似鸟之展翅欲飞。相传为东汉神医华佗所创,久练可强筋健骨,祛病延年。南朝时名医陶弘景《养性延命录》收有"华佗五禽戏诀"。至今民间流传的五禽戏已不下百种之多,大都是后人据华佗语意编排的。

原始"五行"思想不仅在汉民族广泛流传,在某些少数民族史诗、传说中也可见其踪影。以纳西族为例,其民间史诗《创世纪》里,撑天的是五种颜色和质料的巨柱:

东边竖起白螺柱,
南边竖起碧玉柱,
西边竖起墨珠柱,
北边竖起黄金柱,

132

中央竖起一根撑天大铁柱。①

这反映出原始的五方崇拜,以撑起五方象征着天地开辟。这里的五色分布同样是很重要的。神话里的"天柱"一般都指高山或大树,而这里的"五色柱"跟"五色树"无论是作为"天柱"还是"宇宙树"都是无可比拟的。就象征功能而说,它们同汉族的五色土社坛别无二致。在纳西族另一传说《懂述战争》里,原始五行思想更加明确(可能受汉族影响)。太初之时,"佳音"与"佳气"结合生"白露",且化为白蛋,"白蛋变化,有了金、木、水、火、土。五形作变化,出现白风、黑风、绿风、黄风、红风五股风。五股风变化,有了白云、黑云、绿云、黄云、红云五种。五种云变化,出现了白蛋、绿蛋、黑蛋、黄蛋、红蛋五个蛋"②。

傣族有敷衍"五"数的典型神话故事《五神蛋》,说一神鸦所生五只异彩神蛋被天风吹落于五地,即鸡王国、野牛王国、龙王国、人国和勐巴纳西国,分别投胎化生为五位佛祖的奇迹。显然已受印度佛教文化的浸染加工。相传第四佛祖古德玛自述的成佛经过叙事诗有五百五十部,分述他所经历的五百五十种磨炼。而第五神蛋的开裂竟延续了两千五百年,照样是"五"的夸张倍数。

如果说"五"在儒家和官方政治方面具有天人合一秩序的象征功能,那么在道教的理论和修行实践中,"五"的神秘性则得到极大的弘扬和发挥。道教将五行所生之气称为"五芽",让信徒服食此种天地间五行之生气,以配养五肌,达到通神化仙、延年驻寿乃至"色反童婴"的目的。讲述修炼功夫的《黄庭内景经·常念章》云:"存漱五芽不饥渴。"已把此种近似于气功的修法点明了。

与天地间的五行所化之生气相对,道教还将人体五脏内自生的五种死

① 陶立璠、赵桂芳、吴肃民等编:《中国少数民族神话汇编·开天辟地篇》,中央民族学院少数民族古籍整理出版规划领导小组办公室,1984 年印行,第 308 页。
② 引自中国哲学史学会云南省分会编:《云南少数民族哲学、社会思想资料选辑》(第一辑),1981 年,第 35 页。

气称为"五尸"或"五鬼"或"五神",力求在修炼中使之自消自化。《云笈七签》卷十二引《洞章》云:"太上三气……却死来生,消除三鬼,涤荡五神。五神一曰五尸,三鬼一曰三虫,虫尸互名,参神乱鬼。"照例是"三"与"五"的黏合效应。

在神仙道士手中,"五行"被当作无所不包、无所不能的法宝,传说只要"精于五行之术",既可遨游江河、呼风唤雨,又可遁身隐形,悄然逃逸。《神仙传》中有一名为章震的太子,拜桑子为师,学得"五行术","能立起风雷云雨,化草艾为龙虎六畜,能分形为数百千人,能步行江海,能使人见千里外物,能咒水治病立愈,入崆峒山白日飞升天"。而传说中的许多仙人术士,借助金、木、水、火、土五种物质,行隐遁之法,逢金而"金遁",逢木而"木遁",见其物则可隐。据说,在"五遁"之中,"惟土遁最捷,盖无处无土也"(明谢肇淛《五杂俎·人部二》)。这里的土遁之说似可借来解说《封神榜》中那位身高仅三尺的"土行孙"的绝技吧。

神秘数字"五"的图解化形式有所谓《河图》《洛书》。五行相生观和八卦方位观在此巧妙地融合。《河图》是一个平面为正方形的数的有序结构,包含着由一至十的十个自然数。一、三、五、七、九为奇数,阳性,象征天,称为天数;二、四、六、八、十为偶数,阴性,象征地,称为地数。《河图》中五个阳数之和为二十五,五个偶数之和为三十。所有奇偶数之和为五十五。

在《河图》图式中,"五"居于中间方位,其他各数环绕着中心"五"。这种结构不是一种随意的排列,而是阴阳五行观念的神秘再现。在这个正方形图式中,北方,以天数一配地数六;南方,以天数七配地数二;东方,以天数三配地数八;西方,以天数九配地数四;中央,以天数五配地数十。古人以一、二、三、四、五为生数,六、七、八、九、十为成数,它们构成了相生相成的关系。《河图》中,北方阳一配阴六,所谓"天以一生水,而地以六成之",北方为水;南方阴二配阳七,所谓"地以二生火,而天以七成之",南方为火;东方阳三配阴八,所谓"天以三生木,而地以八成之",东方为木;西方阴四配阳九,所谓"地以四生金,而天以九成之",西方为金;中央阳五配阴十,所谓"天以五生土,而地以十成之",中央为土。这也就是"天以一生水,地以二生火,天以三生木,地以四生金,天以五生土,五胜相乘,以生小周"(《汉书·律历志》)。"天本一而立,一为数源,地配生六,成天地之数,合而成性。天三地八,天七地二,天五地十,天九地四,运五行,先水次木生火,次土及金。木,仁;火,礼;土,信;水,智;金,义。"(《易纬·乾坤凿度》)这就构成了天(阳)数、地(阴)数、五方、五行、五德的同构关系。

与《河图》相仿的还有《洛书》,这也是由数目与方位组合成的神秘图形。古代传说把两者视为天赐的神图,圣人看了它们以后顿然开悟,才作出《周易》和《尚书·洪范》。《周易·系辞上》便有"河出图,洛出书,圣人则之"的说法,将二者托为黄河、洛水的奉献。相传伏羲在世时有龙马出于河,伏羲便效法龙马身上的花纹而作八卦。这就说得更玄了一些。到了清代,一种科学实证的精神在学术界兴起,学者们日渐意识到神秘数字的"万能膏药"作用,对于这些神秘传说也就不再轻信了。《河图》《洛书》被认定为唐代人假借《易》理的伪冒之作。

谁知到了1977年,安徽阜阳汉代汝阴侯的墓被挖开了,出土文物中有一个占卜用的太乙九宫占盘,圆盘上刻画的数目图形中,一对九,二对八,三对七,四对六,五居中央,与《洛书》分毫不差。这一发现以确凿的物证推翻了清代学者的判断,可知《河图》《洛书》绝非唐人所伪造。关于它们的神秘传说中多少隐埋着远古的真相。至少在西汉以前,此种利用数字排列而推理的方术活动就已经在民间广泛流行。难怪它们在后代能有深远的反响,如术数家由此推导出"大衍之数",太乙家

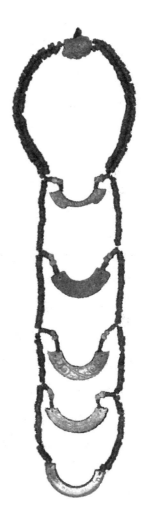

梁姬墓五璜联珠玉佩

135

用为太乙行九宫算法，炼丹家以此解释炼丹现象。《悟真篇》这部由宋人张伯端所撰的道教名作，便利用了《河图》与八卦之理来解说内丹修炼的秘诀："三五一都三字，古今明者实然稀。东三南二同成五，北一西方四共之……"可谓玄上加玄。至于算命术也攀附《河图》《洛书》，有"河洛真数"一派，则纯属挂羊头卖狗肉的附会之说。

在九宫术中，"三五"又有了新的内涵。视年神在九宫的情况，三为生，五为死。占者明三五之术，就能趋吉避凶。《文选·江淹〈诣建平王上书〉》云："备鸣盗浅术之余，豫三五贱使之末。"李善注："《抱朴子·军术》曰：大将军当明案九宫，视年在宫，常就三居五；五为死，三为生，能知三五，横行天下。"这简直是借助于"三"和"五"两数原有的神秘性而敷衍出的一种数字魔方游戏了。推考"三""五"相合之来源，有人以为与月相变化的天数有直接关系。《鹖冠子·泰鸿篇》："月信死信生，进退有常，数之稽也。"陆佃解："此申齐以晦望之义，三五而盈，三五而阙，其损益有数。"意思是说，月亮十五天而圆，又十五天而缺。十五是三和五相乘之积，所以三和五分别成为生长和死亡之数、损益之数。《史记·天官书》："为国者必贵三五。"司马贞《索隐》："三五，谓三十岁一小变，五百岁一大变。"术数家认为天运三十年一小变，五百年一大变。这又把"三五"的蕴涵推而广之，变成更加灵活的膏药了。

由"五"的夸张变体"五百"所生成的名目也不在少数，这个数显然是一个更大的时空符号，是"五"原有的神秘蕴意的延伸和展开。在上古典籍中，常可见到"五百岁"的说法，这个时间数被当作产生大圣人的循环周期。孟子便做过这样一种归纳：由尧舜至于商汤，是五百余岁；由商汤至于周文王，又是五百余岁；由周文王至于孔子，还是五百余岁！这难道不是体现出天道循环的规则吗？司马迁对此也似乎是心领神会，他在《史记·太史公自序》中按照孟子的归纳法又加以延伸，说"自周公卒五百岁而有孔子，孔子卒后至于今五百岁"，言外之意是他所处的时代按照循环周期也会产生圣明统治者，这就难免有些讨好之嫌了吧。赵岐注《孟子》干脆把"五百岁而圣人出"说成是"天道之常"，使历史循环确定为不变的准则。

推本溯源地看,这似乎也不完全是圣数"五"和五行相生循环论的衍生产物,其中也可找到星占方面的依据。五百年这个数可以附会到金、木、水、火、土五大行星中的三外星木、土、火毕聚于天区一点之上的运行周期,古书上把这个交聚汇合之点称为"会"。对天象变化十分敏感的古人由此推出"五百载大变"的天道循环,又反推于人类社会,才有圣人周期率之作吧。

"五百"在空间方面的膏药效应大概要首推"五百里"之说。"五百里"为王畿之外邦国区域。"畿"为都城管辖的地区。《周礼·夏官·司马》说,王畿之地方圆千里,而邦国方圆五百里。国畿之外,有邦国"九畿",它们分别是:侯畿、甸畿、男畿、采畿、卫畿、蛮畿、夷畿、镇畿、蕃畿。同一章中,还有邦国"九服"之说,其内容与"九畿"相同,只是"畿"字分别以"服"字代替。《周礼》中的"九畿""九服",是周王朝理想的邦治,"九",象征着王朝无上的权威,而"五百里"则喻示着邦国辽阔的疆域。《尚书·禹贡》中,大禹统一了天下九州,领辖着更多的"五百里"区域。国都以外五百里为"甸服",甸服以外五百里为"侯服",侯服以外五百里为"绥服",绥服以外五百里为"要服",要服以外五百里为"荒服"。

在佛教文献中,也有形形色色的"五百"之说。比丘尼持"五百戒法"(《药师如来本经》),释迦为"五百罗汉"授记(《法华经》),释迦在宝藏佛作"五百誓愿",人们越"五百由旬"之险难而有宝所(《法华经》)。"由旬"是梵文 Yojana 的音译,古印度的距离单位,以帝王一日行程为"一由旬","五百由旬"同"五百岁""五百里"一样,象征着时空的无限漫长,只有经历了"五百由旬"的艰难险阻,才能到达"宝所",光辉的涅槃之境。至于佛教中的"五百年",也往往作为一个神圣之数而留给圣者。佛教认为释迦灭度后佛法日益衰微,五百年为正法,五百年为像法,五百年为末法。正法谓正确无误的佛法,包括教说("教")、修行("行")和证悟三个方面;像法谓相似正法的佛法,只有"教"和"行"两方面;末法,谓佛法将灭,只有"教",既无修行,也无证悟。有的观点走得更远,以"五五百岁"来界定释氏亡后佛法兴废的时间。五百岁为一期,五五百岁为五期。《大智度论》说,释氏亡后五百年,才诞生了大乘经典。

此外,佛经中与"五"数的膏药效应相关的名目还有很多,像"五根""五乘""五欲""五智""五趣""五障""五味""五明""五果""五见""五时""五戒"等等,在此就不细说了。

　　美国人类学家克鲁伯在他的名著《人类学》中对比考察了原始民族崇拜圣数的情形,指出几乎所有的美洲印第安部落都崇拜"四",而发展到"五"的崇拜者仅限于太平洋北区沿岸的一些部落。[①] 他似乎没有意识到,在大洋彼端的中华文明中,"五"的崇拜获得了最充分的展开。

138

---

① 　A. L. Kroeber: *Anthropology*, New York, Harcourt, Brace and Company, 1923.

# 第六章　飞龙御六合

## 第一节　"六马"与"六龙"传奇

由于五行思想的权威地位,"六"未能获得"五"所具有的那种特殊身份,但是由于原始宇宙观方面的作用,"六"同样成为引人注目的圣数。从帝王之制到祭祀仪祀,从衙署设置到统治秩序,历代沿袭凝定的"六"结构,构成奇特的象征蕴意。

这种为历代所尊奉的定则,至少可以追溯到古史传说中那久远的尧舜时期。《尚书·尧典》中说,当舜在尧的太庙接受禅让的册命,他"肆类于上帝,禋于六宗,望于山川,遍于群神",将祭拜六宗,纳入庄严而隆重的封立仪式。在这里,"类""禋""望"都是祭祀的名称,"禋于六宗",就是祭祀六神。但"六宗"为何,何以"六"制,则早已湮没不闻,于是有了种种说法和猜测。有人以四时、寒暑、日、月、星、水旱为六宗;有人以水、火、雷、风、山、泽为六宗;有人以星、辰、司中、司命、风师、雨师为六宗;有人以天宗、地宗、四方为六宗;有人以天皇、五帝为六宗;也有人以天、地、春、夏、秋、冬为六宗。太和十六年(492),魏孝文帝的大臣们在讨论祭典仪式时,就列举了有关"六宗"的纷纭异说：

> 六宗之祀，《礼》无明文，名位坛兆，历代所疑。汉魏及晋诸儒异说，或称天地四时，或称六者之间，或称《易》之六子，或称风雷之类，或称星辰之属，或曰世代所宗，或云宗庙所尚，或曰社稷五祀，凡有十一家。[①]

但是，各种歧说之间只有名目之争，而没有对"六"制的合理解释和溯源性证明。孝文帝面对分歧，也只好强为之解，合"上帝"与"五方帝"为"六宗"。至于其间的依据，倒无心去探究。

于是，人们一方面对"六宗"的内涵不甚了了，另一方面，又对大量的"天子六制"现象熟视无睹。在中国古代，天子之车驾有"六马"，名"六龙""六骓"。出行时，六马飞蹄，威仪赫赫。诗人李白不禁叹道："谁道君主行路难，六龙西幸万人欢。"（《上皇西巡南京歌》）天子之军为"六军"。《周礼·夏官·大司马》说："凡制军，万有二千五百人为军，王六军。"《左传·襄公十四年》："周为六军。"天子之佑有"六相"。《管子·五行》曰："昔者黄帝得蚩尤，而明于天道；得大常，而察于地利；得奢龙，而辩于东方；得祝融，而辩于南方；得大封，而辩于西方；得后土，而辩于北方。黄帝得六相而天地治，神明至。"天子之德当有"六守"。"一曰仁，二曰义，三曰忠，四曰信，五曰勇，六曰谋，是谓六守。"（《六韬·六守》）天子宫殿当有"六门"……

实际上，从《管子》所说的天子得六相的传奇故事中已经多少可以窥见一些圣数"六"的宇宙论来源了。再回顾一下前章对"五"及"五行"说的探讨，对此就更加明确了。古代的天子们为什么这么喜好"六"呢？这同他们喜好"五"的原因既有相同的一面，也有略微差异的一面。古代的天子向来被捧为人间的太阳，所谓"天子"这个名号就暗示着他们是天神太阳神的直系后裔，与凡人在遗传上就有质的区别。天子的马车出驾之所

---

① 《魏书》卷一〇八，中华书局1974年版。

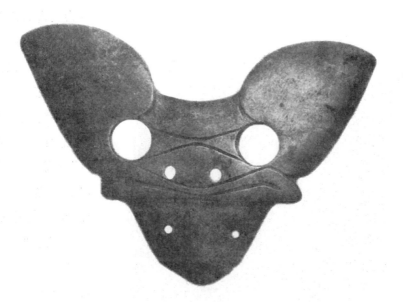

牛河梁红山文化出土六孔兽面玉牌，辽宁省博物馆

以必须采用"六马"制，这好像是从古留传下来的礼规，到了汉代时已经不是人们疑问的对象了。《史记·万石张叔列传》说万石君奋有个小儿子叫庆，当上了为皇帝驾车的马车夫。有一次驾车外出，皇上问这车套着几匹马，庆用马鞭指点着数了一遍，举手回答说："有六匹马。"这个故事被后人当作谨慎小心的典型而传为笑谈，其中所透露的天子驾六龙的信息却无人深究。早在《荀子》讲到的上古著名驭手造父的传说中就有"六马不和则造父不能以致远"的说法，还有"伯牙鼓琴而六马仰秣"的说法，可见此制由来甚古。三国时的大才子曹植在《辩道论》中写道：

释金辂而履云舆，弃六骥而美飞龙。

意思是说他宁愿抛弃人间为王的尊荣，去追求天上的神仙潇洒。在"六骥"与"飞龙"的取舍对照之中，表明了对功名富贵和帝王权势的委婉的鄙视。至于流俗诗文中把帝王的六马美化为"六龙"，显然纯属攀龙附凤一类的修辞，其间的圣与俗界限已被曹植点明了。

不过，人间的假太阳"天子"们驾用六马之制确实同"六龙"神话有关，因为上古太阳神自己懒得走路，每天在天上的行程都是乘龙车完成的。李白的《蜀道难》中不就有"六龙回日"之说么？洪兴祖在《楚辞·离骚》的补注中也明说："日（神）乘车驾以六龙。"《周易·乾卦》："时乘六龙以御天。"注："升降无常，随时而用。处则乘潜龙，出则乘飞龙，故曰

明代六龙陶床，西安博物馆

时乘六龙也。"《易林》："载日精光，骖驾六龙。"张华《招隐诗》："羲和策六龙，弭节越崦嵫。"看来，帝王们把六马称六龙，原是为了仿效太阳神驾六龙遨游天空的神话，而文人墨客们咏叹归隐升仙之志也白日梦般地以"驾六龙"换得一些心理上的补偿性快感。至于那广大的凡夫俗子们，既不敢奢望天子之豪华威严，又没有梦中乘龙的幻想力，就只好"暮随肥马尘"，在大路上吸食"天子之龙"过后扬起的灰土了。

下面是一些巧用"六龙"之典故的诗文名句，它们可使人们了解古代作家是如何凭借神话幻想的"鸦片效应"以求自我满足的：

六龙散飞难分别。长生至慎房中急……（《黄庭内景经》）
驰六龙于三危兮，朝西灵于九滨。（刘向《楚辞·九叹章句·远游》）
抑六龙之首，顿羲和之辔。（曹植《与吴季重书》）

总六龙于驷房兮,奉华盖于帝侧。(刘歆《遂初赋》)

六龙服气舆,云盖切天纲。(阮籍《咏怀诗》)

乾行万物睹,日驭六龙迟。(孙逖《奉和登会昌山应制诗》)

六龙过万壑,涧谷随萦回。(李白《游泰山诗》)

六龙瞻汉阙,万骑略姚墟。(杜甫《赠李秘书别诗》)

六龙驭日天行健,神母呈图地道光。(鲍溶《忆郊天诗》)

驰六蛟兮上征,竦余驾兮入冥。(王褒《九怀》)

六龙多顺动,四海正雍熙。(钱起《奉和登会昌山应制诗》)

下辇回三象,题碑任六龙。(王昌龄《驾幸河东》)

回识六龙巡幸处,飞烟闲绕望春台。(杜牧《长安晴望》)

麦垄桑阴小山晚,六虬归去凝笳远。(温庭筠《雉场歌》)

夐九霄之寥廓兮,控六螭而天行。(徐显卿《日方升赋》)

所有这些围绕着太阳或帝王而出现在文学想象中的"六龙""六蛟""六虬""六螭"等,几乎铸塑成了一种特殊的表现模式。如果有人要问为什么不用"五龙"或"七龙",而偏偏要用"六龙"?这就牵涉到神秘数字"六"的起源问题,必须从古人的"六合"宇宙观中寻求解答。

## 第二节 从"六合"到"六爻"

人类六方位观念的形成,经历了一个漫长的过程。原始的空间意识最初只有四个方位,后来添加了代表上和下的天、地二方,才有了六方立体空间的观念。于是,"六"继"四""五"之后也成为一个神秘的宇宙数字。

在中国古代典籍中,总是用"六"来表示四方、上下六个维度。《庄子·应帝王》称天地四方为"六极":"出六极之外,而游无何有之乡。"《淮南子·地形训》称"六合":"地形之所载,六合之间,四极之内。"《楚辞》称"六漠",屈原《远游》:"经营四荒兮,周流六漠。"《荀子》称"六指",《荀子·儒效》:"宇中六指谓之极。"《汉书》称"六幕",《汉书·礼乐志》:"专精厉意逝九阂,纷云六幕浮大海。"还有"六区""六幽""六虚"……至于"六

体现六合空间的盆景设计,泰国普吉岛查龙寺院落景观

采""六神"之类天地四方的引申义,就更是数不胜数了。

这种六方空间的观念,在神话思维中往往呈现为时间与空间的相互混同,即以空间方位的某一点来标志时间循环变化的周期。于是,人们以星象为坐标,将日出日落的方位变化与特定的季节认同为一体,六合空间中的东南西北四方位自然对应着春夏秋冬四季。古人把时间上的四季变化秩序按照太阳运行规则投射到六方位之上,"六"也就间接地成为继"五"之后的又一个循环变易的秩序象征数字。如我国彝族古代哲学典籍《宇宙人文论》,其间虽深受"五行"思想的影响,依然按照六合秩序总结出万物发生、发展的六阶段规律。书中认为天地四时都是按照首、萌、长、遍、退、藏的六个阶段运动的。从冬月起,阳气起头,所以把冬、腊两月叫"首";正、二两月,阳气初盛,所以叫"萌";三、四两月,春生万物,所以叫"长";五、六两月,阳气普及,所以叫"遍";七、八两月,阳气渐减,阴气始增,所以叫"退";九、十两月,阳气消失,所以叫"藏"。六阶段合起来,标志着阴阳二气的消长变化过程,周而复始,没有差错,从来不会出现相反的运动顺序。这种古朴的六阶段宇宙运动理论在抽象化程度上似不如五行相生相克学说那样高,但却朦胧地体现出将一年十二月划分为"六季"的理性归纳倾向,使人联想到古代印度的"六季"历制(详见本章第四节)。

就发生根源而言,"六合"空间与太阳神崇拜不可分割地联系在一起,太阳神不仅普照四方,还以其巨大的穿透力,上通天,下达地,光被寰宇。在原始的祭祀仪礼中,祭坛中间要安放一个神祇模型:方明。《仪礼·觐礼》上说,祭坛中央"加方明于其上"。对方明的解释,《仪礼·觐礼》贾公彦疏:"谓合木为上下四方,故名方;此则神明之象,故名明。"《汉书·律历志》颜注引孟康曰:"方明者,神明之象也,以木为之,画六采。"可见,方明与神明具有内在联系。关于神

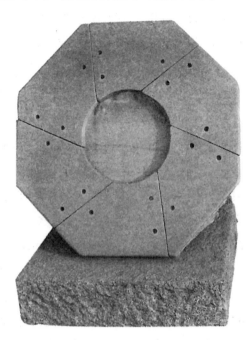

陶寺文化出土六旋玉瑗模型,襄汾尧宙

明,《说文解字》曰:"神,天神,引出万物者也。"《易·系辞传下》:"日往则月来,月往则日来,日月相推而明生焉。"《荀子·天论》:"在天者莫明于日月。"《史记·历书》:"日月成故明也。"《释名》:"明,阳也。"《广雅》:"明,光也。"这些例证表明,神明的原型取象于日月,或者说,其本义为日神、月神。《史记·封禅书》裴骃《集解》,就是在日神的意义上解说神明的:"神明,日也。"除了在语意上与神明的对应,方明在形制上也表现为对太阳神的模式构拟:"方明者,木也,方四尺,设六色,东方青,南方赤,西方白,北方黑,上玄,下黄。"(《仪礼·觐礼》)这个涂着六色的巨大的六面体,加诸祭坛之上,象征着太阳神明普照天地四方,同时赋予"六合"宇宙神妙的巫术意义。

比"方明"这种较文雅的象征圣数"六"的表象更为古拙的形式是"六

头"之兽。《后汉书·礼仪志》中记有民间送大寒的礼俗,要在县城外立土牛六头;道教圣典《云笈七签》中的《紫凤赤书经》说,这部经文藏在"太上六合紫房"之内,房中有六头狮子和玉童玉女侍卫。此外还有以六面击打而闻名的"灵鼓"。《汉书·司马相如传》"击灵鼓"句注云:"灵鼓六面,击之所以警众也。"所有这类体现"六"的礼仪道具可以说都是取法"六合"本义的。同太阳神崇拜相联系,我们终于明白羲和驭六龙的神话寄寓着飞龙御六合的含义,表达着太阳神活动的立体空间范围。

北美的一些原始部落也将"六"作为神话空间的象征,赋予这个数特别神圣的巫术意义。"在曼丹人那里,巫师拿起烟斗,接着把烟管伸向北方、南方、东方、西方,最后伸向他头顶上的太阳。""在西亚族印第安人那里,祭司站在祭坛前面:摇一会儿祭神响板,然后摇着它绕着祭坛转圈。他重复这个动作六次,是给空间的六个方位,圆圈表示全世界的一切云神都被招来湿润土地。""俄马哈族(Omaha)和朋卡族常常在抽烟的时候把烟斗向六个方向伸去:向四种风的方向,向地面和上界。"[①]朱尼人则将这种六方位崇拜具体化,使谷类和豆类带上六种颜色:北方是黄的,西方是蓝的,南方是红的,东方是白的,天顶是花的,天底是黑的,与中国古代天地四方之色为"六采"的说法不谋而合。

古代印度也视"六"为巫术之数,这种"巫六"观念表现在印度佛教中,则有"六根清净""六相圆融"等教义,所以这个数在古代印度人那里,显得非同寻常。列维-布留尔在《原始思维》一书中提到,在印度西北各邦,八十四和三百六十有其特殊的含义,如规定八十四为行政区的辖村数,它与三百六十一道,进入了宇宙起源说、仪式和神话故事中。阿育王时代,印度佛教极盛,造佛塔极多,据说竟达八万四千座,但这并非确数,而是因为这个数被赋予巫术意义,所以用来极言佛塔之多。所有这些数,都是"六"的倍数。根据前面对其他神秘数字考察的结果,某个数字具有非计算方面的象征意蕴,那么这个数的某些倍数也往往兼有象征意蕴。

巴比伦人偏爱六十和它的倍数。一次,波斯大王克谢尔克谢斯(Xerx-

---

① 列维-布留尔:《原始思维》,丁由译,商务印书馆1981年版,第211页。

es）要入侵希腊，在达达尼尔海峡（海列斯彭特是达达尼尔海峡的古名）架桥以通过大军。不料桥刚架好，立刻被风涛摧毁。大王大怒，下令把海痛鞭三百，还派烙印师给海加上烙印，把一副脚镣投进海里。大流士（Darius）则因自己的一匹神马淹死在河里，下令把金德斯河挖成三百六十道壕沟。从这些倍数现象中，反过来可以理解，为什么三十六、四十九之类数字在中国也成为神秘符号，衍生出许多相应的数字现象。我们有理由把这些

印度的多六臂神像

现象归结为神秘数字的一个本质特征——生成性。每当遇到有关的类似情况，如果从生成性的角度去看问题，往往能收到化繁为简、查源知流的效果。

在《周易》中，这种得自于六方空间观念的"六"，具有更加抽象的意义。它把组成卦的一长画或两短画叫作"爻"，"—"是阳爻，"--"是阴爻，重卦六画，称为六爻。前人以六爻为一卦，以"六"象征占筮范围的包罗万象，广大无限，象征无穷变易的巫术力量。《周易·乾卦》讲"六爻发挥，旁通于情"，正是说由六爻构成的卦，推演下去，变化无穷，与天的本性相沟通，从而具有一种巫术功效。

六爻又是龙的象征。用《周易》的话说，叫作"时乘六龙以御天"。六龙潜入深渊，现形在田野，飞龙在天，活动于天上水下，六合之内，显示出神秘而壮伟的形象。故《周易》之"六"，又象征着宇宙的六个方位构成的三维空间。

六脊齿青铜龙

在《周易》记载中,一卦六爻定为初爻、二爻、三爻、四爻、五爻、上爻。人们认为初、三、五爻是阳位,二、四、上爻是阴位。在占筮过程中,如果阳爻居阳位,阴爻居阴位,称为"得正""得位",筮遇此爻,占筮结果往往为吉;反之,如果阳爻居阴位或阴爻居阳位,则为"失位",占筮结果往往为凶。

从总体上看,八卦各有三爻,六十四卦皆两卦相重,故有六爻,成为卦画的基本构成单位。六爻之中,上两爻象天道之阴阳,下两爻象地道之柔刚,中两爻象人道之仁义。六爻的变动则象征天道、地道、人道的相互作用及变易。后来相术家借用三才与六爻的对应关系炮制出头骨相的"六府"说:额骨为天庭,分日、月二角;两颧为人府;两腮骨为地府。加上五官合称"五官六府"。

"六"又指阴爻,是阴爻的神秘代号。阴爻的原型是偶数"六",写作"∧",逐渐演化为"--"。阴爻所以命名为"六",与阳爻命名为"九"一样,都与《河图》《洛书》所包含的"生数"观念相吻合。古人以一、二、三、四、五为生数,《河图》《洛书》都以这种生数为基数。阴爻名为"六",在于"二""四"两个生数的偶数之和是"六",所以朱熹说,"其六者,生数二四之积也";阳爻名为"九",在于"一""三""五"三个生数的奇数之和是"九",如朱熹所说,"其九者,一三五之积也"。

我国古代音乐理论发达甚早，音乐十二律与《周易》中的阴阳"六爻"有着密切的关系。阳爻用"九"，阴爻用"六"，于是，"六律"（阳）之中，声音最洪大响亮的黄钟之音，律管长度定为"九寸"。《礼记·月令》仲冬之月："其日壬癸……其音羽，律中黄钟。"郑玄注："黄钟者，律之始也，九寸。""六吕"（阴）之中，林钟之音，长度则定为"六寸"。《礼记·月令》季夏之月："其音徵，律中林钟。"郑玄注："林钟者，黄钟之所生，三分去一，律长六寸。"黄钟为九，林钟用六，正象征着阳九阴六，表现出对阴阳六爻的绝对信仰。在玄妙高深的"六爻"背后，隐藏着简明的神话类比逻辑。

## 第三节 "人道六制"面面观

阴阳六爻与"天人合一"观念有着深刻的联系。阳数用九，阴数用六，天数为阳，人数为阴，阴阳组合，九、六对举，正象征着天人之间的相互沟通，相与为一。《管子·五行》中有"天道以九制""人道以六制"的说法，正是"天人合一"观念的具体化。对照《周易·系辞下》所说："《易》之为书也，广大悉备：有天道焉，有地道焉，有人道焉。兼三才而两之，故六。"还可看出，贯通天地人三才的主体仍然是人。"六者，非他也，三才之道也。"（《周易·系辞下》）此说与《管子》之说虽异，却不约而同地突出了"六"的重要性。用数学语言概括这一巧合，可以说"四加二等于三乘以二"，因为结果都是"六"。

"六"的重要性在维护统治秩序方面表现得极为突出，似乎只要沿用"六"制，就保证了制度完善，构成最完美的组合。掌握统治权须用六种手段，称"六柄"，分别为生、杀、贫、富、贵、贱。考核官吏以"六计"为标准："一曰廉善，二曰廉能，三曰廉敬，四曰廉正，五曰廉法，六曰廉辨。"（《周礼·天官·小宰》）如果说"六计"主要着眼于官吏的个人品行，那么唐代的"六察"则更注重监察御史的政绩。"六察"是："其一，察官人善恶；其二，察户口流散，籍账隐没，赋役不均；其三，察农桑不勤，仓库减耗；其四，察妖猾盗贼，不事生业，为私蠹害；其五，察德行孝悌，茂才异等，藏器晦迹，应时用者；其六，察黠吏豪宗廉并纵暴，贫弱冤苦不能自申者。"（《新唐书·百官志》)故此,唐代监察御史也叫"六察官"。

上古时期,国家中央行政机构最重要的官职是"六卿"。《周礼》中,六卿分别为:天官冢宰,地官司徒,春官宗伯,夏官司马,秋官司寇,冬官司空。他们各司其职,"各率其属",在国家政治生活中起着重要作用。《尚书·周书·周官》阐释其职分为:"冢宰掌邦治,统百官,均四海",主管国家治理,统帅百官,调剂四海;"司徒掌邦教,敷五典,扰兆民",主管国家教育,传布五常,使万民和顺;"宗伯掌邦礼,治神人,和上下",主管国家典礼,促进神人感通,调和上下关系;"司马掌邦政,统六师,平邦国",主管国家军政,统率六师,平服邦国;"司寇掌邦禁,诘奸慝,刑暴乱",主管国家法禁,惩治奸邪,刑杀暴乱之徒;"司空掌邦土,居四民,时地利",主管国家土地,安置士农兵商,依时发展地利。

《周礼》是一部儒家经典,它汇集了周王室官制和战国时各国的制度,表现出儒家的政治理念。在这部著作中,"六卿"设置取象于天地四方(四时),以天、地、春、夏、秋、冬之六配"六官",一再以六制表示基本的统治规范,典型地传达出原始宇宙观中对六方空间的自然崇拜。

天官冢宰的重要下属大宰,其职责为"掌建邦之六典,以佐王治邦国"。"六典"分别指治典、教典、礼典、政典、刑典、事典。

天官冢宰的另一下属小宰,则以"六叙""六属""六职""六联"作为职司范围。这些"六"制是以"六叙"正群吏。"一曰以叙正其位,二曰以叙进其治,三曰以叙作其事,四曰以叙制其食,五曰以叙受其会,六曰以叙听其情。"用"六"来规范为政秩序。以"六属"举邦治。六属指六官之属,每官僚属六十。这种齐整的"六"制,深刻表现出"六"的模式力量。以"六职"辨邦治。六职为:一曰治职,二曰教职,三曰礼职,四曰政职,五曰刑职,六曰事职。以"六联"合邦治。"联"指联合处理政务。"六联"分别是:祭祀之联事,宾客之联事,丧荒之联事,军旅之联事,田役之联事,敛弛之联事(征税)。

至于地官司徒,执掌邦教更是离不开"六",以"保息六"养万民,以"本俗六"安万民,以"六德""六行""六艺"教万民。"保息六"是指慈幼、养老、振穷、恤贫、宽疾、安富六项使百姓休养生息的措施;"本俗六"是将嬔宫室、族坟墓、联兄弟、联师儒、联朋友、同衣服作为教化百姓的六个方面；"六德"为知、仁、圣、义、忠、和六种人应具有的德行；"六行"则指孝、友、睦、姻、任、恤等六种善行。这真是一个到处充斥着"六"的人文教化世界。通过反复重现的"六"数结构，《周礼》无意识地强化着由立体空间所引出的宇宙象征蕴涵。

《周礼》中的"六"与"五"，作为统治规范之数，都是圣数崇拜的表现。但是，由于它们分属阴、阳之数两个范畴，也相应具有不同的功能。"六"为阴柔之数，用来表示文治、教化、礼仪、祭祀活动；"五"为阳刚之数，用来表示杀戮、威严、刑罚、教诲的内容。

《周礼·天官》中，天子的膳食医官负责天子之食，这是必须合乎礼制的文化活动，于是，食医之官掌王之"六食""六饮""六膳"，以六制规范帝王的饮食活动。而疾医之官要"掌养万民之疾病"，要对患者实施教诲，杀除疾疫，因而"以五味、五谷、五药养其病，以五气、五声、五色视其死生"，以五制显示疗疾的威严。与之相应，疡医疗疡，要"以五毒攻之，以五气养之，以五药疗之，以五味节之"。

夏官司马为军事长官，对六制、五制的区分就更为严格。"六军""六弓""六马"虽与军事密切相关，但因它们与外交礼仪相关联，所以用"六"，而"五兵""五盾"表示武器装备，所以称"五"，以显示杀戮的威力。

秋官司寇为司法长官，执掌刑罚，所以与属官一道，用"五刑""五禁""五戒"，以"五"制表示刑罚威仪。

《周礼》中《冬官考工记》的一部分有人认为是为了凑足"六"制而添加上去的。其中讲到工匠官制造各种器用的规格尺寸，大致仍是"五"和"六"两数平分秋色，难解难分。

春官宗伯掌邦礼。以玉作"六瑞"，充当朝聘的信物。依等级的不同，王、公、侯、伯、子、男分执镇圭、恒圭、信圭、躬圭、谷璧、蒲璧，总称"六瑞"。以禽作"六挚"，充当见面礼，仍依等级的区别："孤执皮帛，卿执羔，大夫执雁，士执雉，庶人执鹜，工商执鸡"；以玉作"六器"，以礼天地四方："以苍璧礼天，以黄琮礼地，以青圭礼东方，以赤璋礼南方，以白琥礼西方，以玄璜礼北方。皆有牲币，各放其器之色。"这里较明显地保留着史前时空观的特征:用直观可感的颜色划分来象征标示抽象的方位空间。

考察中国古代官制,中央行政机构依"六"设置,是一种定数和传统。《左传·成公十八年》载:"凡六官之长,皆民誉也。"孔颖达疏:《正义》曰:"晋立六卿。"《左传·哀公二十六年》载,春秋时,宋国以右师、左师、大司马、司徒、司城、大司寇为"六卿"。《礼记·曲礼下》:"天子建天官,先六大,曰大宰、大宗、大史、大祝、大士、大卜,典司六典。"郑玄注曰:"此益殷时制也。"从上述记载看,尽管极度突出"六"的《周礼》一书并不纯然出于周人之手,甚至晚至汉代才最后完成,但"六"之制度却由来久远。虽无确证说明商代已施行"六"制官制,但在周代"六"已十分流行。《诗经·小雅》中有"六师"之称,《庄子》则首言"六经",皆是其例。

秦时,"数以六为纪"(《史记·秦始皇本纪》),"度以六为名"(《史记·封禅书》),"六"成为秦建章立制的重要依据。钱大昕认为,秦郡数目为"三十六",实际含有特定寓意。"始皇自谓以水德王,数以六为纪,郡名三十六,盖取六自乘之数。"[1]王国维进一步考释了秦郡与"六"的关联:"秦以水德王,故数以六为纪。二十六年,始分天下为三十六郡。三十六者,六之自乘数也。次当增置燕、齐六郡为四十二郡。四十二者,六之七倍也。至三十三年,南置南海、桂林、象郡,北置九原,其于六数不足者二,则又于内地分置陈、东海二郡,共为四十八郡。四十八者,六之八倍也。秦制然也。"[2]不仅如此,秦还规定"符、法冠皆六寸,而舆六尺,六尺为步,乘六马"(《史记·秦始皇本纪》)。这些崇"六"之举,当然包含着庞杂的信仰观念。有人认为这样做是基于"始皇推终始五德之传",亦即阴阳五行学说,以为秦为"水德之始"(《史记·秦始皇本纪》)。但是,支配古人行为的信仰观念不仅有这一种阴阳五行学说,崇"六"的原因,似还有深意。

至于汉初贾谊《新书》之《六术》《道德说》两篇,也列举"六理""六法""六德""六行"等"以六为纪"的成数,申说"数度之道,以六为法","事之以六为法者,不可胜数也",为"数以六为纪"梳理出更多的规制意义。

---

① 钱大昕:《潜研堂集》,上海古籍出版社 1989 年版,第 255 页。
② 王国维:《秦郡考》,见《观堂集林》,中华书局 1959 年版,第 541 页。

时代变迁,政权更迭,但从汉至清,历代王朝一直沿袭着以"六"来组织中央官署的制度。

前汉末年,王莽建新朝,置司中、太御、太卫、奋武、军正、大赘六官,其长官皆位居上卿,号"六监"。

西魏时,宇文泰采纳了苏绰、卢辩之建议,按《周礼》三公六官制改定百官之名,清除了汉、魏以来许多杂乱的名号。

隋文帝执政后,着手制定统一的政治体制,在尚书省下设吏部、礼部、兵部、都官、度支、工部,称"六曹"。

唐初,高祖武德七年(624),中央政府置尚书、门下、中书、秘书、殿中、内侍"六省"。玄宗开元年间,官制进行了较大调整,这种调整是在隋制的基础上进行的。调整后的官制,设尚书、门下、中书三省,在行政中枢的尚书省下,置吏部、户部、礼部、兵部、刑部、工部,称"六部"。六部中,吏部主管官吏的选任、铨叙、勋阶等事;户部主管户口、财赋;礼部主管礼乐、祭祀、封建、宴乐及学校贡举的政令;兵部主管中央及地方武官的选用、考察及兵籍、军械等事宜;刑部主管法律刑罚的政令;工部主管营造工程事宜。唐代的"六部",承袭了从《周礼》"六卿"到隋末"六曹"的"六"制,与之相互对应:

天官冢宰——吏部　　地官司徒——户部

春官宗伯——礼部　　夏官司马——兵部

秋官司寇——刑部　　冬官司空——工部

明清官制袭用六部用法,称为"六科"。

不仅中央官署采用"六"制,地方政府也沿用它设官分职。唐代府州设功、仓、户、兵、法、士,称为"六曹",也作"六司"。宋代府州置吏、户、礼、兵、刑、工六曹,称作"六案"。

官衙"六"制,相沿成习,这是一种奇特的职官现象。这种现象的原因,首先在于儒家的政治理念在中国封建社会中长期处于统治地位,"人道以六制"早已成为固定的统治秩序之象征;而推究这种现象的终极根源,则要追溯到初民对天地四方的崇信与敬仰。在周的祭祀活动中,人们"以玉作六器,以礼天地四方"(《周礼·春官·大宗伯》),在"六器"与天地四方之间构成奇妙的对应;以"六龟"分别应其方之色,表示对六方空间所具有的巫术力量的人为整合。《周礼·春官·龟人》:"掌六龟之属,各有名物。天龟曰灵属,地龟曰绎属,东龟曰果属,西龟曰雷属,南龟曰猎属,北龟曰若属。各以其方与其体辨之。"这一记载充分说明了"六"制与立体空间意识之间的内在关联。在诗人李白写下"秦王扫六合,虎视何雄哉"的诗句之后,统治者试图在全宇之内扩展势力的做法,就由"飞龙御六合"的隐喻升格为"扫六合""制六合"之类的明喻了。只是隐埋在上层建筑中叠床架屋的"六"制背后的"六合"之义,却从来没有人去揭破其底蕴。

当今年纪稍长的人一定都还记得民间乡绅财主头上常戴的瓜皮小帽吧?假如我们说这种瓜皮帽无意识地承袭着封建帝王"制六合"的雄才伟略和自信心,一定会让人啼笑皆非的。然而,事实却果真如此。从瓜皮帽的制作构造上已可看出,那是专门用剪开的六片罗帛拼合而成的。据清代博学的知识分子谈迁在一部名为《枣林杂俎》的笔记中考证,瓜皮帽的正宗名号为"六合统一帽",清代已广泛流行,人们早已忘记了它的由来故事。原来首创者竟是大名鼎鼎的明太祖朱元璋。这位由农民登上皇位的洪武大帝不仅在中央集权方面费尽心思,废除丞相制而新设六部尚书,让他们六人分别对皇帝直接负责,而且在民俗文化方面也颇有创举。除了"六合统一帽"外,还有"四方平定巾"的传说。《七修类稿》记明代男子惯用的"四角方巾"之得名,有如下一说:

> 今里老所戴黑漆方巾,乃杨维祯入见太祖时所戴。上问曰:"此巾何名?"对曰:"此四方平定巾也。"遂颁式天下。

杨维祯机巧善对,明明在借题发挥巴结皇上,没想到朱元璋顺水推舟,把他"平定四方"的大业寄托到四角方巾之上。所谓"颁式天下"就是御定模式,让全天下人效法的意思。让这位大明开国皇帝始料未及的是,"四方平定巾"随着明朝江山的灭亡而成了过时的装束,倒是他御制的"六合统一帽"具有更长的生命力,从清代到民国,一直为士林遗老们所喜爱。

在中国古代,"人道六制"作为"天人合一"观念的产物,不仅成为政权机构、制度礼仪的定制，而且渗透在文化领域中，具有一种无形的规范力量。

在早期的教育中，贵族子弟是主要的教育对象，而"六艺"是主要的教育内容。关于六艺，《周礼·地官·大司徒》曰："六艺：礼、乐、射、御、书、数。"六艺中，礼为仪礼，乐为音乐，主要用于祭礼，射为射法，御为驭技，书为六书，数为算术。至于各艺包含的具体内容，《周礼·地官·保氏》说："保氏……养国子以道，乃教之六艺：一曰五礼，二曰六乐，三曰五射，四曰五驭，五曰六书，六曰九数。"五礼：以祭祀之事为吉礼，冠婚之事为嘉礼，宾客之事为宾礼，军礼之事为军礼，丧葬之事为凶礼。六乐：六代之乐。

《周礼·地官·保氏》"六乐"郑玄注："六乐，《云门》《大咸》《大韶》《大夏》《大濩》《大武》也。"相传《云门》为黄帝之乐，《大咸》为尧乐，《大韶》为舜乐，《大夏》为夏乐，《大濩》为汤乐，《大武》为周武王之乐。五射：古代举行射礼的五种射法。《周礼·地官·保氏》"五射"郑玄注："五射：白矢、参连、剡注、襄尺、井仪也。"孔颖达又具体解释说："云白矢者，矢在侯而贯侯过，见其镞白。云参连者，前放一矢，后三矢连续而去也。云剡注者，谓羽头高镞低而去，剡剡然。云襄尺者，臣与君射，不与君并立，襄（让）君一尺而退。云井仪者，四矢贯侯，如井之容仪也。"五驭：驾车的五种技术。据郑玄的解说分别为：鸣和鸾，逐水曲，过君表，舞交衢，逐禽左。六书："六书"之说始见《周礼》，但未做具体说明。郑玄注："六书：象形，会意，转注，处事，假借，谐声也。"这一排列与今所传略有差异。九数：古数学名词。郑玄引郑众说，认为《周礼》中的"九数"即"九章算术"。但《九章算术》晋刘徽序："周公制礼而有九数，九数之流，则九章是矣。"认为九数与九章有别。

从六艺的内容看，它包含着宗教、祭礼、军事、伦理、文化，都是培养合格的贵族人才的军国大事，所以不唯《周礼》强调六艺的重要性，《淮南子·说山训》也说："废六艺则惑。"

在"六艺"之教中，对后代学术思想影响最大的莫过于"六书"。东汉许慎著《说文解字》，这是我国最早的一部分析汉字形义的著作。这部著作在《周礼》"六书"一词和《汉书》始列六书名目的基础上，对"六书"做了详细解释,并举了例字。许慎在《说文解字·叙》中说:"一曰指事,指事者,视而可识,察而见意,上下是也;二曰象形,象形者,画成其物,随体诘诎,日月是也;三曰形声,形声者,以事为名,取譬相成,江河是也。四曰会意,会意者,比类合谊,以见指㧑,武信是也;五曰转注,转注者,建类一首,同意相受,考老是也;六曰假借,假借者,本无其字,依声托事,令长是也。"六书当中,象形、指事、会意、形声是汉字的四种造字方法,转注、假借只是两种用字方法。自《说文解字》以后,"六书"理论成为中国文字学的不二法门,尽管后来有人试图修正压缩,但"六"的魔力却始终无法改变。

同许慎《说文解字·叙》中"六书"之名相类,"六书"也指六种字体。汉王莽变秦的八体书为六体,称"六书",具体为古文、奇字、篆书、左书(隶书)、缪篆、鸟虫书。《汉书·艺文志》称之为"六体"。"六体者,古文、奇字、篆书、隶书、缪篆、虫书,皆所以通知古今文字,摹印章,书幡信也。"后来,"六体"的内容又有所变化。唐张怀瓘《六体论》以大篆、小篆、八分、隶书、行书、草书为六体。

追溯"六体"的另一层意义,原来也指《尚书》的典、谟、训、诰、誓、命六种文体。后来多属誓词、诏令、诏言、训辞一类公牍文案中的下行公文,由史官执笔。孔安国《尚书序》中,最早提出"足以垂世立教"的六体体制。

## 第四节　"六根不净"与"六道轮回"

在佛教文献中,数字"六"具有涵盖一切的神秘魔法功能。如《智度论》所说的"六蔽":悭贪、破戒、嗔恚、怜念、散乱、愚痴;《俱舍论》所说的"六因":能作因、俱有因、同类因、相应因、遍行因、异熟因;《成唯识论》所述的"六无为":虚空、择灭、非择灭、不动、灭尽定、真如;《涅槃经》所述的"六难":遇佛世难,闻正法难,生善心难,生中国难,得人身难,具诸根难。此外还有"六欲天""六行""六如""六念""六垢""六著心""六即""六度""六物"。在印度礼俗中,婆罗门教有晨朝洗浴时,要向东南西北上下六方敬礼,以增长命财的说法,称为"六方礼"。佛教以每月八日、十四日、十五日、二十三日、二十九日、三十日为四天王察人善恶之日,称"六斋日"。更奇特的是，"六"作为模式数在后代中国生成了许多佛教宗师谱系，其数恰好为"六"。如佛家以弘法、傅教、慈觉、智证、慈慧、圆先为六大师。佛教的禅宗，在中国衣钵相传共六世：初祖达摩、二祖慧可、三祖僧璨、四祖道信、五祖弘忍。弘忍有慧能、神秀二弟子。慧能为六祖，其教行于南方，称南宗；神秀之教行于北方，称北宗，分别称为"六祖"。

如果追问佛门崇"六"的原因，似应在印度本土寻找另外的文化基因。原来印度地处南亚热带区域，其季节的划分自古就是以六为制的。唐玄奘到印度时便觉得这点与华夏大不相同，于是非常及时地把所见所闻记载在《大唐西域记》中。据该书卷二介绍，印度一年六季的分野是：正月十六日至三月十五日，渐热；三月十六日至五月十五日，酷暑；五月十六日至七月十五日，雨时；七月十六日至九月十五日，草木繁茂之时；九月十六日至十一月十五日，渐寒；十一月十六日至正月十五日，严寒。此外，印度人还将六个月视为一个单元，称为"一行"，从冬至到夏至，太阳运行在内，叫"北行"；从夏至到冬至，太阳运行在外，叫"南行"。两行加起来合为一年。还将白天分为三时，夜晚分为三时，六时合为一昼夜。这许多出自历法尺度的"六"，自然在印度社会中派生出比中国更多的"六"制文化现象。汉译佛经，则充当了印度"六"制输入中国的主要窗口。

由人生的小宇宙推及广袤的大宇宙，佛教中的"六"构成了无限丰富的神秘结构。密教以地、水、火、风、空、识为"六大"，将它作为构成世界的基本元素。"六大"又有"六性""六用""六形""六色"。"六性"为坚、湿、暖、动、无碍、了别六种性质；"六用"为不坏、摄持、离散、长养、自在、识别六种业用；"六形"为方、圆、三角、半月、宝形、杂形六种形色；"六色"为黄、白、赤、黑、青、杂六种颜色。在密教看来，一切现象都不出这六大以及六性、六用、六形、六色。"六大"周遍整个宇宙。

相传，释迦牟尼出家后，就去深山老林寻求解脱人生痛苦的途径。他穿鹿皮、树皮，睡鹿粪、牛粪，饿其体肤；他在菩提树下沉思默想，盘腿静坐。经过六年苦行，终于得到"正觉"（大智慧），成为"佛陀"（大彻大悟的觉者）。

释氏苦行的时间"六年"，也许并无什么特别之处，但可以肯定的是，

"六"在佛教哲学中,确实占有重要的位置。

"六道轮回"是佛教学说的重要内容,它根据善恶因果的关系,宣传六种轮回转生之道。"道"为道路的意思,指众生轮回往来的道途。"六道"也称"六趣",指众生的所归趣处。"六道轮回",是指地狱道、饿鬼道、畜生道、修罗道、人道、天道。地狱是受罪处,里面烈火熊熊,布满炽热的铜床铁柱,罪人在地狱中要受火焚烧。饿鬼,常受饥渴,千年万载也难得一食,即使得到,也立时化为灰烬。畜生,也作傍生,谓傍行的生类,泛指一切动物。修罗,意译为"非天",是魔神,它本在天国,但失去天德,被撵出天界。人指人类。天指天神。中国道教中的玉皇大帝就相当于佛教所讲的天神。"六道"是佛教对众生的分类,其中前三道称三恶道,后三道称三善道。最低的、最痛苦的是地狱,最高的、最清净的是天。芸芸众生在六道的樊笼中,修善的随福业而上升,作恶的随罪业而下坠。如此上升下坠,在苦海中浮沉,在轮回中流转,永无止息。只有皈依佛门,弃恶从善,才能从中解脱出来。在这里,"六道"的"六"象征着循环的基数,与之相应的还有"六界""六凡",这似乎是把时间循环上的"六"投射于空间层面划分的产物。

"六波罗蜜"是梵文 Satpāramitā 的音意并译,亦译"六波罗蜜多",意译"六度""六度无极""六到彼岸"。它是指六种从生死此岸到达涅槃彼岸的方法或途径。六种途径是:布施、持戒、忍辱、精进、禅定、智慧。

六角朝天,泰国普吉岛查龙寺建筑

"六根"是梵文 Sadindriya 的意译,被视为"心所依者",是"有情本",亦名"六情"。"六根"是指眼、耳、鼻、舌、身、意六种感官功能。"六根"认识的境界为色境、声境、香境、味境、触境、法境"六境"。"六根"的认识作用为见、闻、嗅、味、触、知"六识"。"六境"被认为像尘埃一样能污染人的情识,亦名"六尘";因其能引人迷妄,又名"六妄";或因其"令善衰灭",又名"六衰";或因其"能劫持一切善法",又名"六贼"。

　　"六根"和"六境"按顺序一一相对,合内外两方面为十二入,"入"是涉入的意思,六根和六境相涉而入。六根为内六入,六境为外六入,六根为感觉、思维的器官,而六境是认识的对象。六根、六境以对人的肉体与精神构成的分类,把统一的人生现象分为分立的要素,进而由人生现象扩展到宇宙现象,由人这一小宇宙分析整个大宇宙。在佛教哲学所构拟的这个小宇宙中,人之"六根"不正是大宇宙六个维度的人格化缩影?

　　值得注意的是,道家哲学也提到了人体六穴这种感官现象。《庄子·杂篇·外物》曰:"目彻为明,耳彻为听,鼻彻为颤,口彻为甘,心彻为知,知彻为德。"庄子后学将目、耳、鼻、口、心、知的"六"称作"六凿",它与佛教的"六根"极为相像。有人为之大惑不解:这究竟是偶然的一致,还是《庄子》中夹杂着佛教因素?实际上,它们之间并无混杂的问题,而是这种"六"结构反映了神话思维的普遍规律。

三十六鳞的玉龙

　　古代相术家也讲究"六",如把头、目、鼻、口、耳、腹六个部位虽大却不佳之相统称为"相六大"。《神相全编》卷五"相六大"说:

头虽大,额无角;目虽大,闪电烁;鼻虽大,梁柱弱;口虽大,语略绰;耳虽大,无轮廓;腹虽大,近上著。

与此六种"反常而不得其正"的情形相对,又有"六小贵"相。如《神相全编》卷五"相六小贵"又说:

额小且方平,眼小要精粹,鼻小梁柱平,耳小朝太阴,肚小垂下生,口小红更青,腰小要圆成,身小三停匀,皆主富寿之相也。

类似的相术名目还有"六贱",指六种有天然缺陷的人相。旧题后周王朴撰《太清神鉴》卷六:"六贱者:额角缺陷、天中薄下为一贱;背胸俱薄为二贱;音声雌散为三贱;耳目斜视为四贱;鼻曲低塌为五贱;目无光彩为六贱。"据说有此六贱相的人,只配给人当仆役。

与"六贱"有所不同的是"六恶"。《神相全编》卷五"相六恶"说:"六恶者:一曰平眼直视,主性不仁,内藏毒害;二曰唇不掩齿,主性不和,难与交接;三曰结喉,主妨妻子,多招灾厄;四曰头小,主贫下而夭;五曰三停不等,主贱而贫;六曰安行如走(这里的"走"是跑的意思,本句指走路步子太急太快),主奔波寒苦。"比起"六贱"之说,"六恶"已经由表及里,把人相同性情、命运进一步组合起来,大肆宣扬"人可貌相"的伪科学原理。

在道教中,"六"的神圣性质在六丁、六甲诸神中得到充分反映。六丁、六甲的命名取自干支。六丁为阴神,六甲为阳神。六丁神为丁卯神、丁丑神、丁亥神、丁酉神、丁未神、丁巳神。六甲神为甲子神、甲戌神、甲申神、甲午神、甲辰神、甲寅神。

相传六丁、六甲能行风雷,制鬼神,道士驱鬼时常用符篆召请之。据《后汉书·梁节王传》:"从官卞忌,自言能使六丁。"可见汉代方士已有役使六丁之法。据说,役使之前,先要斋戒,然后六丁神至,施展神力。韩愈《调张籍诗》云:"仙官敕六丁,雷电下取将。"李翘"六丁"注:"道书,阳官六甲,阴官六丁。谓六甲六丁神。"韩诗正是以六丁下凡,喻李白、杜甫诗文无与伦比,而被六丁之神奉诏收取,字里行间,洋溢着对李、杜诗文的深深敬意。

山西出土西周四鸟六兽护卫青铜挽车

而在民间,广为流传的则是五丁力士的神话故事。据《华阳国志·蜀志》,秦惠王知蜀王好色,答应嫁给他五个美女,于是蜀王就派五丁力士迎娶。回途中走到梓潼,见一大蛇钻入山洞,一位力士抓住蛇尾,想把它拉出来,但怎么也拉不动,五丁力士一齐用力,大呼拉蛇,结果山崩地裂,五丁力士和五个美女都被压死而山分五岭。

随着五丁神话的传播,"六丁""五丁"竟有了合流的趋势。《三教源流搜神大全》卷四说:昔隋文帝开皇十一年(591)六月内,有六力士现于凌空三五丈,于身披五色袍。帝问太史居仁曰:"此何神?主何灾福也?"张居仁奏曰:"此是五方力士,在天上为五鬼,在地为五瘟。"六丁为何身披五色袍,又怎么摇身一变,被称为五方力士呢?原来,由于阴阳五行观念的流行,诸如五色、五方等与"五"制相关者都被赋予神圣的象征蕴涵,五方力士、五丁神取得了正统地位,而道教六丁的地位每况愈下,甚至失去了独立身份。难怪在《历代神仙通鉴》一则神话里,巨灵率六丁神来帮助大禹治水,大禹竟然在途中问道:"闻古止有五丁,而何有六?"巨灵回答说:招西方至刚之神童律,"以配丁甲之数"。言外之意本来只有五丁,招童律以凑数。六丁神的命运,竟沦落到如此地步。

## 第五节 "六""陆"与"禄"

汉字"六"在民俗文化中成为一个吉祥美好的数字标记,这同"六"与"禄"的语音联想有相当的关系。

把"六"数作为福禄喜庆之象征,古代有"六月六回娘家"之习俗,即每年六月初六这天,各家各户皆请已出嫁女子回娘家,款待热闹一番后再送归婆家。为什么要选这一天呢?相传早在春秋战国时代就有了此俗的起源。当时晋国宰相狐偃自恃功高,常于六月初六过生日时大摆宴席,挥霍无度,人们对此敢怒而不敢言。其亲家赵衰对狐偃好言相劝,谁知狐偃刚愎自用,目中无人,不但不听劝告,反而侮辱了赵衰,使他含羞而死。其婿欲于六月初六趁庆生日时将其杀死,为父报仇。妻子知道后,急回娘家告诉父亲,狐偃面对死之威胁方才如梦初醒,即改过自新。从此以后,他每逢六月六都请闺女、女婿来家团聚。此俗传至民间,为百姓仿效,年长日久,相沿成习,至今尚可在山西、陕北一带看到。

贵州地区布依族传统节日中有"六月六节",又称"过小年"。每逢农历六月初六,各村寨皆杀猪宰牛,祭祀山神、灶神和地母。贞丰一带布依族携带纸马数叠、方肉一块、鸡一只,到田边祭祀田神。祭时将鸡血洒于纸马上,尔后将纸马播于田间,以禳灾祈福,预祝风调雨顺、五谷丰登。湘西凤凰落潮井一带的苗族也有六月六节庆。这天,当地民众云集勾良山举行盛大歌会。邻近的花垣、吉首和贵州松桃、铜仁等地的苗民亦前来参加歌会活动。据说此一节日为苗人远古遗俗,由祭祖典礼演变而来。所有这些定在六月初六的节庆活动,尽管因年代久远而无法详考其真正的起因,但可肯定的是,它们同二月二、三月三之类节日民俗一样,都是神秘数字生成性效应的一种产物。

据阴阳家的看法,所谓"六合"专指吉日良辰,与指代六方空间的"六合"同名而异实。南北朝时期著名的佚名长诗《孔雀东南飞》中便有"视历复开书,便利此月内,六合正相应,良辰三十日"的诗句。《南齐书·礼志上》略述"六合"原理说:"五行说十二辰为六合,寅与亥合,建寅月东耕,取月建与日辰合也。"选日家、星命家均认为月建与日辰的地支阴阳相合,便是良辰吉日。《隋书·经籍志》著录有《六合婚嫁历》，可惜已失传。史书中也不乏有关"六合"吉日的记述。《资治通鉴》卷一九六唐贞观十五年（641）引吕才叙《禄命》：

长平坑卒，未闻共犯三刑；南阳贵士，何必俱当六合！

胡三省注云："子与丑合，寅与亥合，卯与戌合，辰与酉合，巳与申合，午与未合。汉光武中兴，南阳人士多贵。"星命家还从年、月、时的干支五行与日干的五行生克关系中推算出"财""官""印""食""伤""煞"六神。又根据天干十位，分为十种：比肩、劫财、辰冲、伤官、偏财、正财、七煞、正官、偏印、正印。流传的《六神歌诀》唱道："生我者为正印、偏印，克我者为正官、七煞，同我者为比肩、劫财。我生者为伤官、食神，我克者为正财、偏财。"

与汉族崇"六"心理的逻辑大致相仿，云南大理白族地区有送礼不离"六"的礼俗：订婚或一百六、二百六、六十、六十六；订婚的盐、糖、茶、酒等均带"六"：茶一斤六两或二斤六两，糖六斤或六盒，盐六斤或十六斤，酒六斤或六瓶。祝寿或新房落成送礼亦不能离"六"。若送一百六十元钱，主人会很高兴，若送五百元主人反而以为不吉而拒绝。这真是一种"认六不认五"的特殊民俗心理反应。当地百姓对于他们这种礼俗的由来，一说取汉字"有福有禄"之义，"禄"与"六"同音，自古使用汉字的白族视"六"为有福有禄、吉祥如意之兆；一说汉语方言"六"与白族语言中"足够"一词音相似，因此，不管你送的东西是多少，有"六"就足够了。

"禄"从很早就是国人理想追求的主要目标。西周铜器铭文中"禄"与"福""寿"并列为最常见的祝愿美辞。《诗经》的雅和颂部分也大量出现"禄"字祝词。如《小雅·天保》二章：

罄无不宜，受天百禄。

《大雅·既醉》二章：

其胤维何？天被尔禄。

可知"禄"本为天神所降嘉福。又如《大雅·假乐》二章以"福""禄"并举：

千禄百福，子孙千亿。

注疏家说："福、禄义同，于禄言千，于福言百，互词也。"段玉裁《说文解字注》说：《诗经》中讲到"福"与"禄"无根本区别。商颂五篇中，两篇言福，三篇言禄，意思是一样的。郑玄作《毛诗传笺》时才开始区别对待这两个词。"禄"又引申为俸禄、食禄。今语所说"高官厚禄"即取此引申义。在漫长的封建社会中，士人对"禄"的渴望按照"爱禄及六"的逻辑，使"六"乃至"陆"都有了吉祥美满的味道。

"六"与"陆"的通假不知起于何时。今本《辞海》为"陆"另辟一义项，说它是"数目字'六'的大写"。不过，"陆"字本身与和睦之"睦"通假，又兼有"厚"的意义，所以自古就是个吉祥字。从文献中看，"六"与"陆"通假的起源或许可上溯至唐代甚至更早的时期。古代博戏中有一种叫"双陆"，从南北朝起到隋唐时流行开来。因该棋盘左右各有六路，故名"双陆"，似乎谐"双六"之音。清人厉荃《事物异名录》卷二十六引《名义考》："双陆又谓之六博，又谓之五白。《博雅》云：'投六箸，行六棋，故为六博。'箸，今名骰子。自幺至六曰六箸。棋局，齿也，内外各六曰六棋。此六博之义也。"就此一线索看，"六博"又叫"陆博"，则"双陆"当得名于"双六"。今日喝酒划拳时口令有"六六顺"，当亦为"路路通"的意思吧。

值得一提的还有，骰子之所以又叫"六幺""六赤"或"双彩""象六"，因为其形状恰为方形六面体，与取象六合的"方明"相类同。《列子》中便把它叫"明琼"。《清异录》云："博徒隐语，以骰子为惺惺二十一。又曰象六，谓六只成副。"这又是一种解说。由于"六幺"与"绿腰"音同，二者又曾纠缠在一起，让后人难解难分。明末大学问家方以智《通雅》卷三十五"戏具"中考证说：

（白）乐天（即白居易）、王建诗皆用"六幺"。琵琶曲有"绿腰"，本作录要，后转呼绿腰、六幺。段安节曰录要，王灼专主绿腰，破录要之说，总属附会。宋何鄤诗："按撤梁州更六幺。"子瞻诗："连娟六幺趁趁蹒跚。"正以绿腰、录要皆支说也，（杨）升菴以为始于骰子之六。①

这一段话虽然未能确凿论定孰先孰后，但至少足以说明古书上音同音近之字词的通假借用现象：得名于骰子六方体的"六幺"同乐舞名称"绿腰"已经混同，可知"六""绿""碌""録""陆""禄"这一系列字都可按照谐声测字法相互沟通和认同。这就从又一角度说明了数字"六"在民间方术中被看好的原因。

① 方以智：《戏具》，见《方以智全书》第一册《通雅》（上），上海古籍出版社 1988 年版，第1082 页。

# 第七章　七星悬高照

　　如果说"五"和"九"是最有代表性的中国神秘数,那么"七"就当之无愧地成为最有代表性的世界性神秘数。换句话说,在世界上所有的较高等的文明民族中,"七"这个数字的神秘用法都十分常见,而且几乎弥漫在社会文化的各个领域和角落。能为这种人人司空见惯、不以为怪的现象找出一个"为什么"的解释,当然是件十分有趣的理智探险。

　　在本章中,让我们一反常规,先从一个异族文化入手,来开始这次探险观光的旅程吧,希望能够用世界眼光来透视这个世界性的数字之谜。

## 第一节　"七":世界性的数字之谜

　　犹太人古称希伯来人,这个历史上著名的流浪民族(另一著名的流浪民族是吉卜赛人)对西方文明贡献颇多。他们早先创作的犹太教经典《旧约》后来同基督教的《新约》合编为一书,成为西方人家家必备的书中之书、经中之经,其影响之深广已难以估量。

　　从《旧约》中,任何一个信徒或非信仰者都能轻而易举地发现,"七"这个数字具有一种非同一般的意义。举例来说,《约书亚记》中攻陷敌城耶利哥的战绩,就完全是靠秘密武器"七"来实现的。当时的希伯来人领袖约书亚率军进攻这个城池,无奈城墙坚固,守军顽强,难以制胜。耶和华神晓谕约书亚,让他用七位祭司,手持七只羊角,围城七日,到第七日绕城七圈,吹响七只号角,那城就顿然陷落。读了这段记载,读者会觉得有些像中国的神魔小说中的情景,这怎么会是信徒们虔诚信仰的《圣经》中的经文呢?"七"究竟有什么法力,能在战争中发挥如此作用?

进一步读下去还会看到,"七"在《旧约》叙述中总是具有"结构素"的作用,引发出种种神秘寓意。《出埃及记》写上帝向摩西显灵,荣耀停在西乃山上,云彩遮住山头六天六夜,到了第七天才传摩西前来接旨。上帝在惩罚杀弟的该隐时,用的是永远流放的手段,同时又说:"凡杀该隐的,必遭报七倍。"上帝在用洪水惩罚人类之前,曾嘱咐义人挪亚造方舟逃生,特别叮咛了应带上方舟的动物之数量:

> 凡洁净的畜类,你要带七公七母;不洁净的畜类,你要带一公一母;空中的飞鸟,也要带七公七母,可以留种,活在全地上;因为再过七天,我要降雨在地上……①

上帝让挪亚所带的洁净与不洁净的畜类有不同数量,这很可能是判别"圣"与"俗"的一个潜在标准。因为洁净之物按照宗教信条是可以通过祭礼而奉献给神明的,而不洁之物被带上方舟的目的只是传种接代,以免灭绝。所以这里出现了"七公七母"与"一公一母"的区别。《民数记》第二十三章中巴兰的预言可使上面的推测得到佐证:

> 巴兰对巴勒说:"请在这里为我筑七座祭坛,准备七只公牛和七只公羊。"
> 巴勒依照巴兰的话做。他们在每座坛上献了一只公牛和一只公羊。然后巴兰对巴勒说:"你留在你的燔祭旁,我往前走,或

---

① 《创世记》第七章第二至四节。

许主会来见我。他指示我什么,我必定告诉你。"巴兰走到一座山上,神向他显现。巴兰对主说:"我准备了七座祭坛,在每座祭坛上献了一只公牛和一只公羊。"

看来耶和华神就偏爱以"七"为数的祭品,神秘数"七"的根源自当归结到上帝那里。从较表层的意义上讲,这至少是《旧约》崇"七"现象的一种方便的解释。"七"由神的嘉许而具有神圣的性质。希伯来人自古就有以"七"数之物为盟誓见证的习俗。如《创世记》第二十一章讲述希伯来人族长亚伯拉罕同他所寄居的基拉耳国国王亚比米勒之间的立约行为:国王的仆人强占了亚伯拉罕的一口井,遭到谴责后,国王出面调解:

> 亚伯拉罕把牛羊送给他,二人互相立了约。亚伯拉罕把七头母羊羔另放一处,亚比米勒王就问:"这是什么意思呢?"
> "你要接受我这七只母羊羔,表示你承认那口井是我掘的。"亚伯拉罕说。
> 后来,那地被称为"别是巴"(盟誓的井),因为他们两人在那里起誓。

西周七孔九曲刃铜钺

用于祭礼和盟誓的"七"推广开来,遂遍及社会生活的一切方面。在雅各故事中,主人公为娶母舅拉班的小女儿拉结,为拉班当了七年长工,结果在婚礼上被骗,发现新娘是大女儿利亚。于是雅各只好又为拉班做了七年工,终于娶到拉结。《士师记》第十四章讲述参孙的事迹:这位大力士娶亲之际,设宴七天,并当众说出谜语,有人在七天内猜中谜底,就送给三十套衣服,若猜不中,就照数赔给参孙。结果在第七天日落之前,人们从新娘口中得知谜底,参孙一怒之下,杀了三十个当地人,抢了他们的衣服交给幸运者。《旧约》中这类以"七年""七日"为母题的故事还有很多,不约而同地重复着圣数"七"的神秘用法。

　　《旧约·以斯帖记》讲到的古代波斯王国,照例可以看到"圣七"的产物。如波斯王亚哈随鲁手下有七名侍从:米户幔、比斯他、哈波拿、比革他、亚拔他、西达和甲迦;朝廷中执政的是七位公卿:甲示拿、示达、押玛他、他施斯、米力、玛西拿和米母。这些或显赫或平凡的人物都是沾了"七"数的光而通过《圣经》将他们的名字留传下来的。

　　基督教的经典《新约》自觉地继承了《旧约》对"七"的偏好,而且发扬光大,青出于蓝而胜于蓝,导演出更惊人的"七"数节目。《马太福音》第十八章写彼得向耶稣发问:"主啊,我弟兄得罪我,我当饶恕他几次呢? 到七次可以吗?"耶稣答道:"我对你说,不是七次,而是七十个七次。"后人用"七十个七次"这个词表达无限多、无数次。耶稣的这种特殊用语充分表达了基督教以德报怨、彻底宽恕的教旨。《启示录》第十章描绘世界末日景象中大力天使从天而降,大声呼喊,然后有七雷发声。天上有神传达的声音说:"七雷所说你要封上,不可写出来。"这里的"七雷"本来是为了突出末日的神秘与恐怖气氛,后代文学家以此典故来表达巨大的声响和非凡的力量。《启示录》所写种种异象中还有"七印封严的书卷"。天使大声宣告,在天上、地上、地底下,没有人能展开、能观看那书卷,唯一的例外是上帝的羔羊——耶稣。由"七印"所显示的世界末日之景是基督教神秘主义的最佳例证:

　　第一印揭开时,出现一匹白马,骑马的接受了赐给他的荣冠,就出发征战,接连获胜。

第二印揭开时,出现一匹红马,骑马的得了权,能使地上发生争战,人与人互相残杀。

第三印揭开时,出现一匹黑马,骑马的手持天平,耶稣宝座旁边有一活物说道:"一钱银子买一升麦子,一钱银子买三升大麦。油和酒不可糟蹋!"

第四印揭开时,出现一匹灰马,骑马的名曰"死亡",阴间紧跟着他。他们得了权,管辖四分之一的土地,要用战争、饥荒、瘟疫和野兽杀人。

第五印揭开时,因传播上帝之道而遭杀害者的灵魂,大声要求审判地上的人,为他们申冤。

第六印揭开时,大地震动,太阳变黑,月亮变红,星星坠落,天空消失,地上的人躲进山洞岩穴。

第七印揭开时,七个天使吹响七只号角,世界末日降临。

这七种异象的细节深奥难测,古今注经家有各种不同的解释。但基本上的寓意还是大致可辨的,那就是上帝将惩罚一切仇敌,审判罪恶之人,为蒙冤者昭雪,为信仰他的子民揭开历史新一页。由于《启示录》的大肆渲染,"七印封严的书卷"成为一个影响深远的意象,比喻神秘莫测的高深事物。当代瑞典著名导演伯格曼的代表作之一取材于此,题为《第七封印》,已成为电影史上的名片。

对于《旧约》《新约》中"七"的神秘用法,近代以来的《圣经》学家已做了大量研究,大家一致认为应该从象征意义上去认识经文中的数字"七"。但由于对象征意义的来源有不同看法而形成两种解说的途径。一种是从数的内在含义入手进行类似中国拆字术式的解说,以为"七"的神圣意蕴来源于它的两个组成部分之和。"三"意指神性,"四"意指人性,"七"意味着神与人之间的结合。这种看法得到神学家的认可,但多数神话学家和人类学家则主张从外围联系去看待"七"数象征性的起源。有人认为"七"根源于犹太教固有的宗教周期意识。如将第七日定为安息日,每隔七日一循环的做法,便是这种周期意识的体现。犹太教的除酵节从尼散月十四日晚起到二十一日晚止,共延续七天。而五旬节,又称"七七节",自播种至收割历时七周庆祝收获。犹太教还规定每隔七年有一个安息年,让土地休息。每隔七七四十九年为禧年。据《旧约·利未记》所载,此乃上帝为以色列人所定。该年全国大赦犯人;所有卖出的田地都归还原主;所有奴隶一律释放,获得自由。凡此种种,都是圣数"七"的循环周期意识的产物。"七"在这些场合都有一种物极而反、周而复始的意味。

接着而来的疑问是:假如《圣经》中"七"的来源真是犹太教的周期性意识,那么这种以"七"为基数的循环意识又是由何而来的呢?考古学的发现为此提供了宝贵线索。在先于希伯来文化而存在于两河流域的伟大古文明——苏美尔、巴比伦文明中已有对圣数"七"的神秘用法了。比如在迄今所知人类最早(前2000)的英雄史诗《吉尔伽美什》中,人们已看到诸如"七贤""七年歉收""七身索子甲""造船七天完工""船在尼什尔山上搁浅七天""祭神用七只又七只酒盏""烤七个面包"等细节。这些引人注目的细节足以使学者们确信,苏美尔、巴比伦和亚述人都是先于希伯来人、波斯人而大量使用"七"数象征意义的。后者只不过是自觉因袭了前代文明遗产而已。根据这些新发现,20世纪20年代的德国学者提出了一种"泛巴比伦主义"的文化传播理论,认为包括文字、天文学和"七"在内的许多文化创造都是由两河流域文明中产生,然后播散扩展到世界各地去的。

与近东地区接壤的许多文化,如伊斯兰、印度、希腊、罗马等都被看成是圣数"七"的被动接受者。伊斯兰教经典《古兰经》曾取法《圣经》,因而把天说成是七重的。相传穆罕默德在公元621年7月27日之夜由天使陪同观光七重天,这一天的夜晚被定为宗教节日——登霄夜。去伊斯兰圣城麦加朝觐,要以逆时针方向绕圣常克尔白环行七周,并在连接萨法山和麦尔卧山的拱廊里来回走七次。然后去到米纳,向一根石柱投掷七枚石子。

在古老的印度文化中,"七"已经是一个具有神秘性质的数字范畴。据列维-布留尔引述:"在更古老的印度教神话中也见到了七个母亲、七大洋、七个利西(Rishi)、七个阿地蒂亚(Aditya)和达纳瓦(Dānava)、太阳的七匹马以及这个神秘数的其他许多组合。"[①]在尼泊尔,年长者是社会所信赖和拥戴的人。如果谁有幸能活到七十七岁七个月又七天,全家族的人

① 列维-布留尔:《原始思维》,丁由译,商务印书馆1981年版,第214页。

便会为他再举办一次孩童在七个月时所必须经受的帕斯尼庆礼,意味着这位老人又重新开始了人生旅程。"七"在此也含有循环基数的极限意义。

欧洲古谚语有"大善有四,七恶不赦"的说法,也是视"七"为极限。希腊神话描绘好色风流的主神宙斯,说他娶了七个妻子。希腊的地狱据说要经过"七循冥河",前往地狱的人必须准备好小钱,以便买通摆渡过河的船夫。比较神话学家认为希腊地狱神话深受巴比伦影响。在巴比伦的地狱入口处有七重大门,入门者每过一门都要缴纳一礼物给把门人。

七头蛇护卫下的佛陀像,泰国普吉岛佛寺

值得注意的是,在地理上与中近东古文明相距很远的文化中,也发现了圣数"七"的神秘用法。如古代北欧的芬兰创世歌,讲到原始处女在混沌之海中漂浮了七百年后因风受孕,生下七只蛋,从中生出宇宙万物。在非洲和美洲的一些较发达的原始文化中,随着计数观念的成熟,也可找到类似的例子。这就无形中纠正了泛巴比伦主义者所相信的文化传播说,启发学者们在传播影响之外去另外探求圣数"七"起源的新解说。

也有一些学者试图有条件地保留传播说的观点。《人论》的作者、西方著名哲学家恩斯特·卡西尔在论及数"七"在北美一些宗教中的意义时,这样认为:数字七"从美索不达米亚人类最早的文化基地传播到四面八方,但即便在没有或不可能有巴比伦-亚述人影响的地区,七也是一个特别神圣的数。在古希腊哲学中,也仍然带有这种神话-宗教特征;在一段被认为是费劳罗所写的残篇中,七被比作没有母亲的处女雅典娜,'因为它是万物的统治者和教导者;它是神,永存、稳固、不动的神,自己与自己相似,不同于其他数'(狄尔斯编《费劳罗残篇》32B)。在基督教中世纪,教父们把七说成是充实与完美之数、普遍与绝对之数:'七是完满之数'"①。

## 第二节 中国古典文学中的"七"之家族

对"七"的探险之旅转回到中国文化中,我们不难发现这里虽没有七日-安息的礼拜日制度,但对这个数的顶礼膜拜之心理却并不亚于其他文化,只是表现方式上较为隐晦曲折,更具有无意识的性质。

正像数字"六"在政治体制中的上乘表现那样,"七"在古典文学中的作用首先给人以深刻印象。"七年"是自先秦文学以来屡见不鲜的母题。《论语》中有"善人教民,七年亦可以即戎矣"之说;《孟子》则有"七年之病求三年之艾"的比喻;《列子》说:"七年之后,从心之所念。"都把七年视为一个自然周期。白居易《放言》有"试玉要烧三日满,辨材须待七年期"的名句;陆龟蒙《归路》云"浑如七年病,初得一丸销"。其他如"七岁""七世""七叶""七旬""七月""七日""七晨""七夕""七夜"一类表时间的词也为历代文人所津津乐道。另外一些很常见的诗词语汇还有:七宝、七玉、

---

① 恩斯特·卡西尔:《神话思维》,黄龙保、周振选译,中国社会科学出版社1992年版,第163—164页。

七珍、七珠、七彩、七弦、七辇、七香、七虎、七虫、七花、七魄、七尺、七步、七重、七行、七穴、七丸、七净、七移、七转、七飞、七百、七千、七万……作家诗文集及著作以"七"命名的有《七颂堂诗集》《七颂堂词集》《七人联句诗记》《七胜记》《七姬咏林》《七幅菴》《七太子传》《七家词钞》《七修类稿》《七修续稿》《七峰诗选》《七峰遗编》《七烈传》《七破论》《七疗》《七部语要》《七部名数要记》《七一轩诗钞》《七释》《七经楼文钞》等等。

**虢国墓七联璜玉佩**

除了上述以"七"数为创作母题或书名现象外,更加有趣的是,古代的文学作品中存在着大量的以"七"题名的体裁。较早这样使用的作者之一是汉武帝时代的文学家东方朔。他追慕屈原,模拟屈赋,创作出楚辞类作品《七谏》。全文分初放、沉江、怨世、怨思、自悲、叹命、谬谏七章。题名之"七",有人解作屈原"三谏不从,退而待放",但他决心与楚国同命运,无相去之意,故加为七谏。还有人认为"七谏者,法天子争(诤)臣七人也,东方朔追悯屈原,故作此辞,以述其志"。不论怎样解说,东方朔这篇作品在内容上继承了屈原《楚辞》的政治讽喻传统,在形式上则以"七"体为特征,不过这一赋体的开创之功却并非属于他。

首开以"七"为赋之一体风气的当推汉初辞赋家枚乘。他工于辞赋,首制《七发》。这篇作品假设楚太子有疾,吴客探访,引发出一连串的主客问答。吴客先陈说音乐、饮食、车马、游观之乐,未能使太子兴起;再说以田猎、观涛,引起太子的兴趣,使他略有起色;最后说要向太子推荐方术之士论述精辟的道理,太子听了精神大振,出了一身透汗,霍然病愈。文章意在说明享乐安逸的生活是致病之源,而"要言妙道"方能消灭思想里的毒素。《七发》的形式对后来的辞赋产生了很大的影响,以至为后人竞相模仿,被视为赋中一个专体。据清人平步青《霞外攟屑》统计,唐代以前模仿枚乘这种七重铺叙描写法的赋作家就有四十人之多,唐代以后直到近代仍不断有人仿作。

在众多模仿《七发》体裁的赋作中,比较著名并且被选家看中的,除了东方朔的《七谏》,还有傅毅《七激》、崔骃《七依》、崔瑗《七苏》、马融《七广》、王粲《七释》、曹植《七启》、左思《七讽》、刘广世《七兴》、李尤《七疑》、桓麟《七说》、崔琦《七蠲》、刘梁《七举》、徐干《七喻》、刘邵《七华》、张协《七命》、陆机《七徵》、张衡《七辩》、张景阳《七命》、湛方生《七叹》、竟陵王宾僚《七要》……“秦汉以来,著论者颇多采用七数,不特《七发》与《七谏》为然。”①“七”体之繁多,实在让文学史家眼花缭乱,大惑不解:为什么没有出现“六”或“八”的文体高潮呢?“七”何以如此受到文人的偏爱?

这也许永远是中国文学史上的不解之谜,恐怕很难有一个众所信服的确凿答案。不过,有一点可以肯定,对“七”的迷恋不只是形式美的问题,必须从内容象征方面去探本求源地理解。

饶宗颐先生认为以“七”为标志源于古代某种成数观:

> 古哲喜以数区别事物,七亦其一,故在天有七政(《舜典》)、七纬(《新论·思慎论》),在地有七泽(《子虚赋》)、七赋(《法言》问道指五谷桑麻),于礼有七庙(《王制》)、七体(《士丧礼》),于乐有七律(《国语·周语》)、七始(《汉书·礼乐志》)。自春秋以迄汉世,遽数之不能终其物。七复如三九,以指成数。②

或许是蹈袭辞赋中的“七”体,汉末文人诗歌中不少是以“七哀”为题。曹植《七哀诗》以哀婉动人的笔调,写出了思妇与夫君长期分离的苦闷:“明月照高楼,流光正徘徊。上有愁思妇,悲欢有余哀。”王粲《七哀诗》有三首,第一首,写乱离中所见,真实地展现了关中遭受战祸的惨况:“西京

----

① 饶宗颐:《澄心论萃》,上海文艺出版社 1996 年版,第 135—136 页。
② 饶宗颐:《澄心论萃》,上海文艺出版社 1996 年版,第 37 页。

乱无象,豺虎方遘患。复弃中国去,委身适荆蛮。……出门无所见,白骨蔽平原。路有饥妇人,抱子弃草间。顾闻号泣声,挥涕独不还。未知身死处,何能两相完。"阮瑀《七哀诗》叙死别之悲哀:"丁年难再遇,富贵不重来。良时忽一过,身体为土灰。"晋张载《七哀诗》叹汉王坟冢之衰败:"园寝化为墟,周墉无遗堵。蒙笼荆棘生,蹊径登童竖。"这些诗人相距时代不远。

至于"七哀"为何名七,向来说法不一。《文选》六臣注吕向说:"七哀谓痛而哀,义而哀,感而哀,怨而哀,耳目闻见而哀,口叹而哀,鼻酸而哀",将"七哀"视作七种哀情。另一种说法,"七哀"应有诗七首,"不然,《七发》何以不六,《九歌》何以不八乎?"(俞樾《文体通释叙》)这样一来,曹植、王粲等人的《七哀诗》只能视为有佚失了。可是,不管人们做出怎样的努力,名"七"的原始意义都很难说出个所以然了。近来有学者从内容上进行探讨,认为《七哀诗》似出自民间祭奠死者的礼仪,所以都咏死之悲哀,写人身后的悲凉,与当时流行的挽歌体《蒿里》(古人认为人死后魂归蒿里)、《薤露》(喻人命短促,譬如朝露)同为一类。《七哀》之得名也直接同汉末流行的丧葬习俗"七七"奠祭有关。清人赵翼曾认为"七七"之俗始于北魏道士寇谦之之教盛行以后,是将道士炼丹拜斗的七七四十九日移于奠祭而成的(《陔余丛考》卷三十二"七七")。另有学者认为"七七"是佛家法的产物。《北史·外戚列传》记载胡国珍死,魏明帝诏自始薨至七七,皆为设千僧斋。这说明汉魏之际七七奠祭随佛教盛传而始见于中国。据佛经教义,人命结束后,多受中阴身,中阴身最长者不过七七四十九日。凡是想为死者修福的亲人,当于这四十九日内营佛事修善。又有一说出自《瑜伽师地论》卷一:

此中有,若未得生缘,极七日住。有得生缘,即不决定。若极七日,未得生缘,死而复生。极七日住,如是展转。未得生缘,乃至七七日住,自此已后,决得生缘。

照此说,七七祭奠实与佛家轮回学说相应。此俗到后来又发展为"七七百日",做佛事的时间从初七日延续到百日。《通俗编·释道》"七七百日"条写道：

> 《北齐书·孙灵晖传》：南阳王绰死，每至七日至百日，灵晖恒为请僧，设斋行道……。《吹剑录》载温公语曰：世俗言浮屠，以初死七日，至七七日百日小祥大祥，必作道场功德，则灭罪生天，否则入地狱……李习之《去佛斋说》，深诋佛家七七之说，则知唐人固多用七七百日，以为治丧之节矣。

以上记载都表明，"七七"之俗与佛教有关，这个四十九日之期是以"七"的循环极限意义为基础而设定的。同样的象征用法在佛教大规模传入中国以前，本土文献中也可见到。如《黄帝内经·素问》将妇人月经闭止的期限定为"七七天癸绝"，中医用药也讲究"七七期"禁忌等等，显然也将"七"用为循环极限数。这一事实表明，尽管汉末出现的《七哀诗》可能受来自佛家祭奠习规的影响，但更多更早的"七"体文学当在华夏本土文化中觅其根源。

神秘数字"七"的生成功能自发地表现在文学世界中，还出现了众多的文学家七人并称的历史惯例。汉末有"建安七子"：孔融、陈琳、王粲、徐干、阮瑀、应玚、刘桢。曹丕《典论论文》有言："斯七子者，于学无所遗，于辞无所假，咸以自骋骥騄于千里，仰齐足而并驰，以此相服，亦良难矣。"明代有前后七子："前七子"有李梦阳、何景明、徐祯卿、边贡、康海、王九思、王廷相；"后七子"有李攀龙、王世贞、谢榛、宗臣、梁有誉、徐中行、吴国伦。清代有"吴中七子"：清代七位文学家王鸣盛、王昶、钱大昕、曹仁虎、黄文莲、赵文哲、吴泰来；"燕台七子"：清文学家宋琬、施闰章、丁澎、张谯明、严沆、周茂原、赵锦帆；"岭南七子"：清初诗人梁佩兰、程可则、陈恭尹、王邦畿、方殿元、方远、方朝；"古文七家"：清代古文家刘大魁、张惠言、恽敬、方苞、姚鼐、朱士绣、彭绩；"毗陵七子"：清文学家洪亮吉、孙星衍、赵怀玉、黄景仁、杨伦、吕星垣、徐书受。此外，还有宋元时全真教的以丘处机为首的"全真七子"；东汉班固《西都赋》中所称汉代"七相"；《管子》中用为篇名的"七臣七主"；等等。从时间上看，以七人并称的现象先秦时便已流行。

《鹖冠子·汤政天下至纣》说商王汤"得七大夫佐,以治天下"。这就把称"七"之人物上推到殷商了。更早的传闻还有"舜之七友",始见于《战国策·齐策》(详见后文)。这些说法未必可信,不过至少可证明"七"这个模式数字的普遍运用由来甚早,甚至远在儒、佛、道三教流行以前就存在了。就语用意义来看,先秦文献说到"七",若不是实指数量的话,一般都当作大数来使用,极言其多。如《墨子》说禹时有七年水灾;《管子》《荀子》说汤有七年之旱。此说已类似于巴比伦、希伯来人说的"七年歉收"。《诗经·曹风·鸤鸠》云:

鸤鸠在桑,

其子七兮。

《毛传》:"鸤鸠之养其子,朝从上下,莫从下上,平均如一。"这里的"七"就未必是实数。《逸周书·世俘》为夸张人数之众多,说"馘磨亿有七万七千七百七十有九",显得大而又大,虚而又虚。后人喜用"七子八婿"形容子女众多。《旧唐书·郭子仪传》说他的后代"七子八婿";高则诚《琵琶记·蔡公逼试》中主人公亦说"我家中又无七子八婿"。类似言多的语词还有"七上八下""死七八活""七碟八碗"等。

在传统文化中,"七"的生成性模式不仅突出表现在文学作品和人物组合上,图书分类也打上了它的印记。由刘向、刘歆父子"总群书"而编定的汉代皇家书籍目录,共分七类,称为"七略"。《汉书·艺文志》将"七略"分述为:辑略、六艺略、诸子略、诗赋略、兵书略、术数略、方技略。在这里,"七略"之"七"作为一个模式数字,暗含着一种至美的象征意蕴。尽管后世对其本意早已不甚了了,书目分类中仍不时沿袭"七"的体制。南朝宋王俭撰书目分类专著,题为《七志》,将图书分为经籍、诸子、文翰、军事、阴阳、术艺、图谱七类。南朝梁阮孝绪收录图书六千二百八十八种四万四千五百二十卷,分经典、记传、子兵、文集、术伎、佛法、仙道七类,书目名定为《七录》。宋晁公武《郡斋读书志》上说,宋元丰年间颁布武学生应试必读七种兵书,称"七书",即《孙子》《吴子》《六韬》《司马法》《三略》《尉缭子》《李卫公问对》。宋朝的另一位藏书家郑寅把他的藏书分经、史、子、艺、方、技、文等七种,亦号称"七录"。

七头之那伽（龙）,泰国佛寺

同样奇妙的是,经典数目也曾以"七"为制,出现了形形色色的儒家七经。汉代提倡"孝治",宣扬宗法思想,贵族子弟须读"七经":《论语》《孝经》《诗》《书》《礼》《易》《春秋》。北宋刘敞撰《七经小传》,以《尚书》《毛诗》《周礼》《仪礼》《礼记》《公羊传》《论语》为七经。清代康熙皇帝"御纂"七经,即《易》《书》《诗》《春秋》《周礼》《仪礼》《礼记》。

以上这许多使人目不暇接的"七"数现象,充分证明华夏文化传统中这个圣数的流行虽不及古希伯来文化,但也似不亚于世界上的其他民族。我们的祖先很早就独立使用这个国际性的数字符号了。对"七"的崇拜不仅是汉民族范围的文化现象,也是中华周边多民族文化的普遍现象。"七"所凝聚的那种时而可敬、时而可畏的神异力量,使我国维吾尔、哈萨

象征黄道七衡图的泰秋玉璧，山西侯马古都博物馆

克、柯尔克孜、乌兹别克、塔塔尔等突厥语民族形成了一系列与"七"有关的习俗与禁忌：维吾尔族婴儿出生七日命名；塔塔尔族婴儿出生七日举行摇篮礼；维吾尔、哈萨克族要求子女熟记七代祖先之名；哈萨克族同部落内联姻，血缘关系必须超过七代；维吾尔族有"水翻七个滚儿自洁"的说法，意为"流水不腐"，可以饮用或用以净身；哈萨克族以数字占卜，得七为大吉；人死停尸期间，哈萨克族在尸体脚下燃起七盏油灯；维吾尔、哈萨克、柯尔克孜和乌兹别克等族均于第七日祭奠死者……①凡此种种，无不表明"七"在整个东亚文明范围内的神秘用法。

## 第三节　七夕・乞巧・七星

　　牛郎织女是一个在民间脍炙人口、家喻户晓的神话故事。故事说：有一次，牛郎从一个湖边经过，湖中有许多姑娘洗澡。他藏起了其中一件衣服，其他姑娘都穿上这种羽毛衣飞上了天空，只有没有衣服的姑娘留下了。她成为牛郎的妻子，为他生了个儿子，以织布来维持家用。一天，儿子找出了藏起的羽衣，织女穿上它，飞上天去了。后来，牛郎的一头牛很同情主人，它叫牛郎宰杀了自己，穿上牛皮上天寻找织女。这样，夫妻二人在天上又重新相见了，他们幸福地生活在一起。天神允许他们每年时聚时会。可

① 王柯：《突厥语民族神秘数字"七""四十"探源》，载《民间文学论坛》1987 年第 4 期。

是,在喜鹊来传达命令时,却错说成每年只能相会一次。于是,一对夫妻在漫长的日日夜夜里只能遥遥相对了,只有每年的七月七日夜晚,他们才能重聚。

北斗七星帝辇图,据山东武梁祠汉画像,2009 年摄于北京天文馆

对于牛郎织女神话的产生年代,至今学界尚无定论。但从故事流传演变的情形看,可以确认这个故事是以天文星象为原型和背景的,较早的故事也只在天上展开,与人间无关。历代文人为牛郎织女的事迹所感动,写下许多动人的诗篇,歌颂的对象也大致都在天上星空。例如宋朝秦观的《鹊桥仙》词:

纤云弄巧,

飞星传恨,

银汉迢迢暗渡。

金风玉露一相逢,

便胜却人间无数。

柔情似水,

佳期如梦,

忍顾鹊桥归路。
两情若是久长时，
又岂在朝朝暮暮。

　　这首词中的句子至今已成千古传诵的金言。词人让"胜却人间无数"的天上恋情之执着与坚定，成为人间无数不得团聚的有情人的理想楷模，从故事中提炼出优美动人又意味深长的思想。再如杜牧的《七夕》诗，把一幅星空中的相会图渲染得冰清玉洁、超凡脱俗：

银烛秋光冷画屏，
轻罗小扇扑流萤。
天街夜色凉如水，
卧看牵牛织女星。

　　作者们的观念很明确，牛郎织女不是现实中人，而是天上之"星"。可知故事的初型为星象的拟人化。

西汉上林苑昆明池牛郎织女石刻，2010 年摄于西安博物院

现在可看到的最早的牛郎织女故事见于六朝时梁代的殷芸《小说》之中，是围绕着银河而展开的星神故事。

> 天河之东有织女，天帝之子也。年年机杼劳役，织成云锦天衣，容貌不暇整。帝怜其独处，许嫁河西牵牛郎。嫁后遂废织纴。天帝怒，责令归河东，但使一年一度相会。

由此可见六朝时流传的牛郎织女故事与今传者大不相同：他们的婚姻是天帝促成的，原因只是怜悯自己女儿的"独处"之苦。这种父母意志决定一切的包办式婚配原来并不带有多少爱情的色彩，这种色彩完全是由人附会添加上去的。在殷芸《小说》以前虽无完整叙述的牛郎织女故事，却有些诗作以此为题材。梁昭明太子萧统所编《文选》中收录的《古诗十九首》之十，便是一个难得的早期例子：

> 迢迢牵牛星，
> 皎皎河汉女。
> 纤纤擢素手，
> 札札弄机杼。
> 终日不成章，
> 泣涕零如雨。
> 河汉清且浅，
> 相去复几许。
> 盈盈一水间，
> 脉脉不得语。

诗中所咏虽为天上二星，但拟人化的联想已粗具故事轮廓了，而且略微透露出男女双方被迫分离难聚的悲哀与苦衷。

在牛郎织女故事中，一年一度的重逢定在七月七日，这绝不是偶然的。我们从中国创世神话中看到，"七"总是作为宇宙观念的象征而出现的，混

183

沌被"日凿一窍","七日而浑沌死"换得天地开辟（见《庄子·应帝王》）。"七夕"的"七"也是这样，一对情侣被阻隔在天河两侧，无限愁苦，无限相思，以"七"为循环界点，就使他们的苦苦等待具有了无限漫长的意蕴。

沿着这一思路继续探寻，可以推想"七夕"的"七"与牛郎织女神话原型的内在联系。牛郎织女之说最早的线索始见于《诗经·小雅·大东》篇，在其五、六两章，有这样的诗句：

维天有汉，监亦有光。跂彼织女，终日七襄。
虽则七襄，不成报章。睆彼牵牛，不以服箱。

在这几句诗中，作者以理性的逻辑对织女与牵牛二星的拟人化观念提出了委婉的质疑，借以说明有名无实的不合理现象。织女"终日七襄"，织布不能成纹；牵牛名为牵牛，却无法拉动车厢。值得注意的是，这里两次提到"七襄"。关于"七襄"，朱熹《诗集传》有言："七襄未详。"但紧接着又说："《传》曰，反也；《笺》云，驾也。驾，谓更其肆也。盖天有十二次，日月所止舍，所谓肆也。经星一昼一夜，左旋一周而有余，则终日之间，自卯至酉，当更七次也。"按照这种说法，一昼夜十二辰中，从旦至暮（自卯时到酉时）共七辰，织女星每辰移动一次，七辰更动七次，因而称为"七襄"。但是，每辰移动一次，一日应位移十二次，这样才构成一个循环，应称"十二襄"，为何要称"七襄"？用实数七去附会七辰，终究显得牵强。

人类学家认为，神话的产生与仪式礼俗活动密切相关，有许多神话传说本来就是为解说仪式而存在的，所以，通过特定的礼仪行为去探讨神话的由来是一条可行的途径。织女牵牛故事同乞巧节密切联系在一起，这就为我们思考它的本原提供了启示。

乞巧节原称七月七日节，简称"七夕"。这个日期的设定明显基于数"七"的象征蕴涵，绝非偶然产物。相传织女具有奇能百巧，所以每到七夕，妇女们往往趁这一时刻，向她乞求智巧。这种乞巧习俗，在汉代已有明确记录，《西京杂记》载，汉代女子在七夕这天"穿七孔针于开襟"。到南北朝时，乞巧习俗已极为普遍。《荆楚岁时记》说："七月七日，世谓织女牵牛聚会之日,是夕陈瓜果于庭中,以乞巧。"至唐代,这种习俗不仅在民间,宫廷中也广为流传。据《天宝遗事》所说:"宫中七夕,以锦彩结楼殿,高百丈,可容数十人,陈瓜果酒炙,设坐具,以祀牛女二星。嫔妃穿针乞巧,动清商之曲,宴乐达旦。"唐代诗人崔颢曾作《七夕》诗,描述了长安城中穿针乞巧的场面:"长安城中月如练,家家此夜持针线。仙裙玉佩空自知,天上人间不相见。"

后周王仁裕《开元天宝遗事》谈到乞巧节在唐代时的又一活动内容,且与唐明皇杨贵妃事有关:

> 帝与贵妃每至七月七日夜,在华清宫游宴。时宫女辈陈瓜花酒馔,列于庭中,求恩于牵牛织女星也。又各捉蜘蛛,闭于小合中,至晓,开视蛛网稀密,以为得巧之候,密者言巧多,稀者言巧少。民间亦效之。①

蜘蛛这种爬虫在西方文化中是邪恶、恐怖的象征,只因蜘蛛结网的生性同妇女织布行为间有神话类比的同一性,所以纪念织女的乞巧节上照样请来蜘蛛做主角,这显然是织女星的拟人化传说发达以后派生出的礼俗细节。最初的乞巧节当与上古天文历法活动直接联系。道教传统为这一联系提供了证据。《帝京岁时纪胜》说:

> 七月朔至七夕,各道院立坛祀星,名曰七星斗坛,盖祭北斗七星也。天坛之南北廊及斗母宫尤胜。

这里的信息十分重要,它暗示了七夕与七星祭的内在关系,而且表明七星祭的时间不只是七月七日,而是七月朔至七月七日。清代学者俞正燮《癸巳存稿》卷十一"七夕考"写道:"《夏小正》云:七月,汉案户。初昏织女正东向……汉人记王子晋七月七日见缑氏山。《汉武内传》:西王母以

---

① 王仁裕:《开元天宝遗事》,中华书局 1985 年版,第 16 页。

七月七日降。神仙多以七日见于世。东方朔又言织女侍儿梁玉清事。世人以天上有夫妇之道,谓牛女七夕一会。《三辅黄图》云:渭水贯都,以象天汉。横桥南渡,以法牵牛。西汉人犹言牵牛渡河,后人乃言织女渡河。《左传·昭公十年》注、《开元占经》并引《星占》云:织女七夕有渡河之说。似非处女之称。其义胶固不可解……盖七月夏时日在角,初昏汉直,则牵牛居东,织女正,则必东向。"俞氏此说已将牛郎织女故事发生的星象基础点明。七夕祭星的原委亦由此而可揭。《夏小正》说七月初昏时,银河正好对着门口。牵牛星和织女星在河畔会合。汉时天象所示为牵牛星渡河,所以当时并没有织女渡河之说。《夏小正》以黄道星座作为判断季节的尺度。除此而外,古人还以北斗七星为定季节的尺度,即所谓十二斗建。斗柄初昏时的指向可确定月序,正月北指,七月南指,按顺时针方向,月移一辰。所以道教在七月初祭北斗七星,不是没有来由的。

隋丹元子《步天歌》咏二十八宿中的北方七宿第二牛宿云:

> 六星近在河岸头,头上虽然有两角,腹下从来欠一脚。牛下九黑是天田,田下三三九坎连,牛上直建三河鼓,鼓上三星号织女。……辇道东足连五丁,辇道渐台在何许? 欲得见时近织女。

可见,在以农业立国的华夏文明中,农人用男耕女织的思维定式去类比星象,创造出莫须有的天上故事。天文学者推测说,由于《诗经》中有织女、牵牛二星,此二星春秋前便已存在。但二星相距甚远,织女星明亮,牵牛星暗弱,难成比例,且牵牛星与银河相距甚远,与人们想象中牛郎追赶织女在天河两旁相对的形象不合,故后人才将河鼓星改名为牛郎星,与织女星隔河遥遥相对。可知当古人给星座命名时,尚未出现牛郎织女故事。[1]而七夕之祭原为观象授时的礼仪,这个节日定在七月初,也就是立秋的时节。所谓西王母七月七日降下,也是岁时变化周期的神话说法,标志着一年二季(四季之前只有二季)春去秋来的阴阳逆转枢纽期。我们在另外的

---

① 陈久金:《论乞巧节与土家族新年之关系》,载《民间文学论坛》1988 年第 5、6 期合刊。

著述中已经证明,西王母作为处于西极的阴性大神,主管刑杀,其实正是秋神、阴神、月神。① 她的降临,乃是宇宙间阴气由衰转盛、阳气由盛变衰的象征,也就是秋季来临的象征。由于古人有观察星象以定七月和立秋时节的两种方式——据牵牛织女星的会合或据北斗七星的指向,所以乞巧节期间的礼俗活动也分化为两方面的内容,一为市俗化的女性节日,一为宗教性七星祀礼。究竟哪个更为原始呢?

据民族学家研究,突厥语民族感知"七"的神秘力量,很可能来源于原始人对北斗七星的认识。出于生存的目的,世界上许多原始部落、氏族都极为关注天体,而能在幽幽夜空中指示方向、预示气象的北斗七星,更是使许多原始民族感到神秘并向之顶礼膜拜的对象,印度、朝鲜、蒙古的星宿七老崇拜或传说,可为例证。古希腊毕达哥拉斯学派尚且认为,整个天体就是一种和谐和一种数。原始人意识中天体与数的亲缘关系是不难理解的。可以说,认识到北斗七星与数字"七"的关系,为七星涂染上浓厚的神秘色彩并加以崇拜,是人类在原始阶段较为普遍的现象。但感知"七"的神秘力量,并非每个民族都能做到。就突厥语民族而言,神秘的"七"是他们接触外来宗教文化之后才出现的。

在汉族中,对"七星"的认识也远在史前时代。北斗七星是由天枢、天璇、天玑、天权、玉衡、开阳、摇光七星组成的。若再加上招摇、大角二星,又称北斗九星。古人将它们联系起来,想象为一个舀酒的斗形。天枢、天璇、天玑、天权为斗身,古曰魁;玉衡、开阳、摇光为斗柄,古曰杓。《尚书·舜典》中的"璇玑玉衡",正是指代北斗七星。

在古人的观念中,北斗七星是非常重要的,它可用来辨方位,定季节。把天枢、天璇连成一条直线并向前延伸,就可找到一颗晶亮的星星——北极星,而北极星是北方的标志,又是天帝所在之处。

在不同的季节和夜晚不同的时间,北斗星总是出现于不同的方位,好似它在围绕着北极星转动。这样,人们既以七星斗柄所指的方向来定季节

① 参见叶舒宪:《中国神话哲学》,中国社会科学出版社 1992 年版,第三章第三节"西方模式:秋天的神话与仪式"。

（斗柄指东,天下皆春;斗柄指南,天下皆夏;斗柄指西,天下皆秋;斗柄指北,天下皆冬）,也因七星绕北极星转动而产生神秘的信仰,将北极星视为恒定不变之位,天帝的象征。《保乾图》曰:"天帝为北辰。"北辰即北极星。朱子说过,"北辰,北极,天枢"。

北辰(北极)为天帝之位,而天子为天帝的人间投影,于是北辰自然也成为天子的象征。中国传统思想文化中具有"天子面南"的观念,正脱胎于这种对北极星的尊崇。难怪孔子谈及天子之政,也要以北极星作为象征。孔子曰:"为政以德,譬如北辰。居其所,而众星共之。"(《论语·为政》)天子用道德来治理国政,就如同北极星一般,为众星所环绕。

不过,与天象有关的圣数"七"并不只北斗七星一项,还应提到四倍于"七"的二十八宿和"七正"。

中国古代,素有二十八宿之说。古人将黄道赤道附近的恒星按由西向东方向分成二十八个星座,即二十八宿。由于它们的位置相对不变,就成为观察日月五星(火、水、木、金、土)运转的空间坐标。

二十八宿每方为七,共分四方。分别为:

> 东方七宿　角亢氐房心尾箕
> 北方七宿　斗牛女虚危室壁
> 西方七宿　奎娄胃昴毕觜参
> 南方七宿　井鬼柳星张翼轸

十分有趣的是,在印度和巴比伦文明中,也都自古就有二十八宿之说。这就引发了学者之间长久的讨论,大家倾向于把这种现象视为同源的,但究竟根源在哪一文明,却相争不下。我国著名科学家竺可桢先生曾几次研究这一课题,他认为中国的二十八宿起源于公元前4世纪。这一判断暗示着其受外来影响的可能。[①] 按照神话思维的类比规则,古人以四种神物来命名四方星象,二十八宿则分别成为四神物不同部位之象。

---

① 竺可桢:《二十八宿的起源》,见《竺可桢文集》,科学出版社1979年版,第317页。

东方苍龙,七宿中,角为龙之首;亢为龙之颈;氐为龙之胸;房为龙之腹;心为龙之心;尾、箕为龙之尾。

北方玄武(龟蛇),七宿中,斗,龟之首;牛,蛇之象;女,龟之象;虚、危,龟之身;室、壁,龟所处之所。

西方白虎,七宿中,奎为虎目;娄、胃为虎胃;昴为虎发;毕为虎口;觜为虎身、虎尾。

南方朱雀,七宿中,(舆)鬼为鸟目;柳为鸟口;星为鸟颈;张为鸟嗉;翼为鸟翼。

值得辨明的还有,古人讲到"七星",并不单指北斗七星,另外还有两种星象也可称"七星"。一是指二十八宿中南宫朱鸟七宿的第四宿,共七颗星,位置在南宫朱鸟之颈部。星占家以之为咽喉,谓主急事、关键事。一说主衣裳文绣。《史记·天官书》:"七星,颈,为员宫,主急事。"司马贞《索隐》:"宋均云'颈,朱鸟颈也;员宫,喉也'。物在喉咙,终不久留,故主急事也。"《正义》则云:"七星为颈,一名天都,主衣裳文绣,主急事。以明为吉,暗为凶;金、火守之,国兵大起。"二是指贪狼星、巨门星、禄存星、文曲星、廉贞星、武曲星、破军星。(《五行大义黄帝斗图》)。此说产生较晚,但与人事附会得更紧密,常为星占家、相命者所乐道。

## 第四节　七政·七辅·七事·七方便

按照天人交感而对应统一的原则,星象组合中的"七"为人间的文化现象提供了榜样。二十八宿的划分,并非恒星星座的简单分区,首先是前人对天象长期观测的结果。《史记·律书》有言:《书》曰:'七正,二十八舍。'""七正"即日月五星,"二十八舍"就是它们运行所舍止的二十八个星宿,可见古人观测日月五星是以二十八宿为背景的。在《史记·律书》的结语中,太史公进一步总结说:"(故)(在)璇玑玉衡以齐七政,即天地二十八宿。""璇玑玉衡"指北斗七星。《史记》云:"北斗为玉衡。"玉衡处斗柄位,古曰杓;璇玑为天璇、天玑二星,处斗身位,古曰魁。"七政"即"七正"。全句意为:观察北斗七星,以度量日月五星,度量日月五星,也就是考察它们运行所舍止的二十八个星宿。这样，北斗七星，日月五星，二十八星宿，统统被纳入一个完整的天象数字系统之中。

由北斗七星到由日月五星组成的"七政"，在古人观念中，都以北极星为中心。北极星既然象征天子，周围群星自然充当臣属。于是，七辅、七相之说应运而生。

黄帝七辅：黄帝的七位辅佐，分别为风后、天老、五圣、知命、窥纪、地典、力墨（力牧）（《圣贤群辅录》）。

舜七友：《战国策·齐策》曰："尧有九佐，舜有七友。"七友为：雄陶、方回、续牙、伯阳、东不訾、秦不虚、灵甫。

汤七佐：辅佐殷汤王之七人，分别是：庆辅、伊尹、湟里且、东门虚、南门蝡、西门疵、北门侧。《鬻子·汤政天下至纣》："汤之治天下也……得七大夫佐，以治天下。"

这些以"七"为数的人为组合模式为后世的"七贤"和"七子"一类本来与帝王不相干的人物组合并称现象提供了范型。

清宫旧藏竹林七贤笔筒

作为宇宙空间的标志，七星中的"七"具有一种神圣和神秘的性质。即使后来它成为一个纯粹的数字概念，仍然积淀着这种神秘观念的无意识原型，派生出无数的以七为结构素的文学和文化现象。如《论语·微子》记述的"七逸民"：伯夷、叔齐、虞仲、夷逸、朱张、柳下惠、少连。《世说新语·任诞》《晋书·嵇康传》所说的"竹林七贤"：嵇康、阮籍、山涛、向秀、阮咸、王戎、刘伶。后世有"七贤过关图"，为"七贤"过关之画，但七贤为谁，各有各的说法。据《识小录》，有人认为画面为"竹林七贤"，"观其画，衣冠骑从，当是魏晋间人物，意态若将避地者"，俨然一副要隐逸的样子；而有人认为"七贤"指盛唐七位文学家：张说、张九龄、李白、李华、王维、郑虔、孟浩然，他们"出蓝田关，游龙门寺"，"过关图"正是逸游的形象描绘。

尽管"七贤图"的人物取像尚有分歧，但"七贤"之说，愈演愈烈，大有非"七"无以成贤之势。各地建造了不少用以褒扬人物的"七贤堂""七贤祠"，为当地或曾行经此地的著名人物绘像立祠，既激励后人，也用来夸赞本地人杰地灵，精英荟萃。明代天顺年间（1457—1464），大臣李贤奉敕作《明一统志》，记载了不少这方面的实例。

衡州府桂阳（今湖南省桂阳县）州学设"七贤堂"，祀东汉桂太守卫飒、茨充、许荆、栾巴、度尚、周昕、唐羌。

宋夔州府万县（今重庆市万州区）治东设"七贤堂"，褒扬先后行经此地的宋代七位著名文人：鲁有开、张俞、范镇、苏洵、苏轼、苏辙、黄庭坚。堂上刻置七贤涛翰，并有绘像。

宋西安府学（今陕西省西安市）设"七贤祠"，祀张载、吕大忠、吕大防、吕大钧、吕大临、范育、苏昞七位高官、学者。

宋福州府（今福建省闽侯县）西门内设"七贤祠"，祀王忠竭、郑仲贤、郑谨净、郑守道、郑诚、王子元、王子清七人。他们都是济州钜野人，五代后唐时期为保此境安宁立下大功。

取法于天象自然之启示的"七"，一旦在文化领域中同其他圣数构成生成性的符号体系，就如雨后春笋般滋生枝蔓开来。在传统的五行思想中，"七"为火德之数。火德之"七"在以五行为基础的森严的等级制度中，在礼仪教化、政事、祭祀各个方面，含有至高无上之意，甚至可引申作为天子权力的象征。

仪礼教化：长幼有序是中国古代的伦理规范，是孝悌忠敬的道德基础。它要求人们把孝父敬母、尊长爱幼的宗族伦理推广开来，最终落实于神圣的君臣关系。"七教"正是出于这一目的。《礼记·王制篇》说："司徒……明七教以兴民德。"对"七教"的具体内容，该篇章末解释说："七教：父子、兄弟、夫妇、君臣、长幼、朋友、宾客。"与"七教"相联系的，是圣人"治人七情"。何谓"七情"？《礼记·礼运篇》解释说："喜、怒、哀、惧、爱、恶、欲，七者弗学而能。"而"舍礼何以治之",所以必须实施教化。

政事:古代天子以"七事"治国。《周礼·天官·小宰》曰:"以法掌祭祀、朝觐、会同、宾客之戒具、军旅、田役,丧荒亦如之。七事者令百官府共(供)其财用,治其施舍,听其治讼。"执掌"七事",方能天下大治。除了亲执"七事"之外,天子对臣下还要施用"七术"。"七术"为:"一曰众端参观,二曰必罚明威,三曰信赏尽能,四曰一听责下,五曰疑诏诡使,六曰挟知而问,七曰倒言反事。此七者,主之所用也。"(《韩非子·内储说上》)意思是说,天子对各类事情都要相参而观;要严罚以表明权威;论功行赏,人尽其才;对臣下不偏听偏信,一视同仁;要使臣下怀疑主上之命,从中观察他的忠心程度;要用智巧的发问考验人的应对能力;用说反话、做反事的办法查知奸伪之情。

祭祀:古人尊祀其神,配天崇孝,但作为王权核心内容的祖神崇拜与祭祀活动,遵从着严格的等级制度,具有严密的祭祀典则。天子依祭法祭"七代",即黄帝、尧、舜、禹、汤、颛顼、帝喾,表示对远古帝王(天神)的敬祀与崇仰。周代规定祭祀祖先的宗庙为"天子七庙,诸侯五,大夫三,士一"(《礼记·礼器》)。"天子七庙"指"三昭三穆,与大祖之庙而七"(《礼记·王制》)。具体讲,在七庙设置中,大祖的庙设在当中;二世、四世、六世的庙设在左边,叫作"昭";三世、五世、七世的庙设在右边,叫作"穆"。

道教极重视"七"这个圣数。前面已说到的七夕祭七星之礼俗便是明证。道教经典中较常见的例子还有"七魄""七伤""七报"之说。依据中医理论中肝藏魂、肺藏魄之说,道教认为人身有三魂七魄。《云笈七签》卷五十四"魂神"列举七魄之名有:尸狗、伏矢、雀阴、吞贼、非毒、除秽、臭肺。这七个名称多含贬义,因为七魄本为身中浊鬼,是道教所要制炼涤除的。修道者有七种禁忌号称"七伤",它们是:

一,带真行伪,淫色丧神;

二,外形在道,心抱阴贼,嫉能妒贤,毁慢同学,攻伐师友;

三,饮酒洞醉,损气丧灵;

四,心忿口诤,瞋喜失节;

五,不依科盟,漏泄天真;

六,身履殄秽,气扰精混;

七,啖食畜肉,臭气充于脏腑。

凡是犯此七伤之一者,其修行就不免失败,成仙得道的目标将化为泡影。

"七报"之说好像是受到佛教因果报应论的启发而提出的道教报应理论。据《道藏精华录·七部名数要记》,七报的所指内容为:前世与今世凡施功布德,得生福堂,超过八难;凡好学神仙,念善改恶,得上升玉晨;凡奉师乐道,得飞游五岳;凡贞洁执道,得超三涂五苦;凡博施普济,得礼补上仙;凡忠孝礼敬,得超三涂八难;凡怀恶抱奸、口是心非、诋师毁圣,则遭三涂五苦,万劫不原。综观道教的七报说,不仅佛教观念的痕迹清晰可见,就连儒家讲究的"忠孝"伦理也夹杂进来。

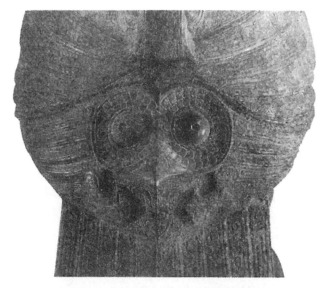

象征生命轮转再生的神鸮轮形眼,殷墟妇好墓出土鸮尊(局部)

道教的内丹术中有不少由神秘数字"七"构成的术语行话,如"七液""七门""七候""七反还丹"等。

七液:指体内真气所结成的灵液,其作用在于润泽五脏六腑,构成内丹练功的主要物质基础。《黄庭内景经》:"灌溉五华植灵根,七液流冲润庐间。"务成子注:"七液者,谓四气三元,结成灵液,流润脏腑,气冲盛脑也。"

七门:内丹家认为人体有七个部位是真气出入流通之所,每处均有真人守卫,如把门者。这七门是:一曰天门,在泥丸;二曰地门,在尾闾;三曰中门,在夹脊;四曰前门,在明堂;五曰后门,在玉枕;六曰楼门,在重楼;七曰房门,在降宫。

七候:指内丹修炼由低级到高级的七个阶段。经过这循序渐进的七个阶段,凡人就可达出神入化的脱俗境界,那也就是道教徒理想的永生境界。《重阳祖师十论·坐忘枢翼》云:"身有七候者:一、举动顺时,容色和悦;二、宿疾普消,身心轻爽;三、填补夭伤,还元复命;四、延数千岁,名曰仙人;五、炼形为气,名曰真人;六、炼气成神,名曰神人;七、炼神合道,名曰至人。"这里所说仙人以上的三个境界"至人""神人""真人"原出于《庄子·逍遥游》所说的"至人无己,神人无功,圣人无名"。只是将"圣人"改称"真人"。

象征生死轮转的双虎食人铜钺,殷墟妇好墓出土

七反还丹:指元气、元神在内丹修炼中的变化回归,先天真气和不朽生命力的失而复得。"七"在此作为循环基数而出现。

由世界性的圣数"七"直接派生出的印度宗教名目十分繁多。通过佛教而传入中国的也不在少数,较著名的有"七觉支""七方便""七众""七佛""七宝"等。

七觉支又称"七菩提分""七觉分"等。"觉支"是梵语的意译,七觉支指达到佛教觉悟的七种次第。《杂阿含经》说的七觉支名称分别是:一,念觉支,忆念佛法不忘;二,择法觉支,根据佛法分辨是非善恶;三,精进觉支,努力修行,坚持不懈;四,喜觉支,由悟善法而心生喜悦;五,猗觉支,因断除烦恼而安适轻松;六,定觉支,心注一境,思悟佛法;七,舍觉支,舍弃一切分别,用佛教观点平等待物,心无偏颇。佛教的此种觉悟七阶段说与道教的"七候"说有异曲同工之妙。二者都以"七"为循环极限数字。

七方便又叫"七贤位""七加行位",乃是小乘佛教所称见道以前的七个修行阶位,分别叫五停心观、别相念处、总相念处、煖法、顶法、忍法、世间第一法。《大乘义章》把七方便位中的前三位称为"三贤位",后四位称为"四善根位"。这种三加四的组合模式与道教所讲的"四气三元"如出一辙。也使人想起庄子用"朝三暮四"和"朝四暮三"均等于"七"的故事所开的智慧玩笑。

七众指佛家所称七种信徒,包括出家五众(比丘、比丘尼、学戒女、沙弥、沙弥尼)和在家二众(优婆塞、优婆夷)。七佛指释迦牟尼和他以前的六佛:毗婆尸佛、尸弃佛、毗舍婆佛、拘楼孙佛、拘那含佛、迦叶佛。七宝指佛经中常见的金、银、琉璃等七种宝物。

在佛教经典中,以"七"为结构素的文学故事,也是俯拾皆是。如《菩萨本生》卷一:"次复前行,见有一虎。产生七字,已经七日。"《旧杂譬喻经》卷上:"王言:宝物自多,愿晓百畜鸟兽所语耳。龙王言:当斋七日,七日讫来语,慎勿令人知也。"《杂宝藏经》卷一:"他人见其迹,迹有莲花,而便语言:绕我舍七匝,我与汝火。即绕七匝,得火而归。"《贤愚经》卷九:"牢造其船,令有七重。……以七大索,系于海边。……若得珍宝,安稳还归,子孙七世,用不可尽。作是令已,便断一索,日日如是。至于七日,断第七索,望风举帆……"《阿弥陀经》描述的西天极乐世界为"七重栏楯,七重罗网,七重行树,皆是四宝,周匝围绕,是故彼国名为极乐。……极乐国土有七宝池、八功德水充满其中……"

如同中国文学史上的"七贤""七子"和道教史上的"七仙姑""七子"一样,在中国佛教史上,"七"作为模式数也形成了许多佛教门派或宗师的"七"数群体组合。如禅宗七派:曹洞宗、云门宗、临济宗、沩仰宗、法眼宗、杨岐宗、黄龙宗。禅宗七祖:达摩、慧可、僧璨、道信、弘忍、慧能、神会。净土教的莲社七宗:慧远、善导、承远、法照、少康、延寿、省常。华严宗七祖:马鸣、龙树、杜顺、智俨、法藏、澄观、宗密。佛教东传日本以后,则出现了日本的七宗、七祖:华严宗、天台宗、律宗、三律宗、成实宗、法相宗、俱舍宗为七宗;龙树、世亲、昙鸾、道绰、善导、源信、法然为净土真宗七祖。如此一一道来,真好像是一个模子里铸塑而成的,既整齐有序,又便于记忆。

## 第五节 "七日来复"与"七日造人"

如果一个数列从第二项起,每一项与它前一项的比等于同一个常数,这个数列就叫作"等比数列"。世界上最早出现的等比数列见于古埃及人亚麦斯用象形文字所写的一部算书,其中记录了公元前 2000 年数字研究的成果。有这样一道有趣的算题,题中画了一个阶梯,其各级注数为 7,49,343,2401,16807,并在数旁边依次画了人、猫、鼠、大麦和量器。原书上并没有写出对此题的说明,遂成为数学史上一个千古之谜。

到了中世纪后期,意大利梁拿度在 1202 年发表《算盘全书》。书中写下这样一道题:今有七位老妇人共住罗马城,每人有七头骡子,每骡负七只袋子,每袋装有七个面包,每个面包有七小刀随之,每小刀置于七鞘之中,问列举之物全数共有多少?

学者们看到这一题目后,才逐渐悟出了古埃及的亚麦斯之谜。原来那象形文记下的题是:今有七人,每人有七猫,每猫食七鼠,每鼠食七只大麦穗,每穗可长成大麦七量器,由此所得之数列是怎样的? 亚麦斯写下的数列正是正确答案:7,49,343,2401,16807。五个数中的每一个数都是相邻的数的七倍。

既然我们的兴趣不在数学计算的原理方面,那么对于这一等比数列的疑问当然是在算术领域中根本无法解答的:亚麦斯和梁拿度为什么都偏偏选中了"七"这个数来展开他们的等比数列难题呢? 中国古代重视"七"兼及"四十九",似乎同样潜伏着一个数字之外的深层原因。

据说鬼魂经过超度以后,少则七日,多则七七四十九日,方可超生,离开阴司。《红楼梦》中贾府就以极其奢华的方式,为秦可卿举办了七七四十九日超度法事:

> (贾珍)请钦天监阴阳司来择日,择准停灵七七四十九日,三日后开丧送讣闻。这四十九日,单请一百单八众禅僧在大厅上拜大悲忏,超度前亡后化诸魂,以免亡者之罪;另设一坛于天香楼上,是九十九位全真道士,打四十九日解冤洗业醮。然后停灵于会芳园中,灵前另外五十众高僧、五十众高道,对坛按七作好事。……五七正五日上,那应佛僧正开方破狱,传灯照亡,参阎君,拘都鬼,筵请地藏王,开金桥,引幢幡;那道士们正伏章申表,朝三清,叩玉帝;禅僧们行香,放焰口,拜水忏;又有十二众尼僧,搭绣衣,靸红鞋,在灵前默诵接引诸咒……

曹雪芹写下这情景已是清代中叶了,"七"与"四十九"的神秘信念流行千载而丝毫不减。不论是中国的"七七"丧礼,还是古埃及、意大利的七倍算题,都将"七"这个数当成一种生成变化的基本单位,由此而引发出或多或少的七倍数字来。这种情况在《周易》哲学中甚至被概括为宇宙自然运动的周期规律。请看"复卦"这一演示循环往复变化规则的爻辞:

> 复:亨。出入无疾,朋来无咎;反复其道,七日来复。利有攸往。

古来对此卦的解释五花八门,不少学者试图在上述文句中找出具体所指的事件来,做个别的说明。胡朴安先生《周易古史观》从民族迁徙的背景上加以解释,认为"复"是指重复走老路。中国民族由高原东下,受水灾之困后又西迁高处,所以叫"复"。"反复其道,七日来复"者,反复往来于道路之中,七日而至来复之处。所谓"来复",指迁徙已定,既来不往也。[①]李镜池先生从旅行的背景上加以解释,认为复卦实为行旅专卦,"七日来复"的意思是说,"路上来往很快,七天就可以了。说明行旅一切顺利"。[②]这些说法显然不能令人信服,因为只从字面上理解"七日"为"七天",尚未意识到"七"的非数字蕴涵:循环变易之基数。而只有把握住这种神秘的哲理蕴涵,才能从个别上升到一般,窥见本卦爻辞所揭示的普遍性规律。

其实,在《象辞》中,这种普遍性的规律已得到暗示:"反复其道,七日来复,天行也。"可见这里讲的不是个别具体的事物,而是天道,即宇宙万物所遵循的变化规则。这种规则为什么是以"七日"为周期的往复循环呢?

这马上使人想起"一星期"的时间正是七日。一星期一来复,所以星期日又叫"来复日"。有人引用出土铜器铭文中记录的周代记日法,即按月亮盈亏规律,分每月为四期,每期七日,依次称为"初吉""既生霸""既望""既死霸"[③],据此说明"七日来复"为日序周期转化之数。不过,此一解说仍有不足之处。一是中国古代最早施行的计日制不是七日一周,而是十日一旬;二是计月的日子也并非二十八天。所以还应从另外的途径去探求七日循环周期的起因。

德国著名哲学家、《人论》的作者卡西尔认为,对五和七的崇拜也可能由方位崇拜发展起来:伴随着东、西、南、北四个基本方位,世界中央被看成部落或种族获得其指定位置的区域,上与下,天顶与天底也被赋予特殊的神话-宗教个性。例如在祖涅斯人中,就是这种空间-数字关联产生出决定他们独一无二的、理论性和实践性的、理智的和社会学的世界那种七等级

① 胡朴安:《周易古史观》,上海古籍出版社 1986 年版,第 69 页。

② 李镜池:《周易通义》,中华书局 1981 年版,第 49 页。

③ 王国维:《生霸死霸考》,见《观堂集林》,中华书局 1959 年版。

制形式。在别的地区,数字七的巫术-神话意义也显示出特殊的基本宇宙现象与宇宙观念的关联。不过,在此可以一目了然的是,神话空间感与神话时间感不可分割地结合在一起,两者一起构成神话数观念的起点。①

这一论述表明圣数"七"的神秘性与七方空间意识有关。由此深入一步,或可揭开七日周期由来的另一层隐秘原因。

在讨论"五"和"六"的神秘意蕴时我们已经看到,这两个数都直接从五方观念和六合观念获得各自的神圣价值和象征功能,现在所考察的"七"也不例外地受惠于空间方位划分的意识。不过,"五"代表的是二维的平面空间,"六"代表的是三维的立体空间,"七"则是在"六合"方位的基础上又加了"中"这个方位后的结果。至此,空间上可以划分的所有基本方位都已穷尽了,除了东南西北上下中之外再无新的标准维度可求,所以"七"方也就成了极限方位,无以复加的象征。"七"的无限大之意和循环基数之意均由此而得以产生。按照物极必反的通则,"七日来复"的循环规律只不过是把空间划分上的极限尺度转用到时间上的必然结果。

原来人类对具体可感的空间位置的认识早于对抽象的、看不见摸不着的时间的认识。为了捕捉和确认时间的维度,初民总是倾向于借用已有的空间表象来作为衡量时间进程的尺度。如"日"的划分借助于朝出夕落的太阳表象,"月"的划分借助于盈亏变化的月亮的循环周期。同样道理,以"七日"为一周的时间尺度是效法七方空间的有序生成而设定的。这一层道理实已寄寓在时间、空间相互混同、互为象征的神话宇宙观中,表现为创世神话中的七日创造主题。创世神话讲述天地开辟和世界的产生,从哲学意义上看,也就是空间秩序的生成过程。由于平面的五方位空间和立体的六合空间相结合而有了"七方"全方位空间秩序,所以创世神话往往用"七"这样的圣数来象征宇宙空间的完成,或者说混沌先生被日开一窍,七日开了七窍;或者说女娲大神一日七十般变化创生;或者说原始处女怀孕

---

① 恩斯特·卡西尔:《神话思维》,黄龙保、周振选译,中国社会科学出版社 1992 年版,第166 页。

七百年生下七个蛋；或者说造物主造出了七万七千张天网、七万七千张地网[1]；或者说上帝在七天内完成创世工作，并将第七天定为休息日……

所有这些情节虽不尽相同，但都千变万化不离深层象征寓意——"七"代表的宇宙空间秩序。不论是希伯来《旧约》的七日休息日，还是《庄子》的七日给混沌君开七窍，乃至瑶族所传伏羲兄妹结合七天七夜后生下大冬瓜，表示时间向度的"七日"叙述底层都影射着空间维度之"七"，这是解读此类神话的关键。让我们从"人日"礼俗入手再加以解释吧。

在中国古代，每年正月七日为人日，这是一个盛大的节日。南朝梁人宗懔所著《荆楚岁时记》，曾描述了人日盛况：

> 正月七日为人日，以七种菜为羹，剪彩为人，或镂金箔为人，
>
> 以贴屏风，亦戴之头鬓。又造华胜以相遗。登高赋诗。

真是喜气洋洋，热闹非凡。

但是，为何会有这种"人日"风俗，人日为何定在"正月七日"，其原始意义早已被人们忘却了。北朝时，东魏孝静帝一次宴请百官，席间"问何故名人日"，结果满朝文武竟"皆莫能知"，只有素以博学著称的中书侍郎魏收列举晋议郎董勋《问礼俗》中的解释，算是有了一个交代[2]。

董勋《问礼俗》曰："正月一日为鸡，二日为狗，三日为猪，四日为羊，五日为牛，六日为马，七日为人。"按照他的解释，正月一日到七日，分别为鸡、狗、羊、猪、牛、马和人的"圣日"或纪念日，这就等于说，造物神当初创生世界万物时是按照如此的七日展开顺序先后造就六畜和人类的。古佚书《谈薮》注（《太平御览》卷三十引）中说："一说，天地初开，以一日作鸡，七日作人。"这里讲的正是创世时"天地初开"之际，以造鸡开始，以造人告终，完成六合与"中"的七方位秩序。照此看，一日至七日应分别是东南西

---

① 《牡帕密帕——拉祜族民间史诗》，昆明师范学院中文系一九五七级部分学生搜集，刘辉豪整理，云南人民出版社 1979 年版，第 4 页。

② 参见《北齐书·列传第二十九魏收》，中华书局 1972 年版。

北下上中的方位诞生日。从《周易》以乾为天为马,以坤为地为牛的类比模式,可知"五日为牛,六日为马,七日为人"分别暗指下、上、中三方位的成立;又据《墨子·迎敌祠》以鸡犬羊猪四动物配东南西北四方的殷商时传承下来的隐喻模式,可知"一日为鸡"至"四日为猪"也象征着平面二维空间四个基本方位的成立。在此,"七"作为全方位空间的极限数反过来投射到时间上,就滋生出"七日"这一富有循环极限性质的时间尺度。

经过这一番考察,我们知道在"七星"和"七曜"之外,还存在着一个圣数"七"神秘意蕴的重要来源——七方空间。《汉书·律历志上》中保留着按照这一象征模式解释"七"的古训:

　　七者,天地人四时之始也。

转换为更原始的语汇,应该说,七者,三才与四方之合也。或者说,七者,平面四方位与垂直三方位之合成也。这便是埋藏在"七日造人"神话中的宇宙发生论。

# 第八章　八卦定吉凶

## 第一节　从八卦到六十四卦
### ——《周易》的成立

一般说来，与国际性的神秘数字"七"相比，"八"的地位显然没有那么显赫和普及。它只是在某些民族的文化传统中独居鳌头，成为超过其他所有数字的圣数，例如在日本。日本神话把自己的国家叫作"大八岛国"，至今仍有"八道"之称：东海道、东山道、北陆道、北海道、山阴道、山阳道、南海道、西海道。日本人把主要的姓归纳为"八姓"，把天上诸神敬称为"八百万众神"。第一部古书《古事记》中以"八"命名的事物铺天盖地而来，可以说完全是"八"的一统天下。在中国，由于有"五""七""九"等数的竞争，"八"的优势并不存在。若不是有《周易》八卦的巨大影响，"八"能否成为圣数是很值得考虑的。

郭沫若先生在谈到《周易》八卦时这样说：

《周易》是一座神秘的殿堂。

因为它自己是一些神秘的砖块——八卦所砌成，同时又加以后人的三圣四圣的几尊偶像的塑造,于是这座殿堂一直到 20 世纪的现代都还发着神秘的幽光。①

造成这种情况的主要原因是,八卦原为远古时期的占卜符号,随着文明的发展,时间距离的拉长,后人对这些符号的认识和解说也就容易变得众说纷纭,许多本来没有的象征意蕴都随着解说的增加而被附会到卦象上去。即使在当代,也还不断有学者根据新的学科知识去重新"发现"和"开掘"其中的蕴涵,似乎这是一笔祖先留下的无穷尽的智慧遗产。

八卦是在阴爻、阳爻的基石上构建的筮符文化密码。假若将阴爻、阳爻做三重排列组合,只能建构八种图形,它们分别被命名为:

乾☰ 震☳ 离☲ 兑☱
坤☷ 艮☶ 坎☵ 巽☴

为了便于记忆,宋朱熹《周易本义》还按照八卦每一卦象特点,编了一首《八卦取象歌》。歌曰:

乾三连,坤六断。震仰盂,艮覆碗。
离中虚,坎中满。兑上缺,巽下断。

歌中每句三个字都用形象的解释去说明某一卦的特征。如"艮覆碗"说艮卦像一只倒扣的碗。

关于八卦之象所寓指的内容,首先加以说明的是《周易·说卦传》。在这里,八卦与空间方位观念密切相关,被说成是平面上八个方位之象,而此八方位则是四方位细分的派生物:

震/东;巽/东南;离/南;坤/西南;

---

① 郭沫若:《中国古代社会研究》,见《郭沫若全集·历史编》(第一卷),人民出版社 1982 年版,第 32 页。

兑/西;乾/西北;坎/北;艮/东北。

根据《说卦传》,乾坤震巽坎离艮兑,又象征着自然宇宙的原初状态。乾象征天,坤象征地,震象征雷,巽象征风,坎象征水,离象征火,艮象征山,兑象征泽。天地雷风水火山泽这八种自然事物构成宇宙万物的基础。

**战国八瓣华盖立鸟铜壶,台湾"中央研究院"文博馆**

八卦,又代表着自然宇宙的种种属性。《周易·说卦》曰:"乾,健也。坤,顺也。震,动也。巽,入也。坎,陷也。离,丽也。艮,止也。兑,说(悦)也。"这里,乾的刚健、坤的柔顺、震的活动、巽的进入、坎的险陷、离的附丽、艮的静止、兑的愉悦都象征着宇宙的属性。然而这里"兑的愉悦"分明是人的情感,为何也包含在宇宙属性之中呢?这是因为"天人合一"观的渗透,人以自身的尺度去看待自然,人的情感都被纳入了自然宇宙的大系统之中。

八卦还代表着神圣的动物家族。《周易·说卦》曰:"乾为马,坤为牛,震为龙,巽为鸡,坎为豕,离为雉,艮为狗,兑为羊。"在这一神圣家族中,"龙"是一种虚构的"神物",一种善变化、能够呼风唤雨的神灵,将它加入动物族群的序列,反映出古人对八卦的神异而敬畏的感受。

| 太极 | 太极 | | | | | | | |
|------|------|------|------|------|------|------|------|------|
| 两仪 | 阳 | | | | 阴 | | | |
| 四象 | 春 | | 夏 | | 秋 | | 冬 | |
| 八卦 | 乾 ☰ | 兑 ☱ | 离 ☲ | 震 ☳ | 巽 ☴ | 坎 ☵ | 艮 ☶ | 坤 ☷ |
| 物 | 天 | 泽 | 火 | 雷 | 风 | 水 | 山 | 地 |
| 人 | 父 | 少女 | 中女 | 长男 | 长女 | 中男 | 少男 | 母 |
| 德 | 健 | 说 | 丽 | 动 | 入 | 陷 | 止 | 顺 |
| 方位 | 西北 | 西 | 南 | 东 | 东南 | 北 | 东北 | 西南 |
| 阴阳 | 老阳 | 少阴 | 少阴 | 少阳 | 少阴 | 少阳 | 少阳 | 少阴 |

**八卦象征表**

八卦还象征着家庭伦理观念。乾称父,坤称母,震为长男,巽为长女,坎为中男,离为中女,艮为少男,兑为少女。这个长幼有序的"八口人家",分明是以八卦所表征的理想家庭模式。

八卦又象征人体的各部位,《周易》以乾为首、坤为腹、震为足、巽为股、坎为耳、离为目、艮为手、兑为口,将八卦视为一个完整的生命系统。

从八卦到六十四卦,也就是从简单的卦象发展到复合的卦象的过程。原初用八卦进行占卜的实践经验不断积累,随着人们数概念的成熟和扩大,感到原有的八卦占卜结果过于简单机械,于是把两个卦象组合起来,使变化的形式更加丰富多样,这样就有了八八六十四种新的组合,称之为"重(chóng)卦"。原来八卦中每一卦的构成是三画,现在重卦则为六画,但原有卦象的意义并不消失,将下部的三画称为内卦,上面的三画称为外卦,二者拼合出新的意义来。就好像汉字中的会意字由两个组成部分原有

的意义拼合出新的意义一样。我们可以用顺序排列的方式把八卦重合为
六十四卦的情形揭示如下,先列六十四卦序数及卦名,等号后边分别为每
卦的组成模式:

卦 1　乾＝乾上＋乾下＝天＋天

卦 2　坤＝坤上＋坤下＝地＋地

卦 3　屯＝坎上＋震下＝水＋雷

卦 4　蒙＝艮上＋坎下＝山＋水

卦 5　需＝坎上＋乾下＝水＋天

卦 6　讼＝乾上＋坎下＝天＋水

卦 7　师＝坤上＋坎下＝地＋水

卦 8　比＝坎上＋坤下＝水＋地

卦 9　小畜＝巽上＋乾下＝风＋天

卦 10　履＝乾上＋兑下＝天＋泽

卦 11　泰＝坤上＋乾下＝地＋天

卦 12　否＝乾上＋坤下＝天＋地

卦 13　同人＝乾上＋离下＝天＋火

卦 14　大有＝离上＋乾下＝火＋天

卦 15　谦＝坤上＋艮下＝地＋山

卦 16　豫＝震上＋坤下＝雷＋地

卦 17　随＝兑上＋震下＝泽＋雷

卦 18　蛊＝艮上＋巽下＝山＋风

卦 19　临＝坤上＋兑下＝地＋泽

卦 20　观＝巽上＋坤下＝风＋地

卦 21　噬嗑＝离上＋震下＝火＋雷

卦 22　贲＝艮上＋离下＝山＋火

卦 23　剥＝艮上＋坤下＝山＋地

卦 24　复＝坤上＋震下＝地＋雷

卦 25　无妄＝乾上＋震下＝天＋雷

卦 26　大畜 = 艮上 + 乾下 = 山 + 天

卦 27　颐 = 艮上 + 震下 = 山 + 雷

卦 28　大过 = 兑上 + 巽下 = 泽 + 风

卦 29　坎 = 坎上 + 坎下 = 水 + 水

卦 30　离 = 离上 + 离下 = 火 + 火

卦 31　咸 = 兑上 + 艮下 = 泽 + 山

卦 32　恒 = 震上 + 巽下 = 雷 + 风

卦 33　遁 = 乾上 + 艮下 = 天 + 山

卦 34　大壮 = 震上 + 乾下 = 雷 + 天

卦 35　晋 = 离上 + 坤下 = 火 + 地

卦 36　明夷 = 坤上 + 离下 = 地 + 火

卦 37　家人 = 巽上 + 离下 = 风 + 火

卦 38　睽 = 离上 + 兑下 = 火 + 泽

卦 39　蹇 = 坎上 + 艮下 = 水 + 山

卦 40　解 = 震上 + 坎下 = 雷 + 水

卦 41　损 = 艮上 + 兑下 = 山 + 泽

卦 42　益 = 巽上 + 震下 = 风 + 雷

卦 43　夬 = 兑上 + 乾下 = 泽 + 天

卦 44　姤 = 乾上 + 巽下 = 天 + 风

卦 45　萃 = 兑上 + 坤下 = 泽 + 地

卦 46　升 = 坤上 + 巽下 = 地 + 风

卦 47　困 = 兑上 + 坎下 = 泽 + 水

卦 48　井 = 坎上 + 巽下 = 水 + 风

卦 49　革 = 兑上 + 离下 = 泽 + 火

卦 50　鼎 = 离上 + 巽下 = 火 + 风

卦 51　震 = 震上 + 震下 = 雷 + 雷

卦 52　艮 = 艮上 + 艮下 = 山 + 山

卦 53　渐 = 巽上 + 艮下 = 风 + 山

卦 54　归妹 = 震上 + 兑下 = 雷 + 泽

卦 55　丰＝震上＋离下＝雷＋火

卦 56　旅＝离上＋艮下＝火＋山

卦 57　巽＝巽上＋巽下＝风＋风

卦 58　兑＝兑上＋兑下＝泽＋泽

卦 59　涣＝巽上＋坎下＝风＋水

卦 60　节＝坎上＋兑下＝水＋泽

卦 61　中孚＝巽上＋兑下＝风＋泽

卦 62　小过＝震上＋艮下＝雷＋山

卦 63　既济＝坎上＋离下＝水＋火

卦 64　未济＝离上＋坎下＝火＋水

　　了解了由八卦基础上衍生出六十四卦的原理，《周易》一书的逻辑中枢也就清晰可辨了。组成六十四卦每卦卦象的六条线（直线或断线）称为

| | | | | | | | |
|---|---|---|---|---|---|---|---|
| 乾 | 坤 | 屯 | 蒙 | 需 | 讼 | 师 | 比 |
| 小畜 | 履 | 泰 | 否 | 同人 | 大有 | 谦 | 豫 |
| 随 | 蛊 | 临 | 观 | 噬嗑 | 贲 | 剥 | 复 |
| 无妄 | 大畜 | 颐 | 大过 | 坎 | 离 | 咸 | 恒 |
| 遁 | 大壮 | 晋 | 明夷 | 家人 | 睽 | 蹇 | 解 |
| 损 | 益 | 夬 | 姤 | 萃 | 升 | 困 | 井 |
| 革 | 鼎 | 震 | 艮 | 渐 | 归妹 | 丰 | 旅 |
| 巽 | 兑 | 涣 | 节 | 中孚 | 小过 | 既济 | 未济 |

六十四卦组合图表

"六爻"。爻在整个《周易》中是六十四卦的六倍,共有三百八十四爻。构成《周易》中"经"的部分的《卦辞》和《爻辞》就是对六十四卦及三百八十四爻的解说词。占卜依据"经"进行判断。为了使经文简单易懂,有了"传"的部分。相传是孔子作了《周易》中"传"的部分,共有十篇,号称"十翼",它们是:《彖传上》《彖传下》《象传上》《象传下》《文言传》《系辞传上》《系辞传下》《说卦传》《序卦传》(说明六十四卦的顺序)和《杂卦传》(说明六十四卦卦名含义)。今日的学者已不再相信孔子作"十翼"的说法了,研究表明《易传》中以儒家思想为主干统合了道家、墨家、阴阳家等多方面的思想成分,不可能是一人一时所作。到了秦始皇焚烧天下之书的危难时刻,先秦古书绝大部分被化为灰烬,而《周易》却因为是靠八卦推演占卜凶吉之书而得幸免。在此之后,儒家学者们为了补偿儒学之书的空前浩劫,对《周易》做了"我注六经"式的整理改造,遂使之从占卜原理摇身一变成为儒教之"经",并且雄冠于群经之首达两千多年之久。唯其如此,"八"这个数字的神圣性也就沾了《易经》的光,弥漫到整个历史文化中了。

## 第二节　"伏羲作八卦"解谜
### ——从信古、疑古到释古

中国的学术研究从古到今,大起大落,几经变化,大致可以归纳出一条一脉相承的发展线索。若以时代先后为序,可将其划分为信古、疑古和释古三大依次相继的过程。更具体地说,自先秦至汉唐,是信古思潮占统治地位,无论儒道,都把自己的学说上溯到远古君王或圣人,学者对于"六经"更是深信不疑。唐宋以后,疑古思潮渐兴,发展到20世纪初,形成声势浩大的"辨伪"学派,"要用九牛二虎之力杀进中国古代的死人堆里而探求个明明白白,以根本改造古史"[①]。结果发现古代许多圣王都是战国以后的人编造出来的,而且古书中也有大量伪托的假货。神圣的"六经"也莫能例外。又经过了几十年的发展,时至当今,疑古派的声势尚未完全消歇,

---

① 曹养吾:《辨伪学史》,见《古史辨》(二),上海古籍出版社1982年版,第411页。

又有释古的一派正在崛起。该派学者认为,古书和古史虽不能尽信无疑,但有许多问题还是不能轻易下结论推翻旧说,否则的话会在疑古癖的误导之下闹出许多冤假错案,把许多宝贵的东西重新埋没掉。释古派主张在古书的牛角尖式训释传统之外另辟蹊径,利用新角度、新材料或新的方法重新阐释古史和古书中的问题。李学勤先生说,我们把文献研究和考古研究结合起来,这是"疑古"时代所不能做到的。充分运用这样的方法,将能开拓出古代历史、文化研究的新局面,对整个中国古代文明做出重新估价。①

八蝉纹连环铜鼎,西周早期

关于《周易》八卦的由来,可以称得上是古史研究中的尖端课题,不知已有多少学人为此绞尽了脑汁。当我们回顾这一问题的研究历程时,可以非常有趣地顺便领略一下学术史上信古、疑古、释古交替更迭的无限风光。随着这一历时性的巡礼展开,让人感到惊讶的是,越是距离上古遥远的后代,人们对神秘数字"八"及"八卦"由来的认识反而越深入也越具体。这,当然首先应归功于当今学者所拥有的跨学科的方法和跨文化的眼界。

关于"八卦"的由来,历来有所谓"伏羲始作八卦"的说法,这是信古时代的真理。

伏羲是一位神话传说中的大人物,《汉书·古今人表》称他为天下第一"上上圣人"。传说他"继天而生,首德于木,为百王先。帝出于震,未有所因,故位在东方,主春,象日之明,是称太昊"(《帝王世纪》)。"昊",从

---

① 参见李学勤:《走出"疑古时代"》,载《中国文化》1992 年第 7 期。

旦从大。"旦"即初升的太阳，"故位在东方"。"大"与"人"在古代是同字，因此，"大昊"是伟大的太阳，也可以说是像太阳一样的人。按照后来疑古派的看法，这样的人当然不是历史存在，而是虚构出来的神。

不过，尽管伏羲十分了不起，"始作八卦"之说却并无实据。最早提出这一说法的是相传孔子所作的《周易·系辞传下》：

> 古者包牺氏之王天下也，仰则观象于天，俯则观法于地，观鸟兽之文与地之宜，近取诸身，远取诸物，于是始作八卦，以通神明之德，以类万物之情。

这一说法被正史《史记》《汉书》所采纳，长期以来被当作信史和不证自明的事实。围绕着这一记载，后来又派生出另外一些伏羲作八卦的异说。如《太平御览》卷九引王子年《拾遗记》说：

> 伏羲坐于方坛之上，听八风之气，乃画八卦。

据此，八卦之"八"来自于大自然的八风。《古今图书集成·职方典》卷三八九引异说又云：

> 上古伏羲时，龙马负图出于河，其图之数，一六居下，二七居上，三八居左，四九居右，五十居中。伏羲则之，以画八卦。

此外还有《北堂书钞》卷一五三引佚书《尸子》的说法：

> 伏羲始画八卦，别八节，而化天下。

这里说的"八节"又是什么东西呢？信古时代和疑古时代都未能提出令人满意的解答。统观以上诸说，伏羲这个人物确实是战国以来古人心目中的大圣人，创制八卦是他的主要文化功绩之一。继他之后加工《周易》

的有另外二圣：周文王与孔子。据传前者在被商纣王拘捕之后于囚牢中演出了重卦六十四，而孔子则在老年时"韦编三绝"作了"十翼"。到唐代经师孔颖达等人作《周易正义》又采用晋人王弼的看法，把八卦至六十四卦的创制之功全归在伏羲名下，伏羲的功劳就更大了。

八戒背媳妇，山西民间剪纸

　　宋代文学家欧阳修最早对"伏羲作八卦"说提出怀疑。这种怀疑得自于他对《周易》的分析。《周易·系辞》有伏羲"观天地，观鸟兽，取于身，取于物，然后始作八卦"的说法；而《周易》中又有"河出图，洛出书，圣人则之"的话，这是"二说离绝，各自为言，义不可通"，相互矛盾。他认为，伏羲作为圣人，其所作为必有神助；伏羲作八卦得自神助，这就叫作"已授河图"；伏羲作八卦的灵异既然来自河图，八卦的"始作"权就不能归于伏羲名下，而应归之于神。本欲解谜，可结果更富于奇幻色彩。

　　清代疑古派大师崔述继承发扬了欧阳修所开创的，由朱熹、郑樵、程颐等人进一步拓展的理性批判精神，对一大批神王和古书做了辨伪分析。关于"三皇五帝"之说，他认为是战国人为附会"三""五"之数而编排成的。这就使居于三皇之首的伏羲氏的位置变得有些微妙起来。对《系辞传》中

伏羲氏王天下始作八卦之说,崔述也提出了质疑:

> 按:唐、虞以前,未闻有称"王"者,据三代(即夏商周——引者注)之称而加之上古者也。此《传》所以不逮《经》,学者不可以辞害意也。

崔述举出的这条证据只对《系辞传》的著作年代提出了怀疑,并未否认有伏羲这个人。对于伏羲得《河图》而作八卦之说,他也做了反驳,认为那是异端方士所传的纬书中的不经之论。[①] 后来顾颉刚先生在崔述的启迪下,先后写出《三皇考》《三统说的演变》等文章[②],把这位古圣王彻底还原为晚出的神话虚构。从那时起,伏羲作八卦的信条便从根基上动摇了。

然而,就在疑古派史学家打倒一大批古代偶像的同时,也有另外一些学者尝试从跨文化视野上探讨伏羲的历史真实性,从而开启了对这位大神的释古派研究。先是人类学家芮逸夫先生作《苗族的洪水故事与伏羲女娲的传说》一文,从苗、瑶等族文化中的人祖传说中寻找伏羲、女娲兄妹婚配母题的类缘。接着有闻一多先生作《伏羲考》,又补充了《山海经》《庄子·达生》等文献资料和汉画像石中人首蛇身像资料,论证伏羲、女娲本不是汉族祖神,而是南方少数民族的祖神。这些别开生面的研究使信古、疑古两派都感到不同程度的震惊。疑古派领袖顾颉刚先生的弟子刘起釪先生虽坚守师道,以《古史辨》传人自居,但在这一问题上仍倾向于全面接受闻一多等人的考证结论。他在《我国古史传说时期综考》中的如下论断可以视为释古派与疑古派相调和的新成果:

> 在华夏族的神话传说里,原来并没有伏羲,只在战国末期的传说里,出现了一位熟食之神,称为庖牺;……而伏羲女娲这一对则是苗族的始祖神,……由于古轻唇音读重音,庖牺与伏羲二者

---

① 崔述:《补上古考信录》卷上《崔东壁遗书》。
② 参见《古史辨》(七),上海古籍出版社1982年版。

读音全同，经过民族交往，于是苗族伏羲的故事就完全依附到华夏族庖牺的身上了，从此伏羲、女娲兄妹结为夫妇传衍人类的故事，就并入汉族的古史传说而盛行于汉代了。

这一伏羲、女娲神话在当时深刻地影响了历史，依照越后起的人物越排在前面的古史通则（这是疑古派的基本观点——引者注），于是《汉书·古今人表》首列伏羲、女娲二人，让最后出的二神跃居全史人名的最前面。①

到了东汉以后，伏羲的"最早"地位又被盘古氏取而代之，这位与开天辟地相联系的大神假道汉译佛经从印度神话转移到中国，又一次后来居上，成为古史传说第一人。由此看来，华夏族的神话衰亡过早，战国以前人只知道尧舜禹和三代，战国以后才有了黄帝，汉代流行伏羲女娲传说，三国时始有盘古传说。古史上限的这种变异过程表明，随着秦汉统一大帝国的出现，古人不断上溯远古以觅文化之根脉，甚至不惜搬来汉族以外的异族始祖和异域之神。伏羲氏，只不过是这一新古史观形成过程中的一面假借来的大旗。

这样看来，伏羲作八卦之说不就完全成了子虚乌有的不根之谈吗？当时的学者们忙着考证真伪的工作，对此一问题未暇涉足。鉴于西方的《圣经》考古学和特洛伊考古发现都是按照神话提供的线索，找出许多被埋没几千年的真相，人们对伏羲作八卦这一说法也总是不能忘情，试图为它找到这样或那样的解释依据。这就给释古派的努力留下了广阔的天地，也闹出一些近似新神话的惊人之论。

法国学者拉克伯里认为八卦是古巴比伦楔形文字之变形，《周易》一书也传自古代迦勒底国。另一位西方的传教士安之花氏干脆说伏羲就是巴比伦人，其佐证是：

伏羲八卦以乾为天，以坤为地，至今巴比伦人犹称天为乾，地

---

① 刘起釪：《古史续辨》，中国社会科学出版社 1991 年版，第 40—41 页。

为坤,此一证也。又巴比伦亦有十二属象,与中国之十二辰大略相同,其证二也。……且巴比伦古代之王,有号福巨者,与伏羲二字,音亦相近,当即为始画八卦之人。①

　　这类说法乍看起来不无根据,仔细推敲则难免比附之嫌,所以国内学人很少有相信者。有人又提出八卦是原初形态的汉字,其中包容着六书之义法。还有人从原始生殖崇拜角度把八卦说成是阴阳性器符号的组合系统。还有人说八卦是结绳记事的符号,所谓"卦"原来就是结绳记事所用的"絓"。从原始过渡到文明,结绳方法发生了分化,由"絓"上的小棍发展为筮占,而筮占的符号仍沿用"絓"时的符号,这才有了八卦乃至六十四卦。② 也有人认为八卦源于龟卜兆纹,是龟占古俗的产物。还有人说,八卦原是占筮用的竹棍,即《离骚》中说的"索藑茅以筵篿兮,命灵氛为余占之",所以筮字从竹。周人用蓍草,也是竹类之一种。竹棍有两种,一节的象征阳性,两节的象征阴性,这就是今天所看到的阴阳二爻标记。③ 还有人认为"卦"之本义为"圭",是伏羲用土做的,每圭刻一卦,共成八圭八卦。④ 还有人认为八卦为记数之符号。如《汉书·律历志》所说:"自伏羲画八卦,由数起。"颜师古注:"万物之数,因八卦而起。"盖卦即数,数即卦。⑤

　　此外五花八门的说法还有不少,这里就不一一列举了。综观各说,有两点似乎是可以肯定的:八卦与占卜术中的筮法密切相关;八卦与数字"八"的神秘功效密切相关。不管伏羲是真是伪,创制八卦的人一定是结合了以上两方面因素的人。

　　礼失而求诸野。这是释古派从人类学田野作业中得出的重要启示。多年来生活在云南少数民族文化中的人类学者汪宁生先生,从对少数民族

215

---

① 　参见杭辛斋:《学易笔谈》,辽宁教育出版社1997年版。

② 　刘司斌:《周易的来源》,载《学习与探索》1983年第5期。

③ 　高亨:《周易杂论》,齐鲁书社1979年版,第4—5页。

④ 　马叙伦:《六书之商榷》,载《国文学会丛刊》1924年1卷2期。

⑤ 　胡怀琛:《八卦为上古数目字说》,载《东方杂志》1927年24卷21期。

占卜习俗的细心观察中意识到,筮法与数字"八"并不是人为地结合到一起的,而是本来就有机地联系在一起的。常见的以数占卜之俗,是通过投掷、刻画等方式,看物的正反或数的奇偶,判断吉凶。如苗族把一块木头劈为两片,据两片木头落在地上的正反情况,来判定是吉是凶,或不吉不凶。彝族的占卜方法是,巫师取细竹或草秆一束握于左手,右手随便分去一部分,看左手所余之数是奇是偶,如此共行三次,即可得三个数字。有些地方用一根树枝或木片,以小刀在上面随便刻上许多刻痕,再将木片分为三个相当部分,看每一部分刻痕共有多少,亦可得出三个数字。然后巫师根据这三个数是奇是偶及其先后排列,判断氏族之间打斗的胜败情况。由于数分为奇偶两种,卜要进行三次,所以全部可能的排列组合共为八种,胜负吉凶的解释也相应有八种答案:

偶偶偶——不分胜负。

奇奇奇——非胜即败,胜则大胜,败则大败。

偶奇奇——战斗不大顺利。

奇偶偶——战必败,损失大。

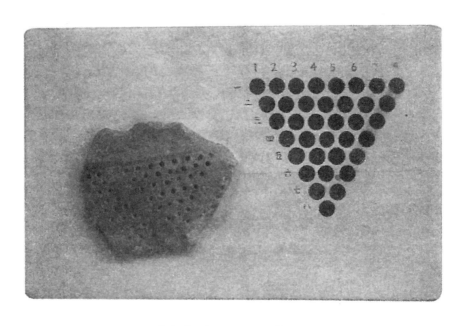

西安半坡仰韶文化陶器上等差数列

偶奇偶——战斗无大不利。

偶偶奇——战斗有胜的希望。

奇奇偶——战斗与否，无甚关系。

奇偶奇——战必胜，掳获必多。

看到这种活生生的"数卜法"，再对照八卦之数，或许能有一种贯通、开悟之感吧。那神秘的"八卦"是从哪里来的呢？不正是阴阳二爻连卜三次所得的排列组合数吗？汪宁生写道："我国古代占卜习俗与'三'这个数字的关系也是很密切的。不仅占卜之事均分三类（如三兆、三梦），占卜者多用三人，而且龟卜就是以三次为定。……《礼记·曲礼》说：'卜筮不过三'，应该是一句古老的成语。每次从蓍草中得到一个奇数或偶数，共卜三次，排列起来，也就和凉山彝族'雷夫孜'法一样，只能有八种可能的排列情况，即只有八种卦象。人们在揲蓍时，每卜一次所得结果必然要记下来以防遗忘……每次所得的奇数或偶数究竟如何来表示呢？最简单的也是最自然的办法，当然就是用一画代表奇数，用二画代表偶数。我想，这就是阳爻（—）和阴爻（--）的由来，把奇数和偶数八种可能的排列情况，分别用这两种符号画出来，这就是八卦的由来。"①

按照礼失求诸野的思路找到"八卦"来源于"筮占"本身的真相，但这和伏羲并不相干呀！于是又有学者再一次牵线搭桥，终于给"伏羲作八卦"这个千古传说找到前所未有的归宿。这种搭桥沟通的工作是在南方民俗中的数卜法与南方盛传的伏羲、神话之间进行的：许多南方少数民族在宗教活动中要祭祀伏羲，数卜法常在祭伏羲女娲的活动中使用。这就意味着他们也将本族的算卦方法归结为该族祖神所创制。调查材料表明，苗族祭祖活动中保留着多种较原始的算卦方法，如米卦、水卦、蛋卦、竹卦、草鞋卦、梳子卦等。所谓米卦，是由巫师抓一把米，数其奇偶而判吉凶。每算一次卦要抓米三次，数奇偶三次，方才下结论，故有八种可能的排列情况。除了三次性算法外，还有一次性算卦法，只有两种可能的答案。从一次性算法到三次性算法，不正是从"阴阳"到"八卦"的演进结果吗？由此看来，

217

---

① 汪宁生：《八卦起源》，载《考古》1976 年第 4 期。

"伏羲作八卦"之说的真相或许应该是南方苗蛮集团始作八卦,而后传入中原汉族地区吧。

## 第三节　八角星纹与"八"的起源
### ——含山玉龟玉版的发现和破译

追踪释古派的新进展,我们看到八卦由来问题的现代阐释确实比传统经注进了一步。同时也了解到神秘数"八"在中华多民族文化传承中的穿针引线作用。

认为八卦占卜法曾受到南方少数民族的影响,绝不意味着汉族自己没有数卜法。考古学家近年来对商周甲骨文、陶文和金文中一些难解的符号进行破译,认为那是商周时期用数字形式刻写下来的八卦符号和六十四卦符号。这就是说,在现有的可能来自南方苗蛮集团的八卦符号形式之前,华夏祖先已经使用着另一种异形同构的占卦形式——由奇偶数排列而成的数字卦画。它是我们追寻十以下数字神秘意蕴由来的又一条重要线索。

五千三百年前的安徽凌家滩玉雕鹰熊合体神像:鹰的两翼表现为双熊首,鹰身中央刻圆圈纹和八角星纹,体现史前先民复杂的数量观念

张政烺先生在 20 世纪 80 年代初首先提出商周之际已有数字卦的问

题。他在《试释周初青铜器铭文中的易卦》①一文中认为,早在商代以前的
淞泽文化中已有简单的数字卦,由一、二、三、亖、×、∧这六位数排列组合
而成。如骨器上刻有:

六二三五三一
三五三三六四

过去人们不理解这些数字组合的用意,张先生综合了大量类似材料并
同《周易》卦象对比研究后发现,这些数字实际是当时人记录的算卦结果。

经过千年的使用实践,数字卦自身又获得改进和调整。由于积画数字
在书写上容易混淆,进入商周时期,已省去积画的二、三、亖(即四)这三个
数字,增补了七、八、九这三个数字,即用一、五、六、七、八、九这六位奇偶数
字排列组合成重卦。肖楠《安阳殷墟发现"易卦"卜甲》②一文中列举了小
屯南地甲骨上刻着的数字卦:

七七六七六六贞吉(甲)
六七八九六八(乙)
六七一六七九(丙)

将甲转换为《周易》中的卦象,则为渐卦。将乙转换为《周易》中的卦
象,则为蹇卦。将丙转换为《周易》中的卦象,则为兑卦。类似的数字卦普
遍见于周原岐山凤雏村出土的周代甲骨和铜器、淳化县石桥镇出土的西周
陶器以及大量的周代青铜器上。其遗存形式从春秋战国直到西汉时期的
竹简帛书中仍可看到。因此有学者认为今本《周易》由阴阳符号排列组成
的六十四卦绝不是商周时期的产物,它的流行是在秦汉时期。这可以说是
考古学的新发现对传统经学的一次空前挑战。目前,这一问题还没有形成

①　张政烺:《试释周初青铜器铭文中的易卦》,载《考古学报》1980 年第 4 期。
②　肖楠:《安阳殷墟发现"易卦"卜甲》,载《考古》1989 年第 1 期。

公认的定论,事实真相有待于进一步的发现和研究。

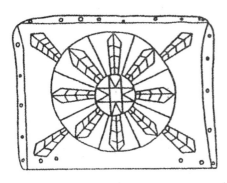

**安徽含山凌家滩出土的玉版**

数字卦的发现同上文谈到的阴阳八卦形式源于南方苗蛮集团的观点恰好可以互为补充,为考察中华占卜术的发展史和神秘数的发生史提供有益的信息。既然在战国至秦汉之际受南方影响而普遍使用所谓"伏羲八卦",而在此之前的数字卦未必定格于"八",那么神秘数"八"最初的附着物和表现形式又是什么呢?

侧重于考古材料的释古派在这方面提出了唯一有力的证明。1987年6月,在安徽含山凌家滩一座史前墓葬中,考古人员发现了放置于尸骨上的一组玉龟、玉版,其上的图纹极富启发性,从而引起了海内外学者的关注。据测定,这座墓葬的年代在四千五百年到四千六百年以前,比传说中的夏朝还要早好几百年,那时还没有文字,而玉龟和玉版图纹则是代表当时人们精神生活和思想信念的罕见的珍贵见证。

从出土时的情况看,玉龟与玉版的放置十分神秘,在一百三十八件随葬品中恰好位于中央,估计原来是安置于墓主的胸上。玉龟分为背甲、腹甲两部分,玉版则夹置于两甲之间。玉龟为灰白色,打磨光洁,形象逼真,背甲和腹甲上均钻有二小孔。玉版为长方形,长十一厘米,宽八厘米,为牙黄色,边缘钻有小孔共二十三个。玉版正面雕出精巧的几何图纹。中心是小圆圈,圈内有一八角星形,外面又有大圆圈,以直线准确地分割成八个等分,每个等分中又刻有一饰着叶脉纹的剑形,共八个剑形,剑尖齐整地呈离心状伸向八方。大圆圈外又有四个类似的剑形,分指向玉版的四角。如此精心设置的随葬器物必然负载着特殊的观念意义,学者们对此做出了不同角度的解释。

安徽含山凌家滩出土新石器时代玉龟:可分可合的二龟甲

大家普遍承认玉龟、玉版的组合是重要的神器,大概与占卜活动有关。从诸礼书和《史记·龟策列传》中可知,灵龟与占筮本来就有内在信仰上的联系。俞伟超先生从玉龟的制作特点进行分析,认为背甲与腹甲上钻的孔和刻的槽显然用于穿系绳或线,而穿线的意图在于把背甲和腹甲固定为一体。但这种固定是暂时性的,只需解开穿的线,上下两半又会分开。如此灵活的分合操纵,应该是为了在龟甲腹中放置或取出某种物品的方便。或许正是一种最早的龟卜方法:先放进某物,合上龟甲后进行振荡摇晃,然后再打开,观察原先放入之物的位置样态以断吉凶。① 根据我们的研究经验,可以说这个近五千年前的神秘玉龟与史前人的圣数观念"一"与"二"有关。它以一分为二和合二而一的特殊构造象征着最初的宇宙论思想。玉龟背甲与腹甲的拼合状态实际上同葫芦的剖判、贝壳的开合一样,都是初民直接从自然物象中看到的一变二、二变一现象,从而类比为天地的开辟、宇宙的诞生,有了葫芦神话和贝壳神话观。贝类与龟都属于水生动物,而水生动物在创世神话中最宜充当开辟之前混沌一体的大水状态的象征表象,由它们来演示凿破鸿蒙的最初一幕。巴比伦神话中的创世主便是在杀死混沌海怪提阿马特的基础上开辟乾坤的。尤其值得注意的是世界诞生的方式:马杜克把风暴这锐不可当的武器引入海怪的口中,把它的肚皮胀大,最后破裂为腹与背两块,用腹造成了天,用背造成了地,使天地拉开

221

① 俞伟超:《含山凌家滩玉器和考古学中研究精神领域的问题》,载《文物研究》1989年第5期。

距离,世界就形成了。从神话思维的逻辑看,龟甲的一分为二同海怪剖判造天地完全是同一类型的表象,因此我们有理由推测,含山玉龟的特制形态在史前人的神话思维中充当着天地开辟、乾坤始奠的角色。后人把乾坤二元视为阴阳二元的分化表象,那么在龟腹甲与龟背甲的分合之中也已有阴阳观念的雏形了吧?

安徽含山凌家滩出土的八角星陶纺轮,距今五千三百年

解开了玉龟与阴阳观念的关联之谜,玉版的符号意蕴也就不难解译了。正像考古专家们所直观感觉到的那样,"凌家滩玉版上面的图纹,任何人一看之下,都会联想到八卦。这是因为图纹明显地表现出八方,而自很古的时候以来八卦被认为同八方有关。十翼之一的《说卦》有'帝出乎震'章,明确列出八卦的方位;另外又有'天地定位'章,也能据之排成八卦的又一种方位,这便是宋儒以来所说的后天、先天两种卦位,是读《周易》的人都熟知的"①。李学勤先生还指出,玉版造型上的方圆配合图案是天圆地方这种古老的宇宙观念的体现。类似的用圆形、方形和线条来表现宇宙结构的图纹,是汉代铜镜、日晷、六博棋局等文物上常见的"规矩纹"。《文选》注引《尸子》佚文云:"八极为局。"此话虽讲的是博局上有八极,但"八极"之说又是古书上讲宇宙构成的常用语。《庄子·田子方》说:"挥斥八极。"《荀子·解蔽》说:"明参日月,大满八极,夫是之谓大人。"《尸子》又说:"八极之内,有君长

___

① 李学勤:《走出疑古时代》,辽宁大学出版社1997年版,第117页。

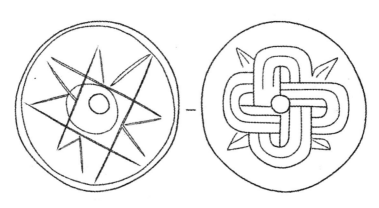

**八角星陶纺轮线描图**

之。"《晋书·地理志》对"八极"有一解释,说"八纮之外,名为八极"。这里说的"八纮"实际是八方的同义词。《史记·司马相如列传》云:"遍览八纮而观四荒兮。"《汉书·扬雄传》下:"日月之经不千里,则不能烛六合耀八纮。"颜师古注:"六合谓天地四方,八纮,八方之纲维。"《淮南子·地形训》详细列举了八纮的名称和位置:

> 凡八殥、八泽之云,是雨九州。八殥之外,而有八纮,亦方千里。自东北方曰和丘,曰荒土;东方曰棘林,曰桑野;东南方曰大穷,曰众女;南方曰都广,曰反户;西南方曰焦侥,曰炎土;西方曰金丘,曰沃野;西北方曰一目,曰沙所;北方曰积冰,曰委羽。……八纮之外,乃有八极。①

照此看来,"八极"指宇宙平面空间向八个方向伸展到极点。如《淮南子·原道训》"廓四方,折八极"句高诱注:"八极,八方之极也。"也就是古人想象的有限世界的界限边际。

"八极"后来又称"八维"。《楚辞》中所载东方朔《七谏》中写道:

> 引八维以自道兮,

---

① 参见高诱:《淮南子注》,上海书店出版社 1986 年版,第 58 页。

含沆瀣以长生。

王延寿《鲁灵光殿赋》也说：

三闲四表，八维九隅。

李善注："四角四方为八维。"从这个"四角四方为八维"的定义中，似乎已经找到了含山玉版四方八分图形的实质：大圆圈外的四个剑形指向玉版四角，而圈内的八个剑形却又指向八个方位。这不是典型的四方八维的世界图景吗？

"八极"又相当于神话中所说的"八柱"，即在世界八方边际支地撑天的八根天柱。屈原《天问》便曾对这种神话宇宙观发出疑问：

八柱何当？
东南何亏？

意思是问：假如有八柱撑天，那么它们是怎么撑的？为什么东南方向的天柱把地都撑得陷下去了（以至于江河之水都自西北流向东南）？汉代的王逸为《天问》作注说，天有八山为柱撑起来。洪兴祖《楚辞补注》又补充说：

《河图》言：昆仑者，地之中也。地下有八柱，柱广十万里，有
三千六百轴，互相牵制。名山大川，孔穴相通。

这是八柱神话后起的夸大说法。饶宗颐先生在《未有文字以前表示"方位"与"数理关系"的玉版：含山出土玉版小论》一文中，推测玉版上的图纹表示八方八极的观念[①]。这正是数字抽象概念未产生以前附着于具

---

① 饶宗颐：《未有文字以前表示"方位"与"数理关系"的玉版：含山出土玉版小论》，见《文物研究》1990 年第 6 期。

体表象的例子。我们在前文阐述数字原始观念时曾一再提到这点。

玉版图形小圆圈内的八角星纹也颇有讲究。它实际是一类似十字形的结构,指向四方的每一端又雕出三角形缺口,因而构成四端八角的整齐造型。这还是以图示的方式告诉人们:从空间分割上看,"八"这个数实出于对"四方"的再分割。用算术语汇说,则是 $4 \times 2 = 8$。用《周易》的原理说,就是"四象生八卦"。

苏渊雷先生《易学会通》一书曾云:

> 或谓八卦中,山附于地,雷属于火,天代空气,泽附于水,实则为用者,仅乾坤坎离四卦而已。阴阳为炉,水火升降,而万物出入其中矣。为说亦通。[1]

这一段话合理地追溯出从"四卦"到"八卦"的倍数关系,是理解四端八角星纹的很好注脚。

综上所析,含山新出土的这组珍贵文物玉龟夹玉版,正是了解神秘数字由来的极好教材:玉龟整体代表"一";腹甲背甲分开表明"一生二"或"太极生两仪";二甲夹住玉版,等于"二生三",玉版的方形造型象征"两仪生四象";而玉版内圆中的四端八角形和外圆中的八个剑形又形象地表明了"四象生八卦"的意思。这里没有出现一个数字,却演示了全套的数字衍生原理,真可谓万古罕见,奇之又奇!

## 第四节　八神·八阵·八风

由于"八方"与"八卦"观念的浸染渗透,传统文化中派生出一大批以"八"为名的现象,它们或直接或间接地与"八卦"相联系,构成蔚为大观的"八"的世界,体现出这个神秘数字的强大魅力。

与八方八极观念相适应,古神谱中也产生了"八灵""八神"一类的组

---

① 苏渊雷:《易学会通》,中州古籍出版社 1985 年版,第 46 页。

合。刘向《九叹》中有"合五岳与八灵"之句,王逸注云:"八灵,八方之神也。"与"八灵"稍异的说法是相传主宰宇宙之"八神",即天主、地主、兵主、阴主、阳主、月主、日主、四时主。《史记·封禅书》:"始皇遂东游海上,行礼祠名山大川及八神。求仙人羡门之属。八神将自古而有之,或曰太公以来作之。"《汉书·武帝纪》又说,汉武帝元封元(前110)年到泰山封禅时祭八神。注云:"武帝登太一,并祭名山于泰坛西南,开除八通鬼道,故言用事八神也。"而扬雄作《甘泉赋》又开列出另一种组合的八神名单:招摇;泰阴;钩陈;当兵;堪舆;壁垒;夔魖;獝狂。看来附会"八"数而编造的"八神"并无定说,因而言人言殊,各自为政。

军阵的八种形式合称为"八阵"。太古有金、土、水、火、木、地、人、天等八阵。《八阵图说》:握机之外,别有八阵。

《太白阴经·阵图》说黄帝设八阵之形,天阵居乾为天门,地阵居坤为地门,风阵居巽为风门,云阵居坎为云门,飞龙居震为飞龙门,武翼居兑为武翼门,鸟翔居离为鸟翔门,蛇蟠居艮为蛇蟠门,天、地、风、云为四正门,龙、虎、鸟、蛇为四奇门,乾、坤、艮、巽为阖门,坎、离、震、兑为开门。

《兵略纂闻》又说黄帝按井田作八阵法,以破蚩尤。古之名将,知此法者,唯姜太公、孙武子、韩信、诸葛孔明、李靖诸人而已。其名之曰天、地、风、云、龙、虎、鸟、蛇八阵者,则孔明也。按八阵之名,此为最古。此外如孙子八阵,据《群书拾唾》:"方阵、圆阵、牝阵、牡阵、冲方阵、罘罝阵、车轮阵、雁行阵。"

还有吴起八阵。《群书拾唾》:"车箱阵、车轮阵、曲阵、锐阵、直阵、卦阵、衡阵、鹅鹳阵。"

这些五花八门的"八阵"同"八卦"究竟有什么关系呢?这可以从孔明的八卦图中得到说明。

三国时期的一代名相诸葛亮,他推演兵法,作八阵图,以之抗敌屡建奇功。诸葛亮曾兴奋地说:"八卦既成,自今行师,庶不复败!"八卦阵为何这般灵验?其奥秘在于:从洞当、中黄、龙腾、鸟飞、折冲、虎翼、握机、连衡——八卦阵八个方向的任一方位进行攻打,都会遇到同等的力量抵抗。难怪兵少力薄的诸葛亮敢于同拥重兵"三十余万"的司马懿抗衡,并使之只敢守,不敢攻。《三国演义》中写孔明巧布八阵图,吴将陆逊身陷其中,几不得出,幸一长者搭救。按老者的说法"八阵图,反复八门,按遁甲休、生、伤、杜、景、死、惊、开,每月每日每时,变化无端,可抵十万精兵"。唐代诗人杜甫在凭吊相传诸葛亮八阵图遗址时,感慨万分,留下千古流传的诗作《八阵图》:

功盖三分国,名成八阵图。

江流石不转,遗恨失吞吴。

"八卦"在武战方面的派生物除了八卦阵外,武林中有"八极拳""八卦掌"等专门之术,后者从名称上即可看出取法于八卦原理。"八卦掌"又称"八卦连环掌",是一种以掌法变换和行步走转为主的拳术。由于这套拳在运动时为四正、四隅八个方位纵横交错,与八卦图相对应,所以得此名。相传为清代河北文安人董海川所创,除基本八掌外,还设计出单练、对练、散打等形式,以及刀、枪、剑、戟等器械套路。步法讲求"行步如蹚泥,前行如坐轿,出脚要磨胫";手法有推、托、带、领、搬、拦、截、扣、捉、拿、勾、打、封、闭、闪、展共十六种名目。八卦掌的总体特点是刚柔相济、式式相连,有八面生风之势。

"八风"与"八卦"的关系,前面提到的伏羲听八风之气乃画八卦的神话中已经表明。可知"八风"与八个方向相联系。相传积雨云要穿过八座山、八道门,进入八面风中。《吕氏春秋·有始》中列出了"八风"之名:

何谓八风? 东北曰炎风,东方曰滔风,东南曰熏风,南方曰巨风,西南曰凄风,西方曰飂风,西北曰厉风,北方曰寒风。

《淮南子·地形训》也列举"八风"之名:

何谓八风? 东北曰炎风,东方曰条风,东南曰景风,南方曰巨风,西南曰凉风,西方曰飂风,西北曰丽风,北方曰寒风。

这里的"八风"之名,沿袭《吕氏春秋》,体现出"八方"的生成效应。至于八方之风与八卦对应的情形,《小学绀珠》做了如下记录,其所列风名又与《礼记》不同:

> 八风:艮为條风,震为明庶风,巽为清明风,离为景风,坤为凉风,兑为阊阖风,乾为不周风,坎为广莫风。

此外,《易纬通卦验》也有大同小异的说法。看来古人对风的运动方向确有细致的辨别能力。《淮南子·时则训》中还说到"八风水"是可服食的灵水。注云:"取铜盘中露水服之,八方风所吹也。"这里的八风水已有道家服食求长生的味道了。后汉王莽夺位后二年,听从方士苏乐的话,在宫中建造了一座八风台。史书上说"台成万金,作乐其上,顺风作汤液",又道出了八风与乐舞的关系。《左传》中鲁大夫众仲就说过:

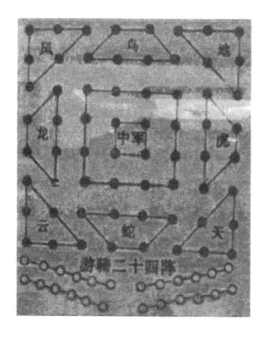

八阵图,2007 年摄于山东临沂银雀山汉墓竹简博物馆

> 舞者,所以节八音,行八风者也。

古代乐论中的"八音",指金、石、丝、竹、匏、土、革、木八种材料制成的乐器所发出的乐音。由于相信风吹万物所发之声是音乐的本源,八音又同八风联系在一起了。

与"八风"相呼应的律历方面的名目是"八正",指八种节气。《史记·律书》:"七正二十八舍,律历,天所以通五行八正之气,天所以成熟万物也。"索隐曰:"八正谓八节之气,以应八方之风。"

成语之中有"八面威风"。相传宋徽宗内府中收藏有古代玉杯三只，一只名叫"教子升天"，一只叫"八面威风"，另一只无名。后人用此语形容威风十足。明太祖当年图谋江南，与徐达乘小舟于元旦渡长江，驾舟人发出口号说："圣天子玄龙护驾，大将军八面威风。"太祖听到如此吉利的说法，与徐达两个人高兴地跳跃相庆。[1]

唐朝的祝钦明请示皇上后于景云元年（710）创作了"八风舞"。后来的史家讥讽说，祝氏所作"八风舞"背离了"节八音、行八风"的古代乐舞准则，"借八风之名，而备诸淫丑之态耳。今人谓淫放不返为风"[2]。

在中国传统建筑中，八卦观念也深深地浸润其间。从选择宅基、墓地开始，堪舆家或风水先生就依八卦"相地"，强调建筑形象与自然界的统一和谐。确定立坟安宅方位时，八卦中的乾、艮、坤、巽与十二支、八天干（十干中的戊、己不用）构成"二十四路""二十四山"。卜则巍《雪心赋》曰："二十四山，山名太杂。"又："山分八卦。"注："以一卦管三山，如乾管戌乾亥，坎管壬子癸，艮管丑艮寅，震管甲卯乙，巽管辰巽巳，离管丙午丁，坤管未坤申，兑管庚酉辛，合之为二十四山也。"从看风水开始，八卦已派上了用场，直到坟墓或房舍建成和使用，仍然有八卦原理在发挥作用。

## 第五节　天子之圣"八"与民间之俗"八"

《论语》中记载了这样一件事：大夫季氏使用"八佾"的礼制在庭院中奏乐舞蹈，孔子谈到此事，愤愤地说："是可忍，孰不可忍也。"

孔子为什么对季氏舞"八佾"大动肝火呢？原来，古代舞蹈奏乐，八个人为一行，这一行叫一佾。八佾是八行，八八六十四人，只有天子才能用。诸侯用六佾，即六行，四十八人；大夫用四佾，三十二人。四佾才是季氏应该用的。可他竟敢僭越礼制，难怪一贯温文尔雅的孔子怒不可遏了。

---

① 　参见董穀：《碧里杂存》卷上，商务印书馆 1937 年版。
② 　胡三省音注：《资治通鉴·唐纪》，中华书局 1956 年版。

从这则有名的历史故事中可以看出，"八"这个数有着一种为天子所垄断的情况。为什么会是这样呢？也许是因为"八"和"九"这样一些"数之大者"，只有人类社会中的"人上之人"才配享用吧。请看下面一些与天子有关的"八"。

八牙勾云玉佩，红山文化

天子祭祀用"八簋"。簋是古代祭祀燕享时盛黍稷用的圆筒形容器。"八簋"指陈此器者八，这是天子之制。《诗经·小雅·伐木》："于粲洒扫，蒸馈八簋。"《礼记·明堂位》说有虞氏之两敦，夏后氏之四琏，殷之六瑚，周之八簋。从这个时代排列顺序上看，似乎印证了所谓"殷人崇六，周人重八"的说法。另外不少的以"八"为名的圣物均可追溯到周代统治者。

天子之车用鸾铃八，名"八鸾"。《诗经·小雅·采芑》："约軝错衡，八鸾玱玱。"《诗经·商颂·烈祖》："八鸾鸧鸧。"以上诗句都力图描绘天子车驾行进时的盛况，以八只鸾铃所发出的声音为直接表现的对象，不免暗含着炫耀或艳羡的意味。

《周礼》说统治者以"八则"治都鄙：祭祀、法则、废置、禄位、赋贡、礼俗、刑赏、田役。

又说有统御群臣的八种权柄称"八柄"，它们是：

一曰爵，以驭其贵。
二曰禄，以驭其富。
三曰予，以驭其幸。

230

四曰置，以驭其行。

五曰生，以驭其福。

六曰夺，以驭其贫。

七曰废，以驭其罪。

八曰诛，以驭其过。

后人常用"操八柄之威"形容统治者的生杀予夺大权（如《三国志·吴志·张纮传》）。政治上的权术对人的作用之大，于此可见一斑。

八种统御下民之法为"八统"。《周礼·天官·大宰》：以八统诏王御万民，一曰亲亲，二曰敬故，三曰进贤，四曰使能，五曰保庸，六曰尊贵，七曰达吏，八曰礼宾。

比《周礼》中各种"八"的名目更早的是《尚书·洪范》列治理国家必要的"八政"，即

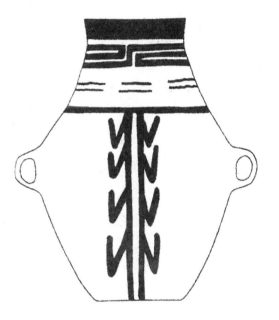

青海民和辛店文化 M312 出土八腿蛙纹陶翁

食、货、祀、司空、司徒、司寇、宾、师。《蔡传》解释说，食者，民之所急；货者，民之所资，故食为首而货次之。食货所以养生也（相当于今人所说的经济基础）。祭祀，所以报本也。司空掌土，所以安其居也。司徒掌教，所以成其性也。司寇掌禁，所以治其奸也。宾者，礼诸侯远人所以往来交际也。师者（指军师），除残禁暴也。兵非圣人之得已，故居末也。从《管子》等书看，此种"八政"观在先秦时已经流行。

天子之印有八种，尊称"八宝"。民间则以物八种为八宝，如八宝饭、八宝菜、八宝羹、八宝印泥等等。这也算是一种"上行下效"的流俗吧。自孔子所哀叹的"礼崩乐坏"时代以下，历史舞台上帝王将相与时更替，周代

阴曹之八殿都市王，2009 年 7 月摄于台中城隍庙

天子用以标志其特权和威严的"八制"流入了寻常百姓之家，民间涌现出越来越多的"季氏舞八佾"一类僭越之事，相沿成俗，习惯成自然。"圣"八与"俗"八的界限变得模糊不清了。

在中医方面，有"八脉"之说，分为阳维、阴维、阳跷、阴跷、冲、督、任、带，又称奇经八脉，可见诊断感觉之细致。

在书法方面，著名书法大师欧阳询创制了"八诀"。据《山堂肆考》，欧阳询"八诀"是：丨如高峰之坠石；乚如长空之新月，一如千里之阵云；丿如万岁之枯藤；乀如岭松倒折落挂石崖；勹如万钧之弩发；丿如利剑截断之角；乁如一波常三过笔。

古传说中的才德之士有"八元八恺"。元，善也；恺，和也。《左传·文公十八年》曰："昔，高阳氏有才子八人，苍舒、隤敳、梼戭、大临、龙降、庭坚、仲容、叔达，齐圣广渊，明允笃诚，天下之民，谓之八恺。高辛氏有才子八人，伯奋、仲堪、叔献、季仲、伯虎、仲熊、叔豹、季狸，忠肃共懿，宣慈惠和，天下之民，谓之八元。"到了汉代，出现了许多"八俊"，繁不具引。历史上最有名的八人并称莫过于道教的"八仙"了，下一节将讲到他们的事迹。这里先提一下另外几种"八仙"。

容成公、李耳、董仲舒、张道陵、庄君平、李八百、范长生、尔朱先生为"蜀中八仙"。

李白、贺知章、李适之、王琎、崔宗之、苏晋、张旭、焦遂为"唐之八酒仙"。

文学家中八人并称的现象虽不像"七子"那样繁多,但大致算下来也还是相当可观的。如"淮南八公",指汉淮南王刘安的八个门客:苏飞、李尚、左吴、田由、雷被、毛被、吴被、晋昌。八人皆以善作赋而称名当时。

又如"竟陵八友"。南朝齐竟陵王萧子良门下八个文学家:萧衍、沈约、谢朓、王融、萧琛、范云、任昉、陆倕。

又如"唐宋八大家"。唐代至宋代以写古文著称的八位文学家:韩愈、柳宗元、欧阳修、苏洵、苏轼、苏辙、王安石、曾巩。

还有名声稍逊一些的"嘉靖八才子",指明代八位戏曲家和文学家:李开先、王慎中、唐顺之、陈束、赵时春、熊过、任瀚、吕高。

清代有"海内八大家",指八位著名诗人:曹尔堪、宋琬、沈荃、施闰章、王士禄、王士禛、汪琬、程可则。

还有"骈文八大家",指清代善作骈体文章的袁枚、邵齐焘、刘星炜、吴锡麒、曾燠、洪亮吉、孙星衍、孔广森,后几位又兼为大学者和经学家。

## 第六节　"八大金刚"与"八仙过海"
### ——佛、道与"八"

在佛教中,"八大金刚"常在庙宇,满脸凶相,是赫赫有名的护持天将。据《大妙金刚经》所述,八大金刚一为降三世金刚,手执五股金刚杵;二为大威德金刚,手执利剑;三为大笑金刚,一手执罥索,一手拄青棒;四为大轮金刚,一手持八辐金刚轮,一手拄独股金刚杵;五为马头金刚,一手高举莲花,一手持军印;六为无能胜金刚,手执金刚杵;七为不动尊金刚,一手执剑,一手把索;八为步掷金刚,一手执旋盖,一手执金刚杵。个个兵器在手,作狞厉状,扮演着凶神恶煞的角色。难怪中国民间用他们来比况那些八人为伍的强横之徒。

除了八大金刚以外,佛教中还有不少人们熟悉的八将:八大夜叉、八大龙王、八大明王、八大神将、天龙八部……他们横行于佛国神界,衍生出许多动人心魄、瑰玮神异的神话传说。如果将他们与佛教中大量的"八"制

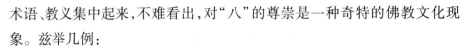

术语、教义集中起来，不难看出，对"八"的尊崇是一种奇特的佛教文化现象。兹举几例：

据说释迦牟尼曾在鹿野苑向五位弟子讲授佛法，阐说通向涅槃之境，将之归结为八种途径："八正道"。八正道又称"八圣道""八支正道""八支道分"，其具体内容是：一，正见，对佛教"真理"四谛（苦谛、集谛、灭谛、道谛）有正确的见解；二，正思维，对四谛等教义有明确的认识；三，正语，不说一切非佛理之语；四，正业，从事清净之身业；五，正命，生活符合戒律规定；六，正精进，勤修涅槃道法；七，正念，铭记四谛等佛教"真理"；八，正定，修习佛教禅定，心专注于一境。释氏认为，只要修此"八定道"，就可以由"凡"入"圣"，从迷界此岸达到悟界彼岸。这一历程潜藏着"八"的无意识规范。

与八正道相应，佛典中为教徒规定的戒条，也以"八"来界定。"八戒"，即不杀生，不偷盗，不淫欲，不妄语，不饮酒，不眠坐高广华丽之床，不装饰、打扮及观听歌舞，不食非时食。它反映了佛教通过戒律普施教化的努力。有趣的是，中国古典小说《西游记》中，猪八戒借"八戒"之名，却好吃懒做，贪恋女色，喜进谗言，好占小便宜，令人忍俊不禁，名实间形成鲜明对比。

"八"不仅充当了表示约束、规范的定数，也含有极大、无限的意蕴。八万劫、八十亿劫，都是佛典中常见的以"八"为基本构成的极限数字。尤其是"八"与"四"的组合，更是具有涵盖一切的性质。佛教教门众多，称八万四千法门，八万四千法藏，八万四千法聚；世界中央须弥山山高沟深，称八万四千由旬；烦恼太多，称八万四千坐劳，八万四千烦恼，八万四千病；相传佛涅槃后遗体火化，阿输迦王收取舍利，也要分为八万四千份，做八万四千宝瓶，建八万四千座佛塔。八万四千，成为佛教中弥漫一切的圣数。

佛教对"八"的偏爱，其来源在哪里？这是一个饶有兴趣的问题。有人将它归因于佛祖生日，相传释迦牟尼诞辰为四月八日，由是"四"与"八"成为模式数字。有人认为它起因于"八相作佛"，表示佛祖诞生、成道、创教的八个阶段，因而构成象征意义。这些说法着眼于简单的应对巧合，缺乏事物的内在联系，终究带有附会的嫌疑。

佛教崇"八"的文化机制，在于那种以自我为中心、弥漫八方的宗教意识。印度佛教以传说中的须弥山为世界中央,其周围有八山环绕,山与山之间各有一海相连,共有八海,故名"九山八海"。除了须弥之外,其他八山是:佉提罗、佐沙陀罗、游乾陀罗、苏达梨那、安湿缚竭拏、尼民陀罗、昆那多迦、斫迦罗。九山八海之说,显示了神话宇宙观对佛教的巨大影响。在对八方空间认识的基础上,佛教所宣扬的佛法无边、佛光普照、寰被八方的经典教义,就得到了最充分的发生依据。

为了强化佛教无所不包、无所不至的法术性质,佛教世界充满了名目繁多的各类神祇,他们肩负着护持使命,各据一方,以确保神圣的魔法功能辐射八方。只要看一看八方神的八方配置,就不难了解神话空间与佛教信仰之间存在着怎样的内在联系。

| | |
|---|---|
| 东　　方 | 帝　释　天 |
| 东　　南 | 方　火　天 |
| 南　　方 | 阎　魔　天 |
| 西　南方 | 罗　刹　天 |
| 西　　方 | 水　　天 |
| 西　北方 | 风　　天 |
| 北　　方 | 毘沙门天 |
| 东　北方 | 伊舍那天 |

由此可见八方位与八方神之间的对应关系,可以知道八神名目的发生学根据。八大金刚、八大神将之所以以"八"为制,都是为了维护八方宇宙的宗教秩序,而八大天王、八大夜叉、八大龙王游弋在天空、海底,构成了多层次的八方空间,使佛的法力遍被寰宇。

得自于"八方"的神圣观念,导致了佛教对"八"的崇仰,生成了许多以"八"为名目的戒规和宗教现象。

佛教将修习佛教达到解脱者所觉悟的教法称为"八大人觉"。据《八大人觉经》,八觉是:世间无常觉,多欲为苦觉,心无餍足觉,懈怠堕落觉,愚痴生死觉,贫苦多怨觉,五欲过患觉,生死炽然(燃)苦恼无量觉。这实际上是对人的八种行为规范。

佛经称须弥山下大海中有"八功德水",八功德指一甘、二冷、三软、四轻、五清净、六不臭、七不损喉、八不伤腹(《俱舍论》十一)。将益人之水凑为"八数"。

八仙过海图青花罐,明嘉靖,天津博物馆

此外,佛经中还有大量与"八"相关的名目,像"八字""八邪""八宗""八垢""八倒""八教""八喻""八圣""八犍""八解""八识""八王日""八不净""八中洲""八背舍""八圣道""八关斋""八福田""八大地狱""八种清风""八百罗汉"……翻一翻《佛教大词典》,宛若置身于"八"制世界。

与佛教世界对"八"的重视相比,道教世界显得有些逊色。不过,虽无威风凛凛的八大金刚,道教"八仙"同样为人们津津乐道。"八仙"为八位神仙,名字分别是:铁拐李、汉钟离、张果老、何仙姑、蓝采和、吕洞宾、韩湘子、曹国舅。八位神仙道行高超,各有各的法术。一次,他们同去参加王母娘娘的蟠桃会,途经东海。海浪滔天,一望无边。吕洞宾提议,每人将自己携带的一件宝物投进海里,踏宝过海。铁拐李首先把拐棍投进水中,自己稳稳地站在上面。接着,韩湘子投下花篮,吕洞宾投下箫管,蓝采和投下拍板,汉钟离投下鼓,张果老投下纸驴,曹国舅投下玉版,伺仙姑投下竹罩,他们站立在各自投放的东西上面,凭借神力,乘风破浪,渡过东海。这便是"八仙过海,各显神通"成语的来历。

这八位传说中的道教仙人,各自身怀绝技,以特定的形象出现在民间故事里。铁拐李蓬头垢面,袒腹跛足,手持拐杖;汉钟离遇仙王玄甫指点,满腹经纶;张果老骑一白驴,日行万里;何仙姑食云母粉,其行如飞;蓝采和衣衫褴褛,一脚着靴,一脚跣行,夏披絮,冬卧雪,常醉踏歌,似狂非狂;吕洞宾百岁童颜,步履轻疾;韩湘子喜好饮酒,能耍奇术;曹国舅隐迹山岩,精思慕道,后遇汉钟离,被引入仙班。

上文所说的"八仙",取自明代吴元泰的《八仙出处东游记》,民间所传八仙,即本此说。不过八仙的传说由来已久。晋谯秀《蜀记》已有"蜀中八仙",唐代杜甫作《饮中八仙歌》,这种相沿成习的民间宗教现象,同样显示了"八"作为模式数的强大的生成性力量。

八龙八蟾蜍代表八方,候风地动仪,2009 年摄于北京天文馆

# 第九章　九宫应九州

　　在中国古人最偏爱的几个吉祥数字中，也许除过"五"以外，就要数"九"更有影响力和更加普及了。人们的崇"九"心理又间接导致了一些派生数字的神秘用法，如二十七、三十六、七十二、八十一等等。苏联学者托波罗夫说：

　　　　在中国古诗中，"9"为"完"、"多"之义。在个人神秘主义的经验中，"9"有着至关重要的作用。由"2"、"3"、"7"、"9"、"12"派生的数字(如佛教中的"33"、"37"、"99"、"24"、"36"等等，以及108，即12×9)，已被虔敬化，因而被用于仪典以及种种神话诗作；静坐沉思者借以修持的传统计数，亦然。①

　　"九"当然不是华夏文明独有的圣数，但它却在这一古老文明中获得了卓绝超凡的性质，上自帝王引为荣耀的"九鼎"，下至村夫野老信口唱出的"九十九道弯"之类的歌词，人们不分等级贵贱，都看中这个数，偏爱这

---

① 　托波罗夫：《神奇的"数字"》，魏哲译，载《民间文学论坛》1985年第4期。

个数,就连中国的国土也从一开始就称为"九州",正像以"大八岛国"自居的日本人偏爱"八"一样,反映了某种深藏在文化无意识深处的远古信仰和观念。

本章将从众所周知的天坛造型讲起,探讨汉族及少数民族中崇"九"之俗的起因,解答九之魅力从何而来的问题。

## 第一节　天坛:"天数九"的活化石

去过北京天坛的人大概都记得,天坛圜丘呈圆形,共三层。第一层的中心砌一块圆石,象征太极。太极石周围铺砌的石料为扇面形,其数为"九",这是第一圈。以后逐圈扩展,所用石料都是"九"与"九"的倍数。第一层一共铺砌石料九圈,形成一个以"九"为基数的序列,即9、18、27、36、45、54、63、72、81;第二层为90、99、108、117、126、135、144、153、162;第三层为171、180、189、198、207、216、225、234、243。一共二十七圈。以此方式构建的天坛圜丘非常强烈地表现出崇拜"九"的文化主题,象征天道以及对天的无限向往和无限虔敬之心。

天道运行为什么要用"九"这个数来象征呢? 前面已讲到"天三地四"的由来,这里的问题就较容易回答了。一、三、五、七、九共五个数本来就被《周易》当作天数,而"九"同时又是"三"的三倍,因而更是双料的、十足的天数了。

"三"以及它的自乘积"九"作为模式数字,蕴涵着原始宇宙观和原始的哲学观念。《黄帝内经素问·三部九候论篇》曰:"天地之至数,始于九焉。一者天,二者地,三者人;因而三之,三三者九,以应九野。……三而成天,三而成地,三而成人,三三而三之,九则为九。九分为九野,九野为九藏;故神藏五,形藏四,九为九藏。"在这一数的组合中,包含着极其古老的数科学观念,体现出"天人合一""天人感应"的文化心理,反映了"九"作为"天地之至数",在民众心理中所具有的极大的神秘性之根源。

感觉到的东西,不一定能够深入理解;而理解了的东西,一定会得到更深的感受。从天数为九的道理出发,重游天坛胜景一定能体味出前所未有的新意。

　　"九"作"天数",其象征功能是多层次的。它上踞于天,下临于地,又从地上移至地下。《吕氏春秋》说:"天有九野,地有九州,土有九山,山有九塞,泽有九薮。"(《吕氏春秋·有始》)神话中的夏代开国皇帝大禹,曾经命令九头龙开出九条大河,他巡视九河并测量这些河道,他将领土分成九州,每州又进一步分成更小的九个部分。与九州相关联的,是在汉代出现的"九泉"概念,暗示着地狱有九层。其实"九泉"在先秦时代只叫"黄泉",尚未同天数"九"攀上关系。《左传》中著名的"黄泉相见"故事,很能说明这一点。(《左传·隐公元年》)从战国至两汉,"黄泉"演变成了"九泉",遂有了"九泉之下"这样指代阴间去处的说法。

红山文化九勾玉佩,台北"故宫博物院"

　　"九"不光能够往来自如地横行天上地下,而且还具有象征性之外的几何形分割作用。例如,古人把天分为九个区域,即天的中央和其他八方,故曰"九天"。九天的名称有不同的说法。《淮南子·天文训》说:"天有九野,中央及四方四隅,故曰九天。中央曰钧天,东方曰苍天,东北曰变天,北方曰玄天,西北曰幽天,西方曰颢天,西南曰朱天,南方曰炎天,东南曰阳天。"《吕氏春秋·有始》与之说法相同。《广雅·释天》则云:"东方皞天,东南阳天,南方赤天,西南朱天,西方成天,西北幽天,北方玄天,东北变天,中央钧天。"说法各异,但用九等分法划割天界却是一致的。

天不仅从平面上分为"九",从垂直线上亦可分为"九"。《楚辞》中多次提到"九天",似指"九层天"。《离骚》:"指九天以为正兮,夫惟灵修之故也。"《天问》:"九天之际,安放安属?"《少司命》:"登九天兮抚彗星。"

这里所说的"九天",便不能从方位划分上去理解。在中华古代的文化观念中,"九"是天数、阳数之极,象征着高不可及的神话空间,它既可以作为平面的区域范围,与计数的概念相统一,也会以夸张变体的形式出现,虚化为无限广阔的立体空间。神话思维中的"九天",正是沿用了"九"的神秘用法。如果进一步细究,可以发现"九天"并非唯一的"九"制神话空间,即使仅以《楚辞》为例,也有"九重""九关"等说法,表达着与之相类的概念。《楚辞·天问》:"圜则九重,孰营度之?""增城九重,其高几里?"《楚辞·招魂》:"虎豹九关,啄害下人些。"这些"九"的用法是虚实相兼,难以从数目上落实。

"九"的这种亦虚亦实的用法给这个数字造成了一种高深莫测、扑朔迷离的意味,同时也在文化史上留下了一些让后人伤透脑筋的难题。

让我们先来看看著名的《九歌》命名之争论吧。

《楚辞·九歌》,是屈原在楚民间祀神乐歌的基础上创作的祭歌。古今学者在研究这些歌词的时候首先无法回避的一大难题便是:《九歌》为什么称"九",却是十一篇?作为篇章名目的"九"后面,隐藏着什么神秘意义?

朱熹《楚辞集注》说:"篇名《九歌》,盖不可晓。"因为"不可晓",人们只能做一些推测。洪兴祖《楚辞补注》认为它用了旧题:"按:《九歌》十一首,《九章》九首。皆以九为名者,取'箫韶九成',启《九辩》《九歌》之义。《骚》经曰:'奏《九歌》而舞《韶》兮,聊假日以媮乐。'即其义也。宋玉《九辩》以下皆出于此。"姚宽《西溪丛语》也说:"歌名九而篇十一者,亦犹《七启》《七发》,非以章名之类。"

越是"不可晓"的东西,对人的吸引力越大。明人杨慎《丹铅录》提出《九歌》之"九"为虚数,使"不可晓"变得可以理解了。他说:

古人言数，多止于九。《逸周书》云："左儒九谏于王。"《孙武子》："善攻者动于九天之上，善守者伏于九地之下。"此岂实数耶？《楚辞·九歌》乃十一篇，《九辩》十篇。宋人不晓古人虚用"九"之义，强合《九辩》二章为一章，以协九数，兹又可笑耳。

近代以来，赞同这一见解，视《九章》之"九"为虚数的学者日渐增多，附带地还提出了另外一些虚用"九"的诗赋"内证"。

萧兵先生在《论〈九歌〉篇目和结构——〈九歌十论〉之五》中谈到《楚辞》中的"九"数，仅屈原《楚辞》就有九天、九畹、九州、九嶷、九辩、九歌（《离骚》），九州、九坑、九河（《九歌》），九重、九子、九则、九首、九衢、九合（《天问》），九折、九年、九逝（《九章》），九关、九千、九侯（《招魂》），数目之多令人惊讶。[①] 现在大概很少有人再去认真地考证查明这些"九"字背后的真实数量。

那么，作为虚数的"九"，其原有的修辞功能或象征意蕴又是什么呢？

在汉代的楚辞研究专家那里，问题已有初步答案。王逸《九辩章句》里有一段话论"九"，为这一神秘数字及与楚辞《九歌》的关系提供了解释：

> 九者，阳之数，道之纲纪也。故天有九星，以正机衡；地有九州，以成万邦；人有九窍，以通精明。屈原怀忠贞之性，而被谗邪，伤君暗蔽，国将危亡，乃援天地之数，列人形之要，而作《九歌》《九章》之颂，以讽谏怀王。明己所言，与天地合度，可履而行也。

看来王逸对于神秘数字中隐含的哲学象征意义还是相当熟悉的，他不仅不从"实数"上去理解"九"，还能充分揭示出虚数"九"的言外之意。这确实足以让后人佩服了。杨希枚先生对王逸的这段话极为重视，他在《论神秘数字七十二》一文中，从哲学史、文化史的意义上对王逸"九"说再加以阐释：

---

① 萧兵:《论〈九歌〉篇目和结构——〈九歌十论〉之五》,载《齐鲁学刊》1980 年第 3 期。

显然的,王逸认为:天有九星,地有九州,人有九窍——九是经纬天地人伦之道的一条纲纪,且人原是"与天地合度"的,因此赋颂之作也须与天地合度,从而以阳九命名。这就是说,屈原"援天地之数"以命名其歌颂之作,正是董仲舒所谓"备天数以参事治"的一项具体说明,也正是对于《文言》(《易传》)所谓"夫大人者与天地合德"的思想的一种实践。从王逸的解释上,我们不难推想,王逸无论对于神秘数字的本体,其思想背景,甚至其与文艺创作的形式的关系,都显然具有深切的了解的。实际上,王逸本人应就是服膺"与天地合德"即"天人合一"思想,且身体力行的一位作家,因为他写的《九思》也正是以阳九之数命名,且正分为九章!①

这段论述可谓"知人论世",体察人微,把握住了古人思想观念的内在逻辑。然而,由于当代释古派所选择的求证角度不同,对"九"的释义出现了柳暗花明又一村的局面。

以湘沅民俗文化为背景和参照系的楚辞研究者跳出训诂考据的老套子,按照"礼失求诸野"的方法,提出了很有说服力的新见解。

侗族民间情歌叫《九歌》,原来侗歌中的"九"是对情人的爱称。请看现今湘沅间仍在唱的《九歌》:

九呀九

蜜蜂嗡嗡落过花林得花蜜,

(九呀,九嘛,雁兮,九呀九,天人啊!)

马走云南兮,不到沙湾难得鞍。

(伴侣啰啊,花郎哟,太花哟,红哟嗫,花哟嗫!)

十人九个望着你,

---

① 杨希枚:《论神秘数字七十二》,见《先秦文化史论集》,中国社会科学出版社 1995 年版,第 712 页。

（九呀，九嘛，雁兮，九呀九，天伴啊！）

众人哩，空空望你兮，泪水来兮。

（伴侣啰，噢！兰花哟，花衣哟，红哟，石榴花，星星哟！）

这歌中把情人称"九"又称"天人""天伴"，表示极敬极爱之意。侗语中的"九"字本义是什么呢？说出来让人吃惊，是"大鬼"的意思。道理在于，汉文化视鬼为不吉不祥之阴物，而少数民族神鬼不分的宗教观仍崇鬼敬鬼，称酋长为"大鬼主"。汉族古籍中亦不乏称鬼为"九"之证。《礼记·明堂位》说殷纣时有"鬼侯"，《正义》引殷本纪作"九侯"，并云"九与鬼声相近，故互通也。"《辞通》按：

鬼，古读如九，故通九。例如车轨之轨，奸究之究，字并从九，而音则读为鬼。

据此可以推断屈原《九歌》可能是"鬼歌"之假借。人死为鬼，即为祖先。《九歌》也就是祭祖乐歌一类的东西了。[1]

## 第二节　九头龙·龙九子·九阳·重阳

在中国古文字学史上，数字"九"的神秘造型，曾引起人们的种种猜测。许慎在撰著《说文解字》时，依照小篆中"九"字字形加以解说："九，阳之变也。象其屈曲究尽之形。"但这种"屈曲究尽之形"是否从具体物象中概括出来，借鉴于何种物象，说法却不同。

清儒朱骏声认为，许慎用"象其屈曲究尽之形"来解说"九"为阳之变。"屈曲"是有形可见的，"究尽"则无形象可言，用"究尽"说明"九"，完全是出于声训的方法，即将音同或音近之字互相阐释。朱氏还认为，古人造字记数，起于"一"，极于"九"，都是指事字。"四"以上的数都"无形可象"，

---

① 参见林河：《〈九歌〉与沅湘民俗》，生活·读书·新知三联书店上海分店 1990 年版。

也"无意可会"，只能用指事法。"九者，数之究也。《易·文言传》：'乾元用九，乃见天。'《楚辞·九辩》序：'九者阳之数，道之纲纪也。'《管子·五行》：'天道以九制'。"①日本学者高田忠周也附和朱氏说，九字最古文作九，九，屈十之横为形，七作七，屈十之纵为形，九字诸形，即取究尽之意也。照他的看法，"九"和"七"两个字都是在"十"字原形基础上变化出来的，这恐怕有些顺序颠倒了吧。

林义光先生从"九"字古文字形中看到的曲曲弯弯的表象，释其本义为"曲"，以为后来人才借这个代表"曲"的"九"字为数名。另外与"九"同音的"觓""捄""朻"等字皆有"曲"的意思。②

以上两说皆本许慎"屈曲究尽"说而立论，或强调声训，着眼于"究尽"；或着眼于字形，认定"屈曲"才是本义，争得难分难解。

也有专家另辟蹊径，别创新说，以"九"为"肘"的象形。丁山在《数名古谊》中说："九本肘字，象臂节形，旧谓即丩字，非是，臂节可屈可伸，故有纠屈意。"③高亨先生在《文字形义学概论》一书中也说："按九是古肘字，从又，象曲肘之形。九是变体指事字。"④日本的加藤常贤不同意丁山说，以为"肘字与数词之九字并无关系，则此字之用做数词，不过是借字也……然并非以为用肘表示数也，则用肘字，不过是借其音而已"⑤。这三位学者都着眼于"九"与"肘"的关系，或以为是象形，或以为是指事，或以为是同音假借字，可谓同中有异，异中有同。

在当代的古文字学界，对"九"的看法除了"肘"说，势力较大的还有"虫"或"龙"说。

朱芳圃认为"九"字像动物足趾践地之形，虫类之名有"禹"，兽类之名有"禺"，其字形也都有足趾践地之象。《说文·禸部》释"禸"字云："兽足

① 朱骏声：《说文通训定声》孚部第六，武汉市古籍书店影印本，1983年。
② 林义光：《文源》，参见周法高主编：《金文诂林》卷十四下。
③ 丁山：《数名古谊》，见《"中央研究院"历史语言研究所集刊》（第一本第一分），1928年。
④ 高亨：《文字形义学概论》，齐鲁书社1981年版，第228页。
⑤ 加藤常贤：《汉字之起源》，转引自《金文诂林补》卷十四。

北京北海公园九龙壁

蹂地也，象形，九声。"是其证。①

于省吾、白川静等认为，从甲骨文、金文字形看，"九"当是虫形或所谓"虬龙"形②。

姜亮夫以九为虬，认为夏民族尚九，九为夏数，"九"源于龙蛇崇拜③。卫聚贤认为"九"是龙的一种，其原型为"鳄鱼"④。王大有强调"九"为人蛇合一，他说："今之九古之飞，正是蛇与人祖复合形的高度意象化。乀为蛇身，其上部含有人头，中部含有人半身，后部与蛇身相合，或作蛇躯。而飞形，则是人半身与双手的极简约概括形。"⑤除了这些或虫或龙的解释，还有学者把字形取象同数目观念结合起来考虑，以《山海经》《楚辞》里的九首神、九首蛇虺以及汉画里九头神兽的形象为例，推断"九"为九头龙形象的简化："随着图腾观念的淡薄，后世人们不理解动物何以有九头，于是画九头龙时，不画九头，而用角代替，这就成了我们常见的龙的形象，……（金文'九'）有头、有脚、有

① 朱芳圃：《殷周文字释丛》，中华书局1958年版，第187页。
② 参见《金文诂林补》卷十四。
③ 姜亮夫：《诗骚联绵字考》；《楚辞学论文集·九歌解题》，上海古籍出版社1984年版，第276页。
④ 卫聚贤：《中国的氏族社会》，见《古史研究》（第三集），商务印书馆1937年版，第227—228页。
⑤ 王大有：《龙凤文化源流》，北京工艺美术出版社1988年版，第101页。

身、有尾，无疑是图腾物象九头龙的简化或文字化。"①当然，谁也没有见过九头神或九头龙，这些荒诞不经的形象或许是根据"九"与"龙"的联想虚构出来的。看看《埤雅》对"龙"的说明便可明白：

> 龙，八十一鳞。具九九之数。九，阳也。

看了这些话，谁能断定，是九九之阳数附会到虫蛇表象上，使之升格为龙呢。还是从龙的八十一鳞，派生出"九"的联想呢？

龙不是实有的动物，而是古人幻想出来的具有神性、极为神秘的动物神。由于"九"的联想，龙不仅可以有九头，在后起的神话传说中，龙还有九子，那便是所谓"一龙九子"之说。长子为赑屃，它伏地昂首，背负石碑，形似乌龟；次子叫螭吻，其性好望，尤喜吞，因而常立于殿脊两端，让它张口吞脊，并有一剑以固定之；三子为蒲牢，形似龙，但较小，其性好吼，因而被当作钟钮，让其与钟声共鸣；四子为狴犴，其形似虎，常被当作牢狱门额上的凶恶兽头；五子叫饕餮，贪馋兼备，常为铸鼎器上有首无身的狰狞怪兽；六子叫蚣蝮，其性喜水，常用于桥柱和流水孔道；七子叫睚眦，其性好杀而常常怒目，故用来装饰刀剑；八子叫狻猊，因好烟火且好听，故用以装饰寺庙的香炉、佛座；九子叫椒图，其性好闭，不喜他人进其巢穴，故用它口衔门环，尽守卫之职。从词源学的角度看，"九子"之说亦始自上古，不过当初似乎还没有同"龙"联系在一起。《楚辞·天问》中有"女歧无合，夫焉取九子"一问，意思是说，那位叫女歧的女神并没有同男人交合，怎么能生出"九子"呢？看来古已有之的"九子"说让屈原感到困惑不解。《史记·天官书》上又将尾宿之九星称为"九子"。《开元占经·东方七宿占篇》也说：

> 尾，天子之九子也。

在地方民俗中，有以女歧为原型的所谓"九子母"信仰。《列女传·鲁

① 涂元济、涂石：《从神话看"九"字的原始意义》，载《民间文学论坛》1983 年第 3 期。

母师传》说鲁母师是"九子之寡母",似为真实历史人物。佛教徒信奉的诃利帝母,亦称九子母。《荆楚岁时记》说,四月八日在长沙寺阁下有九子母神,不生育的妇女供奉薄饼以求子。这里的九子母已完全成了虚幻的神灵。

在原始的阴阳观念中,"九"为阳数之极。在经历了艰苦的计数努力之后,原始先民们对自己的文化创造感到格外欣喜,赋予"九"以至大至善的神秘意义,以为任何事物,只要用"九",就有了神圣、繁多的巫术功能。这,正是南方少数民族盛行以"九阳"为主体的多日月神话的发生依据。

纳西族民歌说,天上有九个太阳、九个月亮;九个太阳,晒得人没处藏,九个月亮,冷得人似筛糠。

苗族故事说阳雀造成九阳八月。九个太阳和八个月亮交替出现,晒死万物。

拉祜族传说《札弩札别》说,天上有九个太阳,英雄札弩札别为民除害,射下了八个。

布依族神话《卜丁射太阳》中说,远古时候,天上出现九个太阳,晒得天干地裂,庄稼枯萎,卜丁爬上"肥热"(即板栗树)把太阳射落了七个,留一个晒谷米,一个照人间。

彝族神话说,天上有九阳七月,晒得生命皆枯焦。剩下一女与鹰交媾生下小英雄吉智高卢,他爬上顶天的树梢射落八日六月,剩下一日眼亦被射瞎。

《楚辞》中也有天上"九阳"之说。《远游》云:"朝濯发于汤谷兮,夕晞余身兮九阳。"《九思》云:"蹑九阳兮戏荡。"可见早在屈原时代,"九阳"神话在楚之界域就已经深入人心了。20世纪70年代初在长沙马王堆汉墓出土帛画中,人们看到一棵扶桑大树,树上有九个红红的太阳,一个大的在树巅,八个小的分散在树枝间,这就以无可置疑的确凿性证明了"九阳"神话在上古流行过。

民俗学家钟敬文先生认为,"九阳"与"十日"表面上看有别,实际上并行不悖。他在《马王堆汉墓帛画的神话史意义》一文中解释说,"九"的模式作用比"十"的用法似乎更常见些,"从天地山川、制度物品,以至抽象的事物,凡数量比较多的,大都可以加上这个数词。……在古代南方这个词相当流行。光拿《楚辞·天问》一篇略算一下,就有九重、九天、九子、九则、九州、九衢、九辩、九歌、九令等九个。《淮南子·天文训》说到天空,就一连用了五个'九'字('天有九野,九万九千九百九十隅')。如果我们把古代书籍用有'九'字的语词搜辑起来,那真可以成为一部小辞典"①。这一论述表明了"九"这个圣数同其他圣数同样,作为模式数和结构素具有强大的生成性力量。

"九"和"阳"的认同关系在节令民俗中派生出"重阳节"。人们把这节日定在每年的农历九月初九,显然取其两九相重叠的意思。按习俗,这天人们要佩戴茱萸,饮菊花酒,登高游玩。《风土记》曰:"九月九日律中无射而数九俗尚。此日折茱萸房以插头,云辟除恶气而御初寒。"《荆楚岁时记》说"九月九日土人并集野饮宴"。《临海记》云"郡北四十步,有湖山,山甚平,正可容数百人坐。民俗极重每九日菊酒之辰,谦会于此山者,常至三四百人"。从这些记载中,可见民间对九月九的重视了。

而文人雅客们在同游山水、畅饮美酒之际,则不免要登高赋诗,把酒唱和。据说唐初时有一年的九月九,王勃、卢照邻、邵大震同游梓州玄武山,相互酬唱。王勃诗曰:"九月九日望乡台,他席他乡送客杯。人情已厌南中苦,鸿雁那从北地来!"卢照邻诗曰:"九月九日眺山川,归心归望积风烟。他乡共酌金花酒,万里同悲鸿雁天。"邵大震诗曰:"九月九日望遥空,秋水秋天生夕风。寒雁一向南飞远,游人几度菊花丛。"虽然是一桩文坛佳话,吟咏之中却充溢着悲凉的音符。这不禁令人想起王维的《九月九日忆山东兄弟》:"独在异乡为异客,每逢佳节倍思亲。遥知兄弟登高处,遍插茱萸少一人。"

九月九日既然是"重阳"的吉祥喜庆之日,人们为什么还会如此多愁善感,吟咏出一种模式化的思亲念友主题呢?

---

① 钟敬文:《马王堆汉墓帛画的神话史意义》,见《钟敬文民间文学论集》,上海文艺出版社1982年版,第132—133页。

**九狮闹春砖雕，上海玉佛寺**

　　这还要从重阳节的起源说起。重阳节别名是"重九节"，《周易》确认"九"为阳数，两九相重则称为"重九"，于此可知"重阳"实为"重九"。"九"字与"久"字同音而且形近，"九九"发音与"久久"完全一致。人们从这里引发出情感色彩浓重的联想，是自然而然的。

　　关于"九九"重阳节的来历，三国时魏文帝曹丕在《九日与钟繇书》中称："岁往月来，忽复九月九日。九为阳数，而日月并应，俗嘉其名，以为宜于长久，故以享宴高会。"可见重阳是由于两个最大阳数"九"与"长久"的"久"同音。难怪这个有别于八月十五中秋节的重阳节，也会引发普遍的"但愿人长久"的情思，演变成为思念亲友的节日。

　　在中国，"九"与"久"的同音现象为"九"的流行推波助澜。而在日本，"九"的发音与人们的价值取向截然相反。对于日本人来说，奇数是吉祥的象征，他们送礼、送钱一般是单数，结婚、外出和节日也多选单日，但唯独讨厌"九",原因是日语发音中"九"与"苦"同音,"九"是凶数。[1] 可见同样一个大数"九",只因发音上的不同联想,就会产生不同的文化现象。这一事例再一次证明了语言与文化的内在依存关系。

## 第三节 少数民族与神秘数"九"

"九"是天数和阳数之极,远古人类就赋予它神圣、繁多的意蕴。东夷和南楚,就有古乐舞《九辩》《九招》《九代》《九歌》。《楚辞》中"九"数之多已令人惊讶,而在南方,这种崇"九"意识又突出地表现在众多的少数民族文化之中,与汉文化对"九"的偏爱相映成趣。

在南方少数民族的民间史诗和古歌中,渗透着"九"的神秘的魔法功能。纳西族《创世纪》中,白鸡生九白蛋,黑鸡生九黑蛋,各成九英雄、九魔怪。彝族史诗《梅葛》里天神以九个金果变成九个儿子,九个儿子的后代为九种族。彝族古歌《天地论》"九把金锁论"中,"天上九道门,九门分九主,九主管九门","九门九把锁","大地分九方,九方有九人,九人当九神,九神坐九方"。阿昌族史诗《遮帕麻与遮米麻》里天公遮帕麻造南天门,"筑墙要用九拿长的石头,修门要用九丈宽的木板;找石头要到九十九里外,找木板九十九天才回转"。布依族《力戛撑天》中,力戛身长九尺九寸九分,力大无比,九十九条犀牛都比不上他,他把天撑起九万九千九百九十九丈高,把地蹬下九万九千九百九十九丈深,他忙了九九八十一天,跳到地上,地势倾斜了九尺九寸九分。

彝族史诗《勒俄特衣》中,"九"极为神秘和重要。例如,天皇恩体谷与仙子商量开天辟地之事:"九天商量到深夜,宰了九条商量牛;九夜商量到天明,喝了九罐商量酒。"派遣阿尔老师傅,"制成九把铜铁帚,交给九个仙姑娘","制造九把钢铁斧,交给九个仙青年"。远古时"祖灵"掉在恩接介列山,变成大火,"九天烧到晚,九夜烧到亮"。为促进人类形成,天降三场红雪,"九天化到晚,九夜化到亮"。《居子猴系谱》首先有"九代","居子

---

① 《日本人送礼的讲究》,载《光明日报》1991 年 4 月 20 日。

格俄分九支"。龙鹰之血能穿过"九层"发辫、"九叠"毡衣、"九层"裙褶。看了这许多不厌其烦的"九"制名目,恐怕最不善幻想的人也不会把这个数当实数了。

彝族民间故事也多以"九"为神数或多数。《九兄弟》说有妇女吃了九颗仙药生九子,均为大力士,吃不饱、饿不死、打不死、烧不死、长脚杆、冷不死、砍不死、淹不死,齐心合力斗败了皇帝。《吹笛少年与鱼女》接受鱼王的"婚姻考验",要"砍出九座山",撒好并捡回九斗籼米种。类似的这些例子中,"九"的基本含义不外乎是极言其多、其大、其众。

云南基诺族传说,他们的祖先玛黑、玛纽兄妹教葫芦里跳出来的后代说话,数数字,其"口诀"都以"九"为基数:"从前有九座山,每座山上有九棵树,每棵树上有九条枝,每条枝上有九个鸟窝,每个鸟窝里有九个鸟蛋;九座山上又有九个塘,每个塘中有九条牛,每条牛有十六个蹄瓣。"

在瑶族神话《密洛陀》中,女神密洛陀开天辟地的壮举渗透着"九"的法术力量。太古时代,混沌未开,"密洛陀站在宇宙裂缝间,双臂向上顶,两脚踩下缘,叫下缘变地,叫上缘变天"。她施展神威,"手加一分力,上缘升高九千丈","顶了九千九百次","踩了九千九百回","念了九千九百轮",终于使"天拱地圆两分离"。又经过九千九百年的努力,才使乾坤初定,日月星辰具备,荒凉冷清的宇宙变成光明、温暖的世界。接着,她又派九个儿子整治大地,疏导洪流,搬山移岭,创造了适宜人类生存的环境。

在地理上与西南少数民族相连的藏族也有崇"九"之风。创世传说中把本族始祖追溯到开辟之初的世界父母神所生的九兄弟和九姐妹。藏族各地神话里具有众多的"九"的"神数"现象。神话《种子的起源》中说,天上将要出现九个太阳,人间将面临一场劫难,猎户九兄弟中最小的一个听到喜鹊对他说:"(你)挖一个九丈深的坑,把奶子牛埋在坑里,上面再放九层荆棘,荆棘上再盖九层石板……"[1]就此一叙述而言,"九"之神秘用法直接与"九阳"神话相关,或许是受到外民族文化影响的产物。又比如著名

---

① 中央民族学院少数民族语言文学系藏语文教研究室藏族文学小组编:《藏族民间故事选》,上海文艺出版社1980年版,第32—33页。

史诗《格萨尔王传》中也有许多"九"数。如格萨尔王南去霍尔国会见夫人珠毛,要经过九道关卡,征服九个敌人鬼怪;格萨尔王与人斗射时,要用"九支神箭"射中九只公羊、九只母羊、九只骚羊。[①] 藏族地方宗教还认为神灵的住所在九座山峰之巅,因而藏民举行"九修"仪式向神灵礼拜时,必须做九座模拟的小山,以表示虔诚。藏民所崇拜的曜神,据《莲花生祖师传》等记述,竟和汉族的九头龙、九头鸟一类怪异形象一样,也长着九个头颅,据说分别象征着九种鬼神。在九头之上又长出一个乌鸦头,象征着一切寒病或曜病的根源。[②] 从相对的意义上讲,"九"在藏文化中的神圣价值同"五"在汉文化中一样,具有独超众类、至高无上的品性。

从以上所述情况看,"九"在南方少数民族中受到很普遍的崇拜和关注,是否可以说它是南方特有的圣数呢? 有不少人确实这样认为。不过事实并不如此简单。

在北方阿尔泰语系、满-通古斯语族和蒙古语族的萨满教文化里,"九"的地位也很突出。乌丙安先生说,原始宗教中常用的"三"和"三"的倍数"九","九"的倍数"八十一",以及相应的奇数"五"或"七","七"的倍数"四十九"等都是十分重要的数字。至少在满族及我国东北各少数民族的萨满教信仰中,三、五、七、九和四十九、八十一等数字是具有魔力的。对这些数字的迷信,至今仍较普遍。例如,不少的北亚民族都具有神秘的"九重天"观念。谢剑先生说:"其以天数,为'九'者有 Yakut(雅库特),Tungus(通古斯),Mongol(蒙古),Chukchee(楚克奇),Volge Tartar(伏尔加鞑靼),Siberian Tartar(西伯利亚鞑靼)等族,而 Buryat(布雅特)族合东西为九十九天,实系为'九'的推衍,可能是 18 世纪后受到外来的影响。"[③]

在满族民间故事《天神创世》中,"天有十七层,地有九层。人住的地方叫地上国,神住的地方叫天上国。主宰十七层天和九层地的,是至高无上的天神阿布卡恩都里"。这里的"地有九层",仍为"九天"观念的变体。

① 齐美多吉编:《格萨尔王传·降岭之战》,西藏人民出版社 1981 年版。
② 格勒:《论藏族文化的起源、形成与周围民族的关系》,中山大学出版社 1988 年版。
③ 谢剑:《匈奴宗教信仰及其流变》,见《"中央研究院"历史语言研究所集刊》(第四十七本第二分),1976 年。

在北方萨满教的神秘世界里，地下的"魔鬼之王"耶路里住在由九条河合成的眼泪之河（陶伊包代姆）中间的"黑暗宫殿"里，河里有水怪，守卫着冥土，而地下国王有"九"个（或七个）儿子和"九"个（或七个）女儿，与天神九子九女（或七子七女）相符。其中的"卡拉希"神最为萨满所重。萨满制作的卡拉希神偶是用黑布剪成的像，拴有九根飘带，用两根木桩支住，设在帐幕门的左侧。萨满跳神招魂、追魂时要在这里举行仪式和施行巫术。布里亚特人萨满死后要从其弟子和助手中选出九人，作为"萨满之子"，为他唱赞歌和送魂歌。送葬和荐魂前后要射出九支箭。[①]

在满族萨满教神话中，英雄昂帮贝子在火里学了九十九年，水里也学了九十九年武艺，魔鬼投胎到九个姑娘肚子里被他识破；他除怪后跟九女成婚，生下九男九女才留下觉罗各族。[②]

在鄂温克族著名的《尼桑萨满》传说中，萨满把自己的"神"派出去九天之后才找回要找的猎人之魂，而他自己后来也死在九丈深井里。这种叙述法突出的是"九"作为时空的度量所具有的神秘魔法力量。

我国蒙古族自古就有以"九"为大吉之数的习俗，与此对应的是以白色为纯洁之象征的观念。相传铁木真出生时，他的摇篮以九个柳环编制而成，里面铺着九张白羊羔皮。铁木真为大汗时，庆祝九天，喝了九百缸马奶酒，行九叩之大礼，升九足白旄纛（见《蒙古秘史》）。由此可知蒙古族人崇"九"之俗由来甚早。以白色为纯洁，对白云、白羊、白色的毡包、白色的地毯、白色的乳食等都异常偏爱。蒙古族人在举行竞技盛会时，凡荣获冠军的勇士，可赢得九十九种奖品和一峰银白梁的骆驼。蒙古民间婚宴上要唱《九九礼歌》。蒙古韵文也多用"九"字头，体现出浓郁的民族文学风格。

以上情况足以表明，"九"是南北方少数民族共尊之圣数。

在一些民俗仪式中，也体现出"九"的神圣功能。如蒙古族祭天时用九头牛；哈尼族的祭天仪式中，祭品是每桌九碗饭、九碗酒、九碗水、九碗

---

① 参见乌丙安：《萨满教的亡灵世界——亡灵观及其传说》，载《民间文学论坛》1990 年第 1 期。

② 傅英仁：《略谈满族萨满教神话》，载《民间文学论坛》1989 年第 2 期。

菜、九把火钳;彝族在举行"果若朵"神判仪式时,在嫌疑人手上放九根树枝,让嫌疑人慢走九步,树枝不燃者为有罪,反之则无罪。这里的"九"绝不只是偶然的趣味偏好问题,在趣味选择的背后有更深层的民族记忆和集体无意识原型的作用。

在一些少数民族的丧葬仪式中,"九"和"七"具有不同的象征意义。"九"指男,"七"指女,两数有严格的界限,绝不相混。彝族在埋葬父母后要举行"马都果"仪式,先请祭司毕摩制作一个灵牌,叫"马都"。这是一根长四五寸的梧桐木棒,中间有一竹片,上缠九圈红线代表死者为男性,缠七圈蓝线则为女性。傈僳族丧葬仪规规定,须由寡妇为死者做饭,死者为男性抓米九把,为女性则为七把。这里的"九",显然具有不同于"七"的表征阳性、男性的倾向。

### 第四节　九鼎·九州·九宫
—— 数字背后的文化轨迹

中国南北方的少数民族都有崇"九"之风俗,这就迫使我们转换视角,从更宏观的背景中重新考虑问题,为圣"九"之由来找出具有文化寻根意义的新思路。

现代民族学研究已表明,我国西南各少数民族的主要来源之一是上古的氐羌族群,这正是苗、瑶、侗、彝等族神话都把本族发源地上溯于昆仑山地区的根本原因。氐羌族群来自西方的甘青草原地带,东移进入内地后逐渐分为南北两路,分别形成中国南北方少数民族的祖先。南迁的这一支因地理条件的改变而转向了定居农业生产,北进的一支则大部分继续保留着氐羌人的游牧生活方式,这就是北方的草原地带部分游牧民族的远古祖先。据朝鲜语、日语均属于阿尔泰语系而不属汉藏语系这一事实,参照日本民族学家有关日本民族主体来自大陆游牧民族,因而可称日本国之始为"骑马民族国家"的观点[①],以及日本文化寻根实际指向大陆北方草原民族

① 　参见江上波夫:《骑马民族国家》,张承志译,光明日报出版社 1988 年版。

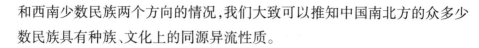

和西南少数民族两个方向的情况,我们大致可以推知中国南北方的众多少数民族具有种族、文化上的同源异流性质。

推考上古文献中有关圣数"九"的较早记录,大禹铸九鼎的说法几乎同中华文明史一样古老,这位夏朝的创建者,中国上古夏商周三代史上第一位帝王,至今早已成为华夏人同尊共拜的圣人英雄,但是史料上却明确记载着他本不是华族之人,而正是氐羌族人。《后汉书·西羌传》和《新语·术事》都有"大禹出于西羌"的说法,不仅点明了禹的族属,而且表示了他的族群由来之方向——西。这就使我们了解到,自古以来,所谓"华夏"族就不是一个纯而又纯的单一民族,而是居住在黄河中下游地区的农耕民族与来自西方氐羌族群相互融合的产物。就这样,氐羌族群将一大批植根于牧羊文化的意识形态内容移入华夏文明的血脉之中,汉字中"美""善""羲"等最核心的伦理、美学范畴均从羊会意,足以说明这一点。圣数"九"也很有可能受到氐羌文化的影响。

让我们还是紧扣住"九鼎"问题来说明这一点。鼎在中华文明中一直是象征国家统治权力的神圣礼器,绝非寻常的装饰性摆设。天子拥有"九鼎"就象征着拥有"九州",谁拥有九鼎,就等于拥有统治九州的天然合理性。因而后来楚王觊觎周王朝的九鼎,这种行为被视为僭越,因为如果作为象征的九鼎转移,周王朝的天命和权力也就终结了。

九联编钟,春秋时代

相传最先铸鼎的三位圣王分别是泰帝、黄帝和大禹,但其铸鼎的数目却按照一比三的等比数列而扩展开来。据司马迁《史记·封禅书》所记,汉武帝有一次在汾阴得到一只鼎,他的臣下中有博学者发表议论说:

闻昔泰帝兴神鼎一,一者壹统,天地万物所系终也。黄帝作

宝鼎三,象天、地、人。禹收九牧之金,铸九鼎。皆尝亨(烹)鬺上帝、鬼、神,遭圣则兴……①

　　这位臣子说这番话的直接目的只不过要讨好汉武帝,使他得到鼎的事件同远古圣王传统联系起来,成为新圣王兴起的好兆头。但他历述三位圣王铸鼎的事却并非纯然虚构,而且深深暗示出神秘数字发生过程中的与时递增现象。顾颉刚先生说,泰帝就是鸿蒙初开之世最早的圣帝,他那时已有铸鼎的举动,到了禹的时候就更不用怀疑了。禹把天下土地划分为九州,每一州设一长官叫"州牧",向他们征收天下的金属而铸造出九只鼎也是理所当然的。不过,夏代属于新石器时代晚期,冶金技术还未出现,从考古学立场看,禹铸鼎之说是靠不住的。顾先生此论是 20 世纪 60 年代做出的,近年来的考古发现已将中国冶金史的上限大大提前了。从世界范围看,最早进入铜器时代的地区是中亚阿什哈巴德的安诺文化第三期,其时在公元前 5000 年左右。而安诺文化的彩陶、铜器均播迁到我国新疆一带。我国境内迄今发现的最早的铜器是 1975 年在甘肃东乡县马家窑文化遗址中出土的青铜刀②,其地正处在中亚、新疆一带游牧文化通向中原的河西走廊附近,如联系自古以来汉人以为西方属金(如五行中的西方便是这样)并视西方之神为金神的事实,可以推测中国最早的冶金技术来自西边的马家窑文化,其时略早于夏代,因而不能断定夏禹时还没有掌握冶铜铸造技术。

　　从神话年代上看,比大禹出西羌的时代更早些时候,也就是在大约五千年前黄帝与炎帝争霸中原之际,已有另一支掌握金属冶炼技术并配备有铜制武器的氐羌游牧集团向东逼近到黄土高原的农耕文化区,那便是声名赫赫的蚩尤集团。

　　《尚书·吕刑》说"九黎之君,号曰蚩尤",这同我们前面提出的西南少数民族源自西部氐羌族群的观点正相吻合。史料上还说蚩尤为炎帝之后,

①　顾颉刚:《史林杂识初编·九鼎》,中华书局 1963 年版,第 154 页。
②　参见北京钢铁学院冶金史组:《中国早期铜器的初步研究》,载《考古学报》1981 年第 3 期。

姜姓，与少昊冶西方之金。我们知道"姜""羌"在甲骨文中同字，蚩尤、大禹、炎帝皆西羌人领袖而入主中原者矣！"冶西方之金"的说法更提醒人们注意冶金术东传的史前迹象。此外，神话中还有蚩尤兄弟八十一人，铜头铁额，造立兵仗刀戟大弩，威震天下的说法。[①] 这就再一次将神秘数"九"（八十一为九之自乘积）、冶金技术同来自西羌的蚩尤联系在一起了。透过神话表象，"铜头铁额"当是首先使用的铠甲头盔类金属护具。与蚩尤争战的中原黄帝族尚未掌握此类金属护具和武器，所以这场大战给华夏农耕民众留下了难以磨灭的印象，表现在民族记忆中便是凶狠好杀、披坚执锐的蚩尤兄弟八十一人。后世有关"蚩尤以金作兵器"（《世本·作篇》）的众多传说，原来都不是空穴来风，而是以真实的民族记忆为信息源头的，影射着某种确实发生过的大事件。

如此看来，大禹继蚩尤之后真正在中国建立起统治权，用铸九鼎的方式来象征他对天下九州的绝对权力，就不仅可以理解，而且也有技术方面的依据：氐羌游牧民族先于华夏农耕民族而掌握金属冶炼铸造工艺。于是乎，"九鼎""九牧"和"九州"这样一些重要名目同西来的氐羌文化之关系，也就无须证明了，中国南北少数民族之崇"九"传统也在中华多民族文化寻根的意义上获得宏观的解释。

谁说秦始皇统一中国后，收天下之兵器而铸金人十二的做法不是效法大禹王的收九牧之金铸九鼎呢？大禹的这一壮举毕竟开了一个万世仿效的先例。商代统治者从夏代最后一个帝王桀那里夺得九鼎，迁至自己的都城；随后自然又有了"（周）武王克商，迁九鼎于雒邑"（《左传·桓公二年》臧哀伯语）之事。三代改朝换代的历史大变革已可由九鼎之迁移来做简洁概括。"问鼎"之类逸闻趣事也自此层出不穷。"战国诸王……其有雄心者皆思莅中国而抚四夷，而九鼎神器，得之则人据大统，名正言顺，故莫不有大欲存焉。"直到秦始皇时，相传有一次九鼎从泗水中浮出，始皇派了一千人下水去找，结果仍未如愿，被传为汉代的笑谈。

《史记·封禅书》又记汉文帝时，有一位叫新垣平的臣子进言说，周朝

---

① 《太平御览》卷十九引《龙鱼河图》。

的鼎丢在泗水中了，现今黄河水涨通向泗水，我看到东北方的汾阴地方有金宝气，这是鼎要浮现的好兆头！文帝听信此话，把年号重改为元年，又亲自到河边去祭祀，结果鼎的影子也没见到，只好砍了新垣平的脑袋来出这口气。

到了汉武帝之世，在汾阴这地方果然挖出了一只鼎，臣僚们吸取了前代教训，没有人再敢说这是周天子之鼎了。又因鼎的数目只有一只，与大禹九鼎之数也不符合，所以有方士说这是黄帝时的三鼎之一，这又制造出"逢圣则出"的宝鼎传奇，让后来历朝历代的皇帝们都朝思暮想，不能忘怀。

汉画像泗水捞鼎图，朱存明摄

唐朝女皇武则天总算把这一千古梦想化为现实。她登位后第二年重建明堂，铸铜为九州鼎，安置在明堂中央，并分别对应着九州的地理方位，还起了专用名称：神都鼎高一丈八尺，巍然矗立于八鼎之中；冀州鼎取名为武兴，永（雍）州鼎名长安，兖州鼎名日观，青州鼎名少阳，徐州鼎名车源，扬州鼎名江都，荆州鼎名江陵，梁州鼎名成都。这八只鼎比中央的略小，也有一丈四尺之高。铸这些神鼎共用铜五十六万七百一十二斤，鼎上分别镌刻着本州的山川物产之象。铸成后下令百官文武、诸王及卫兵十多万人举行安放仪式，用白象、大牛共同曳入玄武门，女皇兴高采烈地亲自高唱《曳鼎歌》，让人们跟着她唱。这一年还大赦天下，改元为神功圣历元年。这一场闹剧被史家如实记录在案,使我们于千载之后仍能想见这一空前盛事。后来宋朝的徽宗皇帝也想如法炮制一番,在汴京铸成九鼎。谁料到没过多少年,金兵铁骑南下,宋徽宗被掳为阶下囚,那九鼎连一点保佑作用都没起到,这才使铸鼎之梦彻底破碎,后来帝王也就不再制造类似的新神话了。明清之际倒是在民间出现了一些以九鼎为名的地方,如《明一统志》所云"九鼎山在郴州兴宁县西四十里,九山如列九鼎,下有松桂书堂"。

"九州",是古代华夏民族依托自然山水对其活动区域的一种划分。《说文解字》曰:"水中可居曰州。水周绕其旁,从重川。昔尧遭洪水,民居水中高土,故曰九州。"但在王权政治下早已用来表达行政区划。传世文献中关于"九州"有多种说法。《尔雅·释地》中,九州所指:"两河间曰冀州,河南曰豫州,河西曰雍州,汉南曰荆州,江南曰扬州,济河间曰兖州,济东曰徐州,燕曰幽州,齐曰营州"。《尚书·禹贡》中,九州依次为冀州、豫州、雍州、扬州、兖州、徐州、梁州、青州、荆州。《吕氏春秋·有始览》曰:"何谓九州?河、汉之间为豫州,周也。两河之间为冀州,晋也。河、济之间为兖州,卫也。东方为青州,齐也。泗上为徐州,鲁也。东方为扬州,越也。南方为荆州,楚也。西方为雍州,秦也。北方为幽州,燕也。"《周礼·夏官·职方氏》曰:(九州):"东南曰扬州……正南曰荆州……河南曰豫州……正东曰青州……河东曰兖州……正西曰雍州……东北曰幽州……河内曰冀州……正北曰并州。"这些"九州"区域的共同特征,就是都建立在"中"的基础上,从中心向八方辐射,形成以王权为中心、推及八方的行政区划,引申为政治统御力的形象表达。

与天文上的九星及地理上的九州说相对应,天子所居明堂亦有"九宫"结构。这个术语在《易学》中又衍生为"九宫八卦"之说,指离、艮、兑、乾、坤、坎、震、巽八卦之宫加上中央宫。《后汉书·张衡传》:"臣闻圣人明审律历以定吉凶,重之以卜筮,杂之以九宫。"李贤注:"《易乾凿度》曰:太一取其数以行九宫。"此处说的"太一"指北辰,它下行八卦之宫,尔后还归中央,所以说"行九宫"。另外,北斗星有七星说,也有九星说,后者又称"九宫"或"九魁"。清代学者俞正燮著有《九宫应九星考》一文,对这一天人感应的微妙现象做了辨析,认为"九天"观念源于"九星","九州"和"九宫"亦莫能例外。

> 《武经总要》云:"凡九宫之法,天有九星,以镇九宫。地有九州,以应九土。其式讬以灵龟,戴九履一,左三右七,二四为肩,六八为足,五居中央,而寄于坤二是也。"然而九星之为斗,则其义若明若昧。古法具在,而闳意眇旨,无复申理之者矣。[①]

"九宫"说正因为一语多义,后又在中国神秘文化中大派用场。炼丹师借此语指人体内九个重要器官。《道枢·修真指玄篇》云:

> 人有九宫,何也?丹元宫者,肾也;朱陵宫者,小肠也;兰台宫者,肝也;天霛宫者,胆也;黄庭宫者,脾也;玄灵宫者,大肠也;尚书宫者,肺也;玉房宫者,膀胱也;绛霄宫者,心也。

至于内丹术中又称头脑中九部位为"九宫",更是故作玄虚,让人莫明其妙了。

## 第五节　"九天玄女"与"十八层地狱"
### ——佛、道与"九"

在宗教世界中,"九"也是一个引人注目的圣数。从仙人名号到神祇数目,从万物化生到长生秘宝,从天庭幻境到冥界地狱,诸多"九"制显示了"九"在宗教文化结构中的重要位置。

读过古典名著《水浒传》的读者,一定记得道教女神"九天玄女"搭救宋江的故事。在宋江遭官军围捕、性命攸关的时刻,是九天玄女施展法力,以恶风吹灯、飞沙走石吓退追兵,才使宋江化险为夷。她还手授三卷天书,嘱其"替天行道",使宋江聚义造反的行动,成为秉天而行的神授之举。

---

① 俞正燮:《癸巳类稿》卷十,商务印书馆 1957 年版,第 385 页。

不唯在《水浒传》，道教神话里的九天玄女在别处也总是扮演着传授秘法、救人危难的角色。据《九天玄女传》，黄帝在"涿鹿大战"中，也是凭借九天玄女所授六壬、遁甲、兵符、印剑，才打败蚩尤取得胜利的。（《云笈七签》卷——四）

不过，追溯九天玄女的由来，人们发现她并非出身道教世家，而是黄帝蚩尤神话中玄女形象的翻版而已。从《黄帝问玄女兵法》之类的神话中，可见这一演绎的轨迹：

> 黄帝与蚩尤九战九不胜。黄帝归于太山，三日三夜，天雾冥。有一妇人，人首鸟形，黄帝稽首再拜，伏不敢起。妇人曰："吾玄女也，子欲何问？"黄帝曰："小子欲万战万胜，万隐万匿，首当从何起？"遂得战法焉。①

此外，在《龙鱼河图》《黄帝出军诀》《黄帝内传》等神话传说中，也有关于玄女的记载。

将民间神话与道教神话做一对比，不难发现两者的差异：民间神话中的女神只称玄女（也作玄女娘娘），而道教女神则有"九天"之封号。玄女何以被加诸"九天"？这一尊称背后具有怎样的蕴意？这是一个值得探讨的问题。

道教植根于中国本土文化，其宗教观念打着原始宇宙观的深深印记，因此，传统中"九天"的神话象征功能，同样为道教所沿袭。无论是八方、中央的方位划分，还是神圣的"三位一体"，都表现出道教对"九天"的重视。如道教经典《狄龙传》中，"九天"被定位于神仙所居的最高仙境，由玄元始三炁各生三炁化成，其名目分别为郁量无量天、上上禅善无量寿天、梵监须延天、寂然兜术天、波罗尼密不骄乐天、洞玄化应声天、灵化梵辅天、高虚清明天、无想无结无爱天。可以推知，将"九天"作为封号加诸玄女，既突出了"九天"的至上性，强调了玄女的天神身份，同时赋予她广被人间天

---

① 严可均：《全上古三代秦汉三国六朝文》，中华书局 1958 年版，第 114 页。

上、法力无边的宗教意义。

除了"九天玄女",更多的道教神祇是从数目上对应"九",以"九"制表示对神话空间的构拟。道教天界有"三清"之境,太清境有"九仙",上清境有"九真",玉清境有"九圣",每境神仙均取九数定编。像"九仙"就是分指上仙、高仙、大仙、玄仙、天仙、真仙、神仙、灵仙、至仙九位(《云笈七签》卷三"道教三洞宗元")。"九皇""九老"等亦属此类。

道教还从"九"充当极数、至数的意蕴中生成了诸多变体。长生灵丹名之"九丹",分指丹华、神符、神丹、还丹、饵丹、炼丹、柔丹、伏丹、寒丹九种。金丹烧炼也以"九"为贵,名之"九转":"一转之丹,服之三年得仙;二转之丹,服之二年得仙;三转之丹,服之一年得仙;四转之丹,服之半年得仙;五转之丹,服之百日得仙;六转之丹,服之四十日得仙;七转之丹,服之三十日得仙;八转之丹,服之十日得仙;九转之丹,服之三日得仙。"(《抱朴子·金丹篇》)从表面看,"九转"指具体的烧炼次数,实际上是以虚征实,以"九"寓"久",表示久而得仙之意。有趣的是,在西方,"九"与"仙"之间也有一段缘分。"九转金丹",西方称之为"哲人石",在欧洲中世纪

明代铜鎏金九面明王像,2005 年摄于云南省博物馆

曾风行一时。荷兰都氏（Hollandus）在 *Opus Saturni* 一书中提到："若此药每九日一服，则病人将不复思己为人类，而羽化登仙。彼自觉九日之中，似置身天堂，而以仙果为食云。"[①]"九转金丹"与"九日一服"虽然分指炼丹与服丹，但在以"九"制作为求仙得道的象征方面，具有相似的宗教文化内涵。有学者认为西方炼丹术明显受到中国道教的影响，如果此说属实，则"九转""九日"之间的关系更为密切。"九"的推衍、叠加也大大强化了道教超拔非凡的想象力。道教以"九气"作为由混沌玄黄到天地生成的历程，"一气"定为九十九亿九十九万岁（《云笈七签》卷二"混元混洞开辟劫运部·混沌"），以九万九千九百九十亿气表示人间世界的无限漫长（《道藏·洞神部·谱录类·灵宝自然九天生神三宝大有全书》）……类似的例子还有很多，都可归结为对"九"的崇仰。

与道教文化相应，"九"在佛教体系中也占有一席之地。诸如"九谛""九禅""九辙""九识""九劫""九品""九梵""九结""九鬼""九僧""九莲""九住心""九品惑""九心轮""九无为""九横死""九方便"等众多词语，包含着一言难尽的模式意义。为了说明其神秘性之由来，这里仅就佛教"九"制现象进行归纳分析：

**平面结构**　它是指在一个平面空间中，由中央和四方、四隅构成九方。像胎藏界曼陀罗之"九尊"，分居于中央与八瓣莲花之上，大日如来雄踞中央，四如来分置四方，四菩萨（东南普贤、西南文殊、东北弥勒、西北观音）分处四隅。九神仙与九方位对举，象征神的魔力遍被各方。九面观音也是这一模式的宗教神话构拟。

**塔式结构**　顾名思义，它指代神话空间的垂直层级。安于佛塔顶部的金轮层数为九，直观地表现出佛教"九天"弥漫天界的意蕴。它与神话传说中的"九重天"，可以说是同工异曲。

**三元结构**　这一用法中的"九"，其核心是"三"，表示神圣的"三位一体"。如佛教"九世"，表示个体一生存在的时间，其基本构成为"过去"

① 参见吉仲章：《西方古代的炼丹术》，见《文史知识》编辑部编：《道教与传统文化》，中华书局1992年版，第178页。

"现在""未来"三世,"过去"包括前世、前生、前际,"现在"包括现世、现生、中际,"未来"包括来世、来生、后际。三者分别为三,合而为九,以"九"作为生死轮回观念的表述。"九业"也是如此,以欲界、色界、无色界"三界"为基础,每界又分作业、无作业、非作非无作业三种。

**自然结构** 它取法于对自然"九"制的模拟。天庭上照耀万方的"九曜":日曜、月曜、火曜、水曜、木曜、金曜、土曜、罗曜(指日食、月食)、计都曜(指彗星),作为人们崇仰的对象,被当作寺院里供奉的"九曜"之神。人体中两眼、两耳、两鼻、两便道及口等器官,被加以类比,构成"九孔""九漏""九流""九入"等佛教术语。

从上述简单的划分可见,在佛教文化中,神圣"九"制的构成并非单一来源,而是一种多元模式,也正因为这种多元性质,其蕴涵显得格外丰富。

以"九"的神圣性质为基础,其倍数也巫术性地发挥效力。十八层地狱就是有代表性的一例。佛教以天堂地狱构成世界的两极,设置了无数地狱,有位于大地之上、旷野之中的八万四千小狱,有位于世界边缘之外的"近边地狱",还有八寒地狱、八热地狱等。但在汉族佛教及民间信仰中,影响最大的还是十八层地狱。在从佛教俗讲变文中蜕变而出的《目连救母》杂剧中,目连之母不敬神明,被鬼使摔入酆都地狱,目连为寻母亲,历经

十八层地狱想象:持铁索的黑无常,2006年摄于涪陵丰都鬼城

险阻,遍经十八层地狱,终于感动神明,母子重聚。这出戏逐层描述了十八层地狱的极端恐怖,有力地突出了劝善惩恶的主题。

地狱层级取数"十八",当然不是汉族佛教独有的说法,佛教经典《十八泥犁经》中就有十八地狱:一为光就居狱,二为居虚悴略狱,三为桑居都狱,四为楼狱,五为房卒狱,六为草乌卑次狱,七为都卢难旦狱,八为不卢半呼狱,九为乌竟都狱,十为泥卢都狱,十一为乌略狱,十二为乌满狱,十三为乌籍狱,十四为乌呼狱,十五为须健居狱,十六为未都乾直呼狱,十七为区逋途狱,十八为陈莫狱。不过在汉族佛教和民间信仰中,人们似乎并不看重地狱层级的具体名目,只是关注"十八层"。这是因为在人们的观念中早已形成"九泉之下"这类表示阴间去处的说法,以"九"的极数性质指代阴间之幽深。随着佛教观念的流行,"九泉"之说又翻一番,"十八层"就成为一种模式化用法,成为地狱无限可怖之象征,而其具体名目倒无人去细究了。

# 第十章　十干十月历

　　毕达哥拉斯学派崇尚"十",从崇"十"的角度出发以为和谐的天体也应当是十个,但在当时只有九个是可以看得见的,于是他们就臆想出第十个天体,称之为"对地"。亚里士多德批评他们"如果什么地方出现了漏洞,他们就贪婪地找个东西填进去"。这种填补漏洞的做法,是以"十"作为规范事物的基数,它反映了古代思想家以"十"构成圣数体系统合和驾驭现象世界的愿望。这种愿望也是具有相当普遍性的,在中国古文化中亦有突出表现。本章拟从"十"在中国文化中的象征功用入手,透析"十干""十月历""十日神话"等重要文化现象,附带论及大唐盛世的崇"十"风尚。

## 第一节　"十为数之极"

　　《史记·律书》指出:"数始于一,终于十。"《说文解字》曰:"十,数之具也。"孔颖达疏:"十者,数之极。"这些说法表明,在早期数概念中,"十"就是一个极大的数了,或许正因为手指计数止于"十"的缘故。

　　然而,进一步探究数的原始发生机制,就会发现"十"在巫术文化智慧中具有特殊的意义。这不仅因为它在筮数序列中处于终极的位置,也因为它在从具体事物抽离的过程中所表征出来的神秘性质。在《周易》所谓"天一,地二;天三,地四;天五,地六;天七,地八;天九,地十"的天地之数中,奇数象征天,称天数,九为天数之极,偶数象征地,称地数,十为地数之极,而且还是《周易》占筮中的"成数"之极,表示神秘的圆满,崇"十"的文化主题多少受到《周易》数论的这种影响。

这种以"十"为"成数之极"的原始观念,到了文明社会中,依然积存在集体无意识的深处,生成了形形色色的以"十"为多、久、远、全的数字文化现象。

《诗经·小雅·甫田》:"倬彼甫田,岁取十千。"《毛传》:十千,言多也。《礼记·大学》:"曾子曰:十目所视,十手所指,其严乎!"孔颖达疏:"十目所视,十手所指者,言所指视者众也。"形容一举一动,都不能离开人的耳目。《管子·七法》:"以能击不能,以教卒练士,击驱众白徒,故十战十胜,百战百胜。"将屡战屡胜之意融入数字"十"和"百"中。至于成语典故和民间俗语中,"十"更是极端、极限的象征。完美无缺称为"十全十美",事情紧迫称为"十万火急",稳操胜券称为"十拿九稳",极其危险称为"十死一生",弥天大罪称为"十恶不赦",读书迅速、聪颖过人称为"十行俱下"……清代乾隆皇帝为了表示自己独步千古、武功超群,晚年甚至自号"十全老人"。由于"十"作为结构素派生出种种表示极限、众多之意的语词现象,它频频出现在中国古代诗文中,几乎成为一种修辞惯例。例如:

我归宴平乐,美酒斗十千。(曹植《名都篇》)
十分花鸟东风恨,半在诗中半酒中。(黄庚《莫春二首》)
终日寻春不见春,杖藜踏破几重云。归来试把梅梢看,春在枝头已十分。(戴益《探春》)
丈八蛇矛左右盘,十荡十决无当前。(佚名《陇上歌》)

用"十"构成名词词组,表示众多的词语有:

十风五雨岁则熟,左飧右粥身其康。(陆游《子聿至湖上待

其归》)

挟云则十雨时濡,衔照则三光递舒。(盛均《真龙对》)

画堂檀板秋拍碎,一引有时联十觥。(杜牧《自宣州赴官入京,路逢裴坦判官归宣州,因题赠》)

主称会面难,一举累十觞。十觞亦不醉,感子故意长。(杜甫《赠卫八处士》)

读书十纸勤虽在,上树千回事已非。(陆游《庵中独居感怀》)

十浆何足馈,百槚尽堪捐。(徐铉《和门下殷侍郎新茶二十韵》)

这里出现的"十"大都不是实指,具有夸张和对仗等修辞功用,尤其是与"百""千"相对而言的"十"。用"十"作为时间度量而组成的名词词组也有不少,如:

立身则十世可宥,遗子则一经而已。(庾信《周陇右总管长史赠太子少保豆卢公神道碑》)

建国惟神业,十世本灵长。(梁宣帝《建除诗》)

五德迭兴,十代继运。(江淹《为齐王让禅表》)

十代阙州记,百祀绝方书。(袁淑《登宣城郡》)

岂可不饮负此春,向来风雨十朝九。(方回《与孟能静饮联句二首》)

荡子十年别,罗衣双带长。(刘孝绰《古意》)

图万载而不倾,奄摧落于十纪。(潘岳《西征赋》)

同河济之重世,逾班生之十纪。(沈约《郊居赋》)

十年木屐步苔痕,石上松间水自喧。(秦系《山中杜皇甫温大夫见招书》)

酒阑却忆十年事,肠断骊山清路尘。(杜甫《九日》)

出入岩峦千仞表,较量筋力十年初。(苏轼《游庐山次韵章

传道》)

十岁此辰同醉友，登高各处已三年。（欧阳詹《九日广陵登高怀邵二先辈》）

中为吏役牵，十祀空悁劳。（柳宗元《游南亭夜还叙志七十韵》）

浙水秦淮度十霜，官清谁薄简编香。（周必大《次韵子中兄相迎诗中有奠松楸之语念别后权母子柔下世故率章及之》）

客舍并州已十霜，归心日夜忆咸阳。（贾岛《渡桑乾》）

忆求名于薄艺，曾十稔以别离。（欧阳詹《将归赋》）

道途縠万里，日月垂十龄。（韩愈《答张彻》）

忆念凤翔都，聚散俄十春。（杜甫《别蔡十四著作》）

十暑岷山葛，三霜楚户砧。（杜甫《风疾舟中伏枕书怀三十六韵奉呈湖南亲友》）

我从东山，献书西周，出入二郡，蹉跎十秋。（岑参《感旧赋》）

此外还可以举出"十载""十叶""十月""十旬""十时""十刻""十宿""十晨""十夕""十夜"等表示时间的惯用语词。这其中固然也有些是实指数量单位"十"的，但更多的是为了修辞需要，做虚数而用。《风俗通义》说"十载谓之极"，已将象征意蕴点明。

以"十"为结构素组成表示空间或地点的语词，也是诗人墨客们所喜好的。像"十山""十岳""十峰""十洞""十洲""十浦""十薮""十泉""十池""十地""十顷""十方""十道""十路""十极""十望""十郡""十都""十县""十国""十乡""十舍""十程""十镇""十落""十斋""十村""十社""十驿""十城""十阁""十门""十宅""十亭""十庙""十刹""十寺""十筵"等等，皆是其例，这里就不一一说明了。

神秘数字"十"作为生成发展的极数、成数，在儒、道、佛的思想体系中也充分发挥了其结构素作用，形成了一大批以"十"为名目的凝定结构。

儒家主张纲常伦理，以"十义"作为人们应该遵守的道德规范。《礼记·礼运》："父慈、子孝、兄良、弟弟(悌)、夫义、妇听、长惠、幼顺、君仁、臣忠,十者,谓之人义。"十义也称十教。《荀子·大略》曰:"立大学,设庠序,修六礼,明十教,所以导之也。"儒家还用美玉的十种特质比喻君子的德行,以仁、知、义、礼、乐、忠、信、天、地、德作为君子应有的十种美德。甚至将儒家的十一部经书也要合称为"十经",《易》《书》《诗》《周礼》《仪礼》《礼记》《左传》《公羊传》《谷梁传》各为一经,《论语》《孝经》合为一经。解说《易》的《易传》十篇著作也要命之以"十翼"。

十德传家对联,台中市林氏祖宅正门

　　佛教把世界分为东、西、南、北、东南、西南、东北、西北、上、下十方,称为"十方世界"。十方诸佛称为"十方佛"。佛陀的高足有十大弟子。佛具有十种智力。参悟佛理要经过十个阶位,称为"十地"。十地修习的内容分别是施、戒、忍、精进、静虑、般若、方便善巧、愿、力、智等"十波罗蜜"。佛教沙门有"十大戒律",作为应予遵守的道德信条。据《沙弥十戒法并威仪》,"十戒"是:不杀生,不偷盗,不邪淫,不妄语,不饮酒,不涂饰香鬘,不听视歌舞,不坐高广大床,不非叫食,不蓄金银财宝。与之相对的则有"十恶":杀生,偷盗,邪淫,妄语,两舌(亦译"离间语"),恶白(亦译"粗恶语"),绮语(亦译"杂秽语"),贪欲,嗔恚,邪见。佛教将恶人死后灵魂所归之处称为地狱,中国佛教中主管地狱的有"十殿阎王",即秦广王、初江王、宋帝王、伍官王、阎罗王、变成王、泰山王、平等王、都市王、五道转轮王,他们分居地狱十殿,对恶鬼施行惩罚。此外,诸如"十念""十谛""十喻""十虑""十身""十使""十缠""十因缘""十法界""十迴向""十乐讲"等,俨然一个由"十"构成的世界,"十"在这里具有弥漫一切的法力。

## 第二节　"十干"与"十月历"

十天干是由甲、乙、丙、丁、戊、己、庚、辛、壬、癸十个汉字所组成的一组基于十进位观念的循环记数系统。这些汉字本身,原本并不包含数的观念,只是在被假借为天干、用来记日记时后,才成为时间的尺度,并具有了神圣的象征功能。它往往以类比的方式,将自然现象与社会现象相比照,使天干记数成为天人合一观念的神秘投影。

《左传·昭公五年》云:"日之数十,故有十时,亦当十位。"从甲至癸一共十日,秦汉以前一日一夜分为十时,因为天以十为数,人间社会自然也要以十为本,安排相应数目的等级关系。杜预注详细述说了"十时"与"十位"的这种对应:"日中当王,食时当公,平旦为卿,鸡鸣为士,夜半为皂,入定为舆,黄昏为隶,日入为僚,晡时为仆,日映为台。"《左传·昭公七年》说得更为直截了当:"天有十日,人有十等。下所以事上,上所以共神也。"以天人合一、十数相应的简单类比确证上下尊卑的天然合理性。

阴阳术数家依据十干与阴阳五行的组合搭配,设制出"十干合"原理。指十天干中一阴一阳相合。即甲(阳木)与己(阴土)合,乙(阴木)与庚(阳金)合,丙(阳火)与辛(阴金)合,丁(阴火)与壬(阳水)合,戊(阳土)与癸(阴水)合。

据《三命通会·论十干合》所述,每一对组合都将引申出一种伦理道德上的意义,作为进一步判断吉凶、预测命运的前提条件。

> 甲与己何名? 为中正之合;
>
> 乙与庚何名? 为仁义之合;
>
> 丙与辛何名? 为威制之合;
>
> 丁与壬何名? 为淫暱之合;
>
> 戊与癸何名? 为无情之合。

十干合的结果与五行相匹配组合,即成所谓"十干化气",其基本公式为:

甲己合化土。

乙庚合化金。

丙辛合化水。

丁壬合化木。

戊癸合化火。

　　星命家又依据十干合所化成的五行之气生克的情况去推断人的禄命，以十干配十二支，叫作"十干禄"。甲乙配同寅卯，居东；丙丁配同巳午，居南；庚辛配同申酉，居西；壬癸配同亥子，居北。十干就支神为禄，即甲禄寅，乙禄卯，庚禄申，辛禄酉，壬禄亥，癸禄子，丙禄巳，丁禄午。关于"禄"的解释，《三命通会·论十干禄》是这样讲的：

　　　　禄，爵禄也，当得势而享。《洞元经》曰："凡命带禄，最怕犯冲，谓之破禄。"

　　星命家又把禄在年支者称为岁禄，禄在月支者称为建禄，禄在日支者称为坐禄，禄在时支者称为归禄。所有这些玄奥命理全由神秘的十干纪数衍生而来。

　　十天干不仅被作为时间的尺度，亦用于方位的代称，具有空间意义。《尚书·皋陶谟》曰："娶于涂山，辛壬癸甲。"以天干指代四方，意为大禹娶了涂山氏之女，就忙于四方治水。这种以天干表示方位的用法在古代诗文中还是比较常见的。梁简文帝《大法颂》："忉利照园之东，帝释天城之北，故以辛壬癸甲。"将东、北等方位与天干相应。宋李弥逊《筠谿集·将到金陵投宿乌江寺》："辛壬癸甲常为客，南北东西只问山。"更是天干与方位对举。正如钱锺书先生分析的那样，"下句于上句既为对句，兼如注解"[①]。《晚清簃诗汇》卷七十陈梓《夏盖湖》："南朔东西波浪急，辛壬癸甲别离多。"诗人以"辛壬癸甲"寄托四方飘零分离之意，比直接用方位词更显得机巧而含蓄。

---

① 　钱锺书：《管锥编》（第四册），中华书局 1986 年版，第 1396 页。

**十月怀胎,一朝分娩:以牛角生长周期为象征的生育女神——古埃及哈托尔浮雕像之一**

那么,应该如何认识十天干所具有的空间意义呢?换句话说,天干字构形本身是怎样反映远古人类的时空观的?按照许慎《说文解字》的说法,天干字创制之初,时间与空间的概念就是相互依存、统一在一起的:

　　甲(甲),东方之孟,阳气萌动,从木戴孚甲之象。一曰人头宜为甲,甲象人头。凡甲之属皆从甲。命,古文甲,始于十,见于千,成于木之象。

　　乀(乙),象春草木冤曲而出,阴气尚强,其出乙乙也,与丨同意。乙承甲,象人颈。凡乀之属皆从乙。

……

丙(丙),位南方,万物成,炳然,阴气初起,阳气将亏。从一入内,一者阳也。丙承乙,象人肩。凡丙之属皆从丙。

丁(丁),夏时万物皆丁实,象形。丁承丙,象人心。凡丁之属皆从丁。

戊(戊),中宫也,象六甲五龙相拘绞也。戊承丁,象人胁。凡戊之属皆从戊。

己(己),中宫也,象万物辟藏诎形也。己承戊,象人腹。凡己之属皆从乙。

庚(庚),位西方,象秋时万物庚庚有实也。庚承己,象人齐。凡庚之属皆从庚。

辛(辛),秋时万物成而孰,金刚味辛,辛痛即泣出。从一从辛,辛,罪也。辛承庚,象人股。凡辛之属皆从辛。

……

壬(壬),位北方也,阴极阳生,故《易》曰:"龙战于野。"战者,接也。象人怀妊之形,承亥壬以子生之叙也,与巫同意。壬承辛,象人胫,胫任体也。凡壬之属皆从壬。

癸(癸),冬时水土平,可揆度也,象水从四方流入地中之形。癸承壬,象人足。凡癸之属皆从癸。[1]

许慎的解说依据小篆,又掺杂了阴阳五行的成分,很难说它准确地反映了天干字的原始含义。不过,这一解释将十天干的时间序数与宇宙万物的生成过程结合起来,不仅以春夏秋冬四季表示了作物生长的完整序列,亦以东南西北四方表征了天干字代表的方位,为进一步探索十天干的象征蕴涵,提供了可资借鉴的思路。

构成十干观念之基础的以"十"为进位基数的原因,应该说是多方面

275

---

① 许慎:《说文解字》,天津古籍出版社 1991 年版,第 308—309 页。

的。在神话思维的作用下，十天干与怀胎十月方才分娩的现象之间也具有一种类比联系。《淮南子·地形训》曰："一主日，日数十，日主人，故十月而生。"《大戴礼记·易本命》曰："主日，日数十，故人十月而生。"《春秋繁露·阳尊阴卑》曰："天之大数毕于十……人亦十月而生，合于天数也。"这里的十，已经化作至尊的象征，原本是"十月怀胎"的自然法则，竟被视为合"十"而生的神授天启。这不禁使人想起古罗马诗人奥维德的诗句：

> 古罗马历，一年月亮绕十个圈：
> 当时把这个数奉为至尊至上，
> 或者因为我们习惯了用手指来计数，
> 或者因为妇人怀胎十个月方才分娩，
> 再不然，就因为数字增到了十，
> 便回过头来，从一开始循环。[①]

奥维德在此做出的最后一个推测实质上与中国人说的"九九归一"的道理有相近之处。而"十月怀胎"的现象也确实曾给予史前人类带来极深刻的印象。又因为初民把怀孕生产视为个体生命在循环变易之中得到不死永生的征象，"十"作为循环基数而获得应有的神圣性，也是顺理成章的。

至于古罗马人曾有过的"十月历法"，其实也绝不仅限于罗马文化一方。在中国云南、贵州一带居住的彝族也以其别具一格的"十月历"而远近闻名。

按照这种历制，一个月不是三十天，而是三十六天，一年十个月再加五至六天"过年日"，一共是三百六十五又四分之一天。我们知道，"月"这个记时尺度的设立是以月亮圆缺变化的周期为计算基础的，以"月"命名这个尺度正是神话思维以具体表示抽象这一规则的体现。既然彝族以三十

---

① 《岁时志》(fasti)，第三卷。转引自 T. 丹齐克:《数:科学的语言》，苏仲湘译，商务印书馆 1985 年版，第 1 页。

六天为一个月,这就不应该再称其为"月"了,因为这种历制与月亮圆缺的循环变化时间并没有关系。所以现今有学者不再称之为"彝族十月历",而改称"彝族太阳历"。进一步的考证研究后,人们又发现,所谓"彝族太阳历"并不是局限在边远的隔世山区的一个小民族所臆造出来的怪异东西,而是中华文明最古老的历制之一——夏代历法。

在前文讨论"九鼎"时已提到夏代开国君王大禹本为来自西羌的领袖,而彝族源自远古氐羌族群几乎已成为学界定论。所以《夏小正》与彝族太阳历的对应吻合似乎大有深意可考[①]。十月太阳历的最大特征是每个月的日数恒定为三十六,即每年每月的日数整齐划一,不用分大小月,更没有二十八天一月的出格现象。这一特点使它便于记忆又便于使用,具有独超众历的优越之处。

那么这种恒定日数的周期基数三十六又是如何得来的呢?原来它同下文要讨论的另一个圣数"十二"密切相关。"三十六"既是"九"的四倍又是"十二"的三倍。彝族十月历计量时间的方法不按一、二、三、四、五……的序数记日,而是用虎、兔、龙、鼠、牛等十二属相(或称"十二兽")轮回记日。也就是说,今天属虎为虎日,明天属兔便为兔日,后天属龙为龙日。就好像现今汉族记年的"虎年""兔年""龙年"……的顺序一样。十月历把十二属相经三次轮回即三十六日作为一个完整的时段周期,三十次轮回即十个时段周期合为一年之大周期。每十个时段结束后,另加五至六日为"过年日",然后,新的一年又开始。新、旧两年之间的过年日通常为五日,每间隔三年即到第四年,增加一个闰日,则为六日过年日。这样,每四年之间的日数介于三百六十五日和三百六十六日之间,即平年为三百六十五日,闰年为三百六十六日,每年平均为三百六十五又四分之一日[②]。

云南宁蒗县委于 1983 年召集全县彝老包括毕摩(即彝族巫师),在该县举行了十月太阳历研讨会,进一步辨明了该历法的许多细节特点。如分

---

① 参见刘尧汉、陈久金、卢央:《彝夏太阳历五千年——从彝族十月太阳历看〈夏小正〉原貌》,载《云南社会科学》1983 年第 1 期。

② 刘尧汉:《中国文明源头新探——道家与彝族虎宇宙观》,云南人民出版社 1985 年版。

一年为十个时段,每过五个时段即一百八十天后,过一个小年,过完十个时段后再过大年。大年和小年各三天。全年十个时段以木、火、土、铜、水这五种元素各分雌雄来表述,其名称顺序如下:雄木、雌木、雄火、雌火、雄土、雌土、雄铜、雌铜、雄水、雌水;这十个时段即十个"月份",单月为雄,双月为雌。这不禁令人想到《周易》数理以奇数为阳、偶数为阴的惯例。彝族人用五元素再分雌雄的方式得出周期数"十",用算术公式表达当为 $5 \times 2 = 10$。它与汉民族的阴阳五行观虽略有差异之处,但所依据的数理结构还是完全一致的。

值得注意的还有,彝族十月太阳历的重新发现和阐释也带来了文化寻根方面的连锁反应。因为远在太平洋彼岸的远古居民——美洲印第安人中也曾有类似的历制,尤其玛雅文明的太阳历,更体现出极大的相似性特征。有学者据此认为彝族同美洲印第安人在血缘人种方面似有渊源关系,这就从又一个角度为美洲人源自亚洲大陆的假说提供了一条思考的线索。神秘数"十"的背后很可能也潜伏着文化变迁的历史信息。

由于历法的设定对于人的生活、思想提供着最基本的时间尺度,历法数字必然在社会意识中产生深远反响。"十"作为数之极,在彝族文化中也可以得到证明。回顾我们在第一章所提到的彝族《勒俄特衣》神话,从"混沌演出水是一"到"万物全殒尽是十"这一由一至十的数字序列里,可以感受到那始自远古的神秘的遗韵。这则神话把"十"作为天地变化史的终极之数,也就是宇宙自然循环变化的基数,可以说正是所有神秘数字之所以具有象征性蕴涵的一个主要来源。因为只有基数才会在数字序列之中具有终而复始的进位特征。不用说,这则神话中"十"的神秘用法直接同彝人十月太阳历相关。除此以外,使"十"成为循环变化的基数的主要原因,在汉民族中来说,是不是只有"十干"一种解释呢?而"十干"的神话思维根源又是什么呢?下文将结合对上古十日神话的考察,对上述疑问做出解答。

## 第三节　羿射十日神话真相

《汉书·律历志》曰:"元始有象一也,春秋二也,三统三也,四时四也,合而为十,成五体。以五乘十,大衍之数也,而道据其一,其余四十九,所当用也,故著以为数。"这段话说得玄而又玄,似乎在推演数字游戏,但其中暗示出了圣数"十"象征意蕴构成的又一层因素。即"十"不仅是 $2 \times 5$ 和 $9 + 1$ 的结果,而且也是最早产生的四个圣数一、二、三、四相加之和。

在本书前四章中,我们分别阐释了太极、两仪、三才、四象等术语。将它们再统合于"太极生两仪,两仪生四象"命题中并进行译解还原,不难看出这一命题实际上是以"太阳神创世主"神话为原型母题。即太阳(太极、一)从黑夜结束时升起,带来了黑暗与光明交替的二分宇宙(两仪、阴、阳、二)和天地人三才并立的现实世界(二生三);而太阳由东而南而西而北的运行规则则为人类认识四方空间提供了基本的自然尺度(四象、四)。把太极(即"一")同两仪(即"二")三才(即"三")四象(即"四")这一衍化发展过程合起来看,其数式恰为 $1 + 2 + 3 + 4 = 10$。由此着眼,圣数"十"的由来在华夏文明中可能与农耕者对太阳的依赖、观测和推算联系在一起。换句话说,"十"也可以视为太阳之数或太阳运行之道的象征。

从汉字中数字"十"的构形上看,也可找到它同太阳崇拜的紧密联系。

无论在西方还是东方,"十"字形都是一种历史悠久的符号。在西方,它具有神圣的宗教特征,成为基督教的标记。"在中世纪,当十字的四端被等同于天堂四界时,当东西南北被等同于基督教救世史话的特定阶段时,十字便是特定原始宇宙-宗教主题的再现。"[1]在中国,它同样具有神圣的蕴涵。许慎说:"十,数之具也,一为东西,丨为南北,则四方中央备矣。"(《说文解字》三上)尽管这一说法将十字形与汉字"十"这两个同形符号的象征意义混为一谈,却表达了这一符号与原始的方位崇拜的关联。如前

---

[1]　恩斯特·卡西尔:《神话思维》,黄龙保、周振选译,中国社会科学出版社 1992 年版,第 166 页。

所说,方位意识的成立与太阳运行规则密切相关,所以古希腊哲人甚至说太阳是时空的主宰者和统治者。表示四方的十字形符号同时也是太阳的符号。

按照现代学者的考释,十字造型产生很早,在西安半坡出土的陶片上,在其后的二里头陶片和殷墟甲骨上,都可发现这样的符刻。不过,作为文字,早期的"十"形并不表示数字十,而是"七"。这种用法一直延续到秦汉之际。丁山先生说:

> 七之见于卜辞金文者通作十;惟秦会稽刻石始变十"为从中衰出"作𠃑。①

罗振玉先生说:

> 古文七字皆作十,无同篆文作𠃑者。古金文中七字至罕见,惟尖足小布幕纪数字皆作十,与卜辞正合,直至汉器铭识尚尔。②

谁能想到"十"与"七"之间还曾有这样一段缘分呢!

那么,早期文字中数字十是如何表示的? 其构形的奥秘何在呢? 在金文中十字作"●",在甲骨文中作"丨",它们与"十"字构形都有很大的差距。郭沫若先生分析了金文、甲骨文的这种原始构形,认为它们不过是手掌的象形,"以一掌为十,故金文十字作●(甲骨作丨,以不易作肥笔而省之),一竖而鼓其腹,亦掌之象形也"③。张秉权先生基本同意手掌象形之说,但不赞同一掌为十,而持二掌为十之说。他觉得竖一掌之形,只有掌背微鼓,掌心是平的,不能像金文中的十字那样,腹的两边都鼓起来,因而认为"一掌的象形,可能为五,而不是十,'十'字所象的,可能是并指而合竖二掌之

---

① 丁山:《数名古谊》,见《"中央研究院"历史语言研究所集刊》(第一本第一分),1928年,第93页。
② 罗振玉:《殷墟书契考释》,东方学会石印本,1927年,第16页。
③ 郭沫若:《释五十》,见《郭沫若全集·考古编》(第一卷),人民出版社1982年版。

形,二掌的手指数目为十,合掌竖立,只能看到两边微鼓的一条直线,甲骨文由于工具的关系,往往将肥笔简化为线条,所以只作'丨'形,而金文中却仍保持着一竖而鼓其腹的形象,更由此而演化为现在的一横一直之形的'十'字①。这些现象表明,"十"这个汉字在今天所具有的这种形式并不是从来就有的,它是记数的符号同太阳崇拜的符号结合改造而成的。从半坡时代的十字形刻画符号到象征立体宇宙全方位空间的"七"的原初写法,再到象征太阳运行之道的循环基数"十",其间一脉相承的原始表象是大体一致的。此外,殷商甲骨文中作为序数符号的"甲"写作"十",也写成一方形中含着十字的图样,这一构形也表现了与太阳崇拜的关系。"甲"作为序数列在十干第一位,但十干的更早叫法是十日(郭沫若、管东贵对此均有论证),十日是商人给十个太阳起的名字,"甲"字自然是最先产生的太阳名字,也就是最原始的太阳神符号。结合外域大量的同类材料,可以断定"十"与太阳神崇拜的关系具有相当的普遍意义。就华夏文明而言,"十"与十个太阳的神话更具有互为表里的关系。

彝族十月太阳历的再发现对中国上古文化研究特别是天文历法方面给予了有益的启迪。它首先让人联想到,这种古历同至今仍通行的"十干"以及流传甚广的"十日"神话之间,会不会有什么联系呢?已有学者受此启迪对后羿射十日的神话背景做出大胆假说,认为"射十日"的神话情节影射着上古一次重大历法改革:

上古时代可能实行过这样一种历法:把一年的周期,划分为十个等分,或者说,划分为十个太阳"月"。然后每月用十干中的一个字为其命名,如甲月、乙月、丙月……癸月,十干轮完,即度过一年……这种纪月方法的依据,是这样一种观念:每年有十个不同的太阳在天空中运行。用这个观点,也就可以解释寒来暑往太阳热度的变化。这种十进的纪年方法,肯定是比较简便的,它也

---

① 张秉权:《甲骨文中所见的数》,见《"中央研究院"历史语言研究所集刊》(第四十六本第三分),1975 年。

符合殷商人崇尚"十"数的观念。但是作为一种纪年法，它当然是很不准确的。而其误差不断积累的结果，就必定会在某一年，终于造成历法的全面混乱……正是在这样的情况下，产生了帝尧命羿射十日的神话。而这个神话的真实意义，也是唯一可能作出的合理解释，就是它实际上是暗示了一场重大的历法改革。①

历法改革说作为十日神话的历史性解释还发展出又一种形式：认为射十日的情节中反映着以羿为首的东夷部族征伐夏国而夺得中原地区的统治权，并以东夷部落实行的一年十二个月的阴阳合历取代夏族的十月太阳历。关于这次假说之中的夷夏冲突，论者的推测完全建立在一则神话材料上，那就是《山海经·海内经》所说的："帝俊赐羿彤弓素矰，以扶下国。羿是始去恤下地之百艰。"

以上两种大同小异的历法改革说似乎都忽略了这样一点：错将不同时期文献中关于羿的不同记载混为一体了，即把汉代的《淮南子》一书中作为帝尧之臣子的羿射十日传说同先秦文献《山海经》和《天问》中作为天神的羿的事迹混淆在一起了。这样一来，原初的射日神话同汉代以后修改补充了的射日神话之间的传承变异关系就被遮蔽，十日神话成为难以理出头绪的纷争问题。

据台湾学者管东贵的综合统计分析，古文献中的"十日"神话其实有两种不同的叙述类型："十日迭出"说与"十日并出"说。前者与作为十日之母的羲和的神话有关，尤其是与东方的旸谷及扶桑有直接的联系；后者则与尧时大旱的传说背景联系在一起，至于羿上射十日的说法则是附会在十日并出神话之后的。②

如果把考察的视线先集中到"射日"这一个母题上来，那么需要特别说明的是，先秦文献典籍中明确记载这一母题的只有一处，即屈原《天问》

---

① 何新：《诸神的起源——中国远古神话与历史》，生活·读书·新知三联书店 1986 年版，第 171—172 页。

② 管东贵：《中国古代十日神话之研究》，见古添洪、陈瑟桦编著：《从比较神话到文学》，（台湾）东大图书公司 1993 年版，第 86 页。

中的"羿焉彃日？乌焉解羽？"在此并没有说明射日的数目是多少。《天问》这两句话在一系列问题中的位置是这样的：先问宇宙开辟、大地的生成、鲧禹治水、昆仑乐园，紧接着就是问羿怎样射日，再接下去问到有关夏代的史事，如启益之争和五子之乱等。又往下问才有了"帝降夷羿，革孽夏民"之事。这种语境说明，羿射日和太阳鸟（乌）解羽的故事发生在先，即发生在羿被帝派到人间来以前，那时他的身份是天上之神，而不是地上的英雄。"根据这样一种时空划分，射日神话所反映的，既不会是人间的社会斗争，也不会是人同大自然的斗争，更不会是历法的变更，只能是太阳神家族内部的兄弟内讧了。"①

原来十日神话中的十位小太阳神都是羲和一位母太阳神所生的亲兄弟，他们本来应该轮流值日，每天只有一人升上天空照耀世界的。可是有一天发生了剧烈的争执，十位太阳兄弟都争着要出来照耀世界，一下子乱了原有的十进制循环秩序，结果小儿子羿弯弓搭箭将九位哥哥都射落了，只剩下自己一人独游太空。这便是从"十日迭出"演化为"十日并出"，进而再度演化为"羿射九日"的神话发展过程的轨迹吧。这样看来，"羿射九日"神话的真相应为"射九日"，如《庄子·秋水》成玄英疏引《山海经》所说，"羿落九日，落为沃焦"。我们还可以从母系氏族社会中普遍存在的"末子相续"制（与父系社会的长子继嗣相对）来解说羿射杀九兄的神话根源，正因为羿犯下了如此残暴的罪过，天帝才把他贬下人间，革除了神籍。否则的话，又怎么会有英雄羿杀妖除害并且上昆仑山寻不死药的传说呢？即使从嫦娥与羿相婚配的故事中也不难看出阴与阳、月与日的二元对立关系吧。羿的实质原来正是代表宇宙中阳性力量的太阳神。关于他和十日代出的神话都源自史前文化的母系氏族阶段，也许他的母神羲和正是那时唯一最有权势的天界女主呢。

殷商时代虽然已正式进入了父权制文明的门槛，但是有种种迹象表明母系社会的遗风余俗依然十分强大。殷墟卜辞中先王与先妣并享盛大祭

---

① 参见叶舒宪:《英雄与太阳——中国上古史诗的原型重构》,上海社科院出版社 1991 年版,第 83 页。

典就是一个明证。妇好墓出土大量稀世珍宝,而墓主妇好则是商代叱咤风云的女将军,这足以说明当时女性在社会上仍可占有较优越的地位。也就是在商代,史前羲和母神生十日的神话依然有非常广泛的影响,殷商人以"旬"即十天为周期纪日,并且创制出"十天干"作为序数符号,这些当然都同流行已久的十日神话有着渊源上的一脉相承关系。

用甲、乙、丙……十干纪日的殷商历制,同《山海经》所说的"十日"交替值日的情形——"一日方至,一日方出","九日居下枝,一日居上枝"(指扶桑之树的树枝)不是完全吻合吗?郭沫若先生在《释支干》这篇文章中已经提出,朱熹等人以为十日神话由十干纪日误传而生的观点把因果关系弄颠倒了。是神话在先,而旬制和十干纪日由神话所衍生。

到了先秦理性精神逐渐成熟并向神话提出质疑和挑战的时代,天上有十个太阳的说法便从根本上动摇了。人们从经验观察中看到的太阳毕竟是天天相同的呀,如果真有十日,它们之间的区别又何在呢?请看汉代思想界怀疑论的代表人物王充的一段话:

> 儒者说日,及工伎之家,皆以日为一。《禹贡》《山海经》言日有十……诚实论之,且无十焉。何以验之?夫日犹月也,日而有十,月有十二乎?星有五,五行之精;金木水火土,各异光色。如日有十,其气必异。今观日光,无有异者。察其大小,前后若一;如审气异,光色宜殊;如诚同气,宜合为一,无为十也。[①]

现实观测的结果与神话信仰之间的冲突就这样摆到了意识形态的前台,调解这一矛盾的最佳途径莫过于编制新的射日神话,把"天有十日"的说法推给极遥远的古昔时代,再把为民除害、解除旱灾的伟大功绩归到儒家心目中的圣王尧的身上,而古神话中的天神羿也只好适应新编神话的需要,摇身变为尧的臣子。原来那位弑九兄的罪犯现在则成了万民景仰的大英雄。

---

① 王充:《论衡·说日篇》。

## 第四节　唐人为什么好"十"

　　在中国古代两大盛世——汉与唐,"五"和"十"是具有时代特征的两个圣数。汉人喜爱"五"与唐人偏好"十"都很引人注目。

　　唐初统治者把行政区划为"十道",它们是关内道、河南道、河东道、河北道、山南道、陇右道、淮南道、江南道、剑南道、岭南道。开元初年又因分山南、江南为东西道,增置黔中道及京畿、都畿,扩充为"十五道"。开元中,划定境内州府,以宋、亳、滑、许、汝、晋、洺、虢、卫、相十州称"十望",以秦、延、泾、邠、陇、汾、隰、慈、唐、邓十州为要冲之地,称为"十紧"。除了行政区划,官制也取数以"十"。太子卫士,分置十率,主管宿卫、徼巡、斥候之事,分别为左右卫率、左右内率、左右司御率、左右清道率、左右监门率,合称"十率府"。唐代统治者不仅设立了许多"十"制名目,前代已有的十制也加以沿袭。唐律沿用隋制,将谋反、谋大逆、谋叛、恶逆、不道、大不敬、不孝、不睦、不义、内乱等十种最严重的罪行称为"十恶"。

　　有唐一代的政治家们似乎对"十"这个数有一种莫明其妙的偏好,臣子上陈奏章时常常不多不少列出"十事",用来打动皇上的心倒还真灵。史书上记载了不少这样的事例。如姚崇以十事要说而取得皇帝信任,让他辅政。这十事是:

　　政先仁恕;不倖边功;法行自近;宦竖不与政;绝贡献;戚属不任台省;接大臣以礼;群臣得犯忌讳;绝道佛营造;推此鉴戒为万代法。

　　从内容上看,姚崇说的这"十事"确实有助于治国安民,虽然其中不少早已是老生常谈了。著名诗人元稹也曾上奏皇上"十事",内容几乎完全不同,它们是:

　　教太子,正邦本;封诸王,固磐石;出宫人;嫁宗女;时召宰相讲庶政;次对群臣广聪明;复正衙奏事;许方幅纠弹;禁非时贡献;省出入游畋。

　　这位元稹不光以诗著称,当时与白居易齐名,史称"元白",甚至排在白居易前面,而且是很有政治作为的进取之士,在皇帝御审的制科考试中夺得了全国第一,后来官做到宰相。他的这"十事"可谓大刀阔斧的自上而下的政治改革了,当然会得罪不少保守派,最后遭到免职的处分。

唐朝最兴盛的开元年代,皇帝命令将吏部分为"十铨",派十位精明强干的官员分别掌管,他们的名字也因沾了"十"的光而留传至今:苏颋、韦抗、卢从愿、徐坚、宇文融、崔琳、崔沔、韦虚心、贾曾、王丘。宋王应麟在他的《小学绀珠》中还举出了唐代的"十王宅"之名,并解释说:

唐开元后以"十"举全数。

这话透露了唐人热衷于数字"十"的部分奥秘,原来还是神秘的象征性使"十"获此殊荣。无怪乎唐代著名文人不再以"七子"之类名目显世,而有"大历十才子":卢纶、吉中孚、韩翃、钱起、司空曙、苗发、崔峒、耿沣、夏侯审、李端。

还有"方外十友":陆余庆、赵贞固、卢藏用、陈子昂、杜审言、宋之问、毕构、郭袭微、司马承祯、释怀一;"仙宗十友":司马承祯、陈子昂、卢藏用、宋之问、王适、毕构、李白、孟浩然、王维、贺知章。

相比之下,这两种"十友"之称虽不免部分重叠,但在文学史上却并驾齐驱,同样有名,而"仙宗十友"的阵容似更为可观,也更有影响力。

唐代大书法家则以"十体"名世,如"玄度十体":古文、大篆、八分、小篆、飞白、倒薤、散隶、悬针、鸟书、垂露;又如张怀素之"十体":古文、大篆、籀文、小篆、八分、隶书、章草、行书、飞白、草书。

唐僧齐己称诗歌有"十体""十势"。其《风骚旨格》分高古、清奇、远近、双分、背非、虚无、是非、清洁、覆粧、阁门为"十体";狮子返掷、猛虎踞林、丹凤衔珠、毒龙顾尾、孤雁失群、洪河侧掌、龙凤交吟、猛虎投涧、龙潜巨浸、鲸吞巨海为"十势"。

在音乐方面,唐朝人有"十部乐"之遗产传世。据杜佑《通典》,这十部乐是:燕乐、清乐、西凉、天竺、高丽、龟兹、安国、疏勒、高昌、康国。从内容上看,十部乐将中国传统音乐的内涵大大扩展了,这主要是唐代中外文化广泛交流融合的产物,东起高丽,西至天竺(即印度),当时世界各族音乐对我国音乐的大发展做出了重要贡献。"十部乐"正是多元文化互动共融的一个象征。由此也可看出,唐代之崇"十",多少反映了超越前世的开放大国的兼容并包的文化风格。固有的华夏圣数"三""五""九"之类实已不足以适应这种文化拓展的时代需要了。

# 第十一章　属相十二支

## 第一节　"十二"：天之大数

在华夏文化中，"十二"是一个独具魅力的神秘数字，其渗透力之广、影响之深远，几乎涉及社会生活的各个方面。历法有十二支，占卜有十二神，明堂分十二室，京城有十二门，冕服纹饰分十二章纹，食有十二鼎，佛教有十二因缘，中医讲十二藏，律分十二管，甚至天子姻缘要以十二为制，传说中的贤圣舜帝任命大臣也以十二为限。

不过，"十二"的模式意义并非总是表征实际的数量个体，在许多情况下，它以虚化的方式出现，泛指多数、极限之意。如《左传·僖公三十三年》："郑商人弦高将市于周，遇之。以乘韦先，牛十二，犒师。""秦晋殽之战"中的这段文字，描述了秦穆公袭郑途中遇郑商人弦高，弦高机智地以"乘韦先，牛十二"慰劳秦军，拖延时间，实际暗遣快马飞赴郑国报信之事。这里的"牛十二"，恐怕只是泛指犒赏数量之多，而很难实指为十二头牛。同理，《汉书·郊祀志》曰："方士有言黄帝为五城十二楼以候神人"，这里的"十二"很可能也是泛称，冠以"五城十二楼"就有了至尊、至极的意义。

至于"十二"的十、百、千倍数,在古代文献中更是经常充当多、极之意的夸张变体。稍举几例:

> 为铁椎重百二十斤。(《史记·留侯世家》)
>
> 黄帝以百二十女致神仙。(《汉书·王莽传》)
>
> 故我修身千二百岁矣,吾形未尝衰。(《庄子·在宥》)
>
> 有时朝发白帝,暮到江陵,其间千二百里,虽乘奔御风,不以疾也。(《水经·江水注》)

> 太皞句芒之所司者,万二千里……赤帝祝融之所司者,万二千里……黄帝后土之所司者,万二千里……少皞蓐收之所司者,万二千里……颛顼玄冥之所司者,万二千里。(《淮南子·时则训》)

类似用法在古诗词中更是比比皆是。例如:

> 京城十二衢,飞甍各鳞次。(鲍照《咏史》)
>
> 栏杆十二曲,垂手明如玉。(《乐府诗集·西洲曲》)
>
> 军书十二卷,卷卷有爷名。……策勋十二转,赏赐百千强。……同行十二年,不知木兰是女郎。(《木兰辞》)
>
> 秦塞重关一百二,汉家离宫三十六。(骆宾王《帝京篇》)
>
> 江上三千里,城中十二衢。(白居易《和微之春日》)
>
> 一身去国六千里,万死投荒十二年。(柳宗元《别舍弟宗》)
>
> 百二禁兵辞象厥,三千宫女下龙舟。(许浑《汴河亭》)

上述例子表明,以"十二"泛指多数,是中国古代文化中一种奇特的现象。不认识这一点,文化史上的一些问题就无法得到合理的解释。比如,《荀子·成相》谈及大禹治水"通十二渚"时说道:"禹有功,抑下鸿,辟除民害逐共工,北决九河,通十二渚,疏三江。"杨倞注:"案《禹贡》道弱、黑、漾、沇、淮、渭、洛七水,又有潍、淄,其道伊、洛、瀍、涧,既入于河,数则不止于十二,此云十二者,未详其说也。"杨倞所以对"数则不止于十二"而称"十二"的现象疑惑不解,就是不理解"十二"所具有的以实表虚、泛称多数的模式意义。唐代陆德明《释文》解说《庄子·天道篇》"(孔子)往见老聃……繙十二经以说",所以显得牵强,问题也在这里。他认为,"十二经"就是取数十二,并设想了三种可能:

第一,以《诗》《书》《礼》《乐》《易》《春秋》为六经,又加六纬,合为十二经;

第二,以《易》上下经并《十翼》(《彖辞》上下、《象辞》上下、《系辞》上下、《文言》、《说卦》、《序卦》、《杂卦》)为十二经;

第三,以《春秋》十二公(隐公、桓公、庄公、闵公、僖公、文公、宣公、成公、襄公、昭公、定公、哀公)为十二经。

其实,这三解都有穿凿之嫌。一解中把"纬"称作"经"就不合理,二解的《易》和三解的《春秋》所指都是一经而非十二经,为了凑够"十二"硬将它们拆开,终究难以圆通。

中国古代文化中的这一现象,大大丰富了"十二"的表现力,但何以构成这种现象,却是一个难解之谜。有学者剖析这一现象,将"十二"的用法分为实指和虚指两种类型,并将这一现象的由来,归因于"三"的倍数。朱祖延先生认为:"'十二'是'三'的倍数……'三'的三倍是'九','九'再加'三',变成'十二'。以'十二'为基础,又发展为'三十六''七十二'。历代沿用这几个数字,并日益使它们虚化,形成了古代文献中最常见的表述数字。"他进一步推论,数的模式化具有独特的民族风格,"鉴于古代巴比伦习惯于用六十来进位,不妨把'三'的进位,也看作是中华民族的一种传统习惯,在世界文化史上表现的一种独特风格。"[1]

叶九如先生不同意以"三"的倍数来表征"十二"所具有的模式作用。他认为中国历史上用"三"表示多数的习惯固然早已有之,但并没有过用三进位的时代。"九"确实是"三"的三倍,但用"九"来表示多数,正好说明中国自古以来就使用十进位制。因为在十进位制中,"九"是一个到顶

289

---

① 引文均见朱祖延:《释"十二"、"三十六"、"七十二"》,载《中国语文》1978年第4期。

的数字,超过"九"便要进上一位,可见"十二"的应用,并非仅仅因为它是三的四倍,或是三加九的意思。三十六、七十二这些数字,也不是在十二的基础上发展起来的,它们各自都有自己的来源。那么"十二"的来源又是什么呢? 他认为关键在于"十二"为"天之大数",朱文中也涉及这一点,但未能进一步深入。① 当代学人的学术探索,为破解"十二"的来源及其象征意义,提供了一条思路。

"天之大数",顾名思义,是指天数,至大之数。确实,在古人观念中,"十二"被赋予至极神圣的蕴涵。《左传·哀公七年》子服景伯说:"周之王也,制礼上物,不过十二,以为天之大数也。""十二"成为帝王"制礼上物"的数量规范。徐旭生先生在解释"肇十有二州"之说时也引述《左传》此语,认为"以十二为大数,始于周人",同时认为十二州"殆指大数,恐非实指"。② 类似用法在古典文献中还有不少,仅《礼记》中就有:

> 天子之冕,朱绿藻,十有二旒……(《礼器》)
> 戴冕璪十有二旒,则天数也;…… 旂十有二旒,龙章而设日月,以象天也。天垂象,圣人则之。(《郊特牲》)
> 天子玉藻,十有二旒……(《玉藻》)
> 旂十有二旒,日月之章,祀帝于郊,配以后稷,天子之礼也。
> (《明堂位》)

"旒"既指冕冠前后悬垂的玉串,也指旌旗下边悬垂的饰物。以"十有二旒"作为帝王的仪礼典制,绝不是单纯的数量安排,而是一种仪式规范,表明"十二"在封建礼制中是不可僭越的最大的数了。《后汉书·荀爽传》曰:"故天子娶十二女,天之数也,诸侯以下各有等差,事之降也。"天子与诸侯在"娶女"之制上的数量差异,反映了一种等级关系,这种关系实际是古代"天人关系"的投影。在古代社会中,天子总是以天降大任者自居,他

---

① 参见叶九如:《再说"十二"》,载《中国语文》1979 年第 5 期。
② 徐旭生:《尧舜禹》(上),见《文史》(第三十九辑),中华书局 1994 年。

的一举一动,都被视为替天行道、代天立言,具有无上的权威意义,因而,作为"天数"的"十二"就成为秉天而行的天子权力的象征和专利。不过,这里所涉及的只是天子与"天之大数"的关系,而非原始的符号语言,要揭示"十二"为"天之大数"的内在原因及其深层蕴意,还须做进一步的探索。

## 第二节　十二地支与十二月神话

"天之大数"的神圣性质,反映了十二与古代天象的密切联系,从天象历法的角度剖析这一模式数字的由来,有助于解释一系列礼制、巫术中十二周期的发生之谜。

在中国古代,"十干"与"十二支"并称,共同构成了用于记时的历法序数系统,简称"干支"。"干"指十天干,前章已有交代;"支"即十二地支,依次为子、丑、寅、卯、辰、巳、午、未、申、酉、戌、亥。十干与十二支按顺序两两相配,至六十次循环一周,称为一个"甲子"。

干支的记载产生很早,殷墟甲骨卜辞中已有干支记日的材料和干支顺序表,但干支的名称相对晚出。在秦汉史籍中它被称为"甲子",表示母子相生关系。《淮南子·天文训》说,"数从甲子始,子母相求"。《史记·律书》曰:"十母,十二子。"东汉时已有干支名称出现。但从"幹枝"的写法中,仍传达出一种从属关系。《白虎通》曰:"甲乙者幹也,子丑者枝也。"《后汉书·律历志》补注引蔡邕《月令章句》:"大桡采五行之情,占卜纲所建,于是始作甲乙以名日,谓之幹;作子丑以名月,谓之枝。幹枝相配,以成六旬。"用树木枝干比况十干十二支相配,与母子之说真是同工异曲。

这种相生关系的认识,为干支增添了几分神秘。干支何以产生?何以构成固定的数字模式？都是人们一直在探讨的问题。近年来，人们将干支置于中国神话传说的背景下，把它与著名的十日神话、十二月神话加以对比，不但发现它与神话在数字模式方面的一致性，也为干支的起源找到发生学上的根据。上一章已经论及"十日神话"与十干的内在关联，从"十二月神话"中，同样可见与十二支的相承关系。

《山海经·大荒西经》记载说："大荒之中，有女子方浴月。帝俊妻常羲，生月十有二，此始浴之。"常羲是月神，生出十二个小月亮，这一美丽的神话，反映了古人对月亮运行周期的认识。月亮的盈虚变化，对于只能依据直接观测来认识月亮出没的古人来说，显得分外神奇，于是他们根据神话思维的类比逻辑，把月圆月缺，视为一个由生而死的过程，每个月，都有一个月亮"死去"，而下一月，又有一弯新月诞生。屈原《天问》中"夜光何德，死则何育"的发问，正反映了古人对月亮交替出现这一现象的探索。

十二月神话的基础，来源于古人对天象的观测。古星相学家早就发现，月亮盈亏十二次为一个周期，故一年有十二个月。以"月"作为记时的尺度，正是十二个月亮交替出现这一神话观念的表征。十二个"月"构成一个"年"，但更早的说法非"年"而是"岁"。《尔雅·释天》曰："夏曰岁，商曰祀，周曰年。""岁"的产生大大早于"年"。"岁""年"同"月"一样，都是借用具体事物充当表示时间的尺度。《说文解字》曰："岁，木星也。"又曰："年，熟谷也。""岁"为木星，隐喻星象的时空运行；"年"为熟谷，本身就含有生长周期之意，谷一年一熟，与十二个月在时间上恰好相应。

其实，岁为木星之说已是五行观念流行的产物，更早的名称为岁星。在神话传说中，"岁"与"月"一样，也是由神"生"的。《山海经·海内经》："炎帝……生共工……共工生后土，后土生噎鸣，噎鸣生岁十有二。"以神谱形式展示了"时间之神"噎鸣生出十二个岁的无限神圣和漫长历程。这一神话观念的建立，也是基于古代天象历法的基础之上。古人通过观测，发现岁星一岁移动一个方位，运行一周天大约需十二岁，正如《物理论》所言："岁行一次，谓之岁星，则十二岁而星一周天也。"这样，岁星从直观上

292

为古人提供了一种历法尺度。然而，由于岁星的移动周期实际上不是十二岁（年），而是11.86年，为了减少误差，古人又假设了一个理想的天体——太岁。太岁的运行由东向西，同岁星恰好相反，每十二年运行一周天，每年运行一岁，于是古人就以太岁所在之岁来纪年，这就是太岁纪年。这一纪年方式中的十二岁名分别为摄提格、单阏、执徐、大荒落、敦牂、协洽、涒滩、作噩、阉茂、大渊献、困敦、赤奋若，与传统的十二辰构成对应关系。

　　十二辰也以"十二"作为划分时空的尺度，不同的是，其时间单位为"月"。古人以北极为中心，将周天等分为十二个区域，称为十二辰，分别以十二支命名，然后按照北斗星斗柄方向在人们视觉中每月移动一辰、每天转动一周天的特点，以斗柄每月所指辰名来命名该月，称为"月建"。

　　十二次观念不仅表现在对月亮星象的观测，也反映在太阳的时空运行方面，表示太阳一昼夜方位变更的时间历程。在这一模式中，日月交辉的每次间隔被分为十二等分，成为"十二时"。据《左传》杜预注，它们分别为：夜半、鸡鸣、平旦、日出、食时、隅中、日中、日昳、晡时、日入、黄昏、人定。这些命名清楚地表明，十二时是以太阳运行的空间方位表示时间秩序。

　　屈原在《天问》中这样问道："天何所沓？十二焉分？日月安属？列星安陈？"游国恩《天问纂义》对"十二焉分"做了如下解释：

西周十二对蝉纹玉柄
形器，台湾玄真书室藏品

屈子所欲问者,盖即合太岁运行,月建、辰会及分野四者言之,以四者数皆十二,而又互相关涉,上下相应,故止云"十二"而可也。①

将游国恩的解释与前面所述结合起来,可以看出,历法的十二制划分是以神话观念为基础,以日月星辰的空间位移为前提的。十二地支成为十二制的一种表现形式,其模式意义基于同样的基础和前提,只不过十二地支已经从具象中抽离出来,成为抽象的序数符号,让人难以看出其原初的意义。

对于中国古代十二制历法的由来,还有另外一种解释。郭沫若在《释支干》一文中,比较了中国古代十二辰与西方黄道十二宫的惊人相似处,得出结论说:中国的十二辰文字本为黄道(古人想象中的太阳运行轨道)上十二恒星之符号,与巴比伦古十二宫颇相一致。十二辰始于子,与巴比伦十二宫"始于牡牛"相同。十二岁名与巴比伦之星名相符。由此可以推论,十二辰、十二岁等皆自西亚输入,时间约在公元前 2200 年以前,但"巴比伦之星历系殷之先人由西方携来,抑系西人于殷时代之输入,此事殊难断论"②。郭沫若的考证与推断,或许尚有问题,但其探讨本身富于启迪意义,他不但提出了巴比伦文明对中国文明影响的可能性,也引发人们从十二的原始发生,探讨神话思维模式的同一性问题。

实际上,不管中国古代历法与巴比伦历法之间有无影响,影响达到什么程度,"十二"最早都呈现为一个天文学数字。在中国古代文化中,由于这一数字得之于"天",它便被赋予神秘的蕴涵,成为许多文化现象、文化模式的规范和依据。

按照"天人合一"的逻辑,人秉天而行,天为人立法,于是人的四肢十二节成为天赋之数的极好范例。《淮南子·天文训》曰:"天有四时以制十二月,人亦有四肢以使十二节。"《春秋繁露·官制象天》:"求天数之微,莫

---

① 游国恩主编:《天问纂义》,中华书局 1982 年版,第 49 页。
② 郭沫若:《郭沫若全集·考古编》(第一卷),人民出版社 1982 年版,第 328 页。

若于人。人之身有四肢,每肢有三节,三四十二,十二节相持而形体立矣。"由此,也可解释中国古代帝王在不同月份居住明堂不同部分的深层意义。明堂是中国古代特有的宗教礼仪性建筑,为四面堂,每面三室,共十二室,帝王要按月居住在不同房室,以十二个月为一个周期。这一礼制不是出于改善帝王居住环境的考虑,而是取法于天,效法太阳一年运行位置的十二次变化,表示人间的太阳——帝王在十二个不同的空间中依次循环而居。诚如《礼记·月令》郑注所言:"日月之行,岁十二会,圣王因其而分之,以为大数焉。"

清康熙五彩十二月花神杯,天津博物馆

在儒家经典中,十二被视为五行学说的组成部分。《礼记·礼运》云:

> 五行之动,迭相竭也。五行、四时、十二月,还相为本也。五声、六律、十二管,还相为宫也。五味、六和、十二食,还相为滑也。五色、六章、十二衣,还相为质也。

记时、音律、烹调、服饰皆以十二为终,显示出这一"天之大数"的极限意义。张政烺先生认为:"这一段是在宣传五行学说,播五行于四时而生十二月,播五声于六律而生十二管,播五味于六和而生十二食,播五色于六章而生十二衣,观其根本的东西,月、管、食、衣,皆以十二为纪,这把十二之数提到理论高度,把它看作自然规律。"①

在阴阳术数家手中,十二支与十二月相配,构成"十二月将",以十二为基数来判断吉凶。十二月将为:正月将登明(亥),二月将天魁(戌),三月将从魁(酉),四月将传送(申),五月将胜光(未),六月将小吉(午),七月将太乙(巳),八月将天罡(辰),九月将太冲(卯),十月将功曹(寅),十一月将大吉(丑),十二月将神后(子)。

阴阳五行家以十干周行十二支,表示命运的旺衰之势,称"十二运",以十二作为模式构成。其名为:长生、沐浴、冠带、临官、帝旺、衰、病、死、墓、绝、胎、养。

星命家以十二附会人事,用"十二宫"预测人禄命的盛衰变化。十二宫分别为:命宫、财帛宫、兄弟宫、田宅宫、男女宫、奴仆宫、妻妾宫、疾厄宫、迁移宫、官禄宫、福德宫、相貌宫。关于十二宫,《张果星宗·十二宫例》解释说:"凡定十二宫者,逆数轮转,如命宫在寅,财帛在丑,兄弟在子,田宅在亥,男女在戌,奴仆在酉,妻妾在申,疾厄在未,余同此。"

在梦占方术中,十二个地支日所得的梦也被赋予不同的吉凶判断。据《敦煌遗书·新集周公解梦书》:

> 子日梦者,主失脱,东家口舌;丑日梦者,主财入宅及喜悦;寅日梦者,得酒,远行,口舌;卯日梦者,主外客至,忌官事;辰日梦者,酒肉事,得外财;巳日梦者,东家小儿病;午日梦者,远行到,生物吉;未日梦者,主酒食,喜乐,吉;申日梦者,官事、口舌起;酉日梦者,主酒食之事至;戌日梦者,远客至,得财;亥日梦者,官吏病疾事。②

与之相应的是,以地支记时的十二时辰所做之梦同样被用来表示不同

---

① 张政烺:《"十又二公"及其相关问题》,见张岱年等:《国学今论》,辽宁教育出版社 1991年版,第86—87页。

② 引自《敦煌宝藏》(第一百三十一册),(台湾)新文丰出版公司 1981年版。

的吉凶。

这些形形色色具有巫术意义的匹配、组合,皆立足于十二这"天数",以十二支为模式,推衍而成。

在少数民族神话传说中,"十二"的模式意义通过神圣的"宇宙树"得到充分体现。纳西族传说《东术争战记》中,宇宙神树含英宝塔树的枝、叶数目竟与年、月的模式数"十二"完全相应。含英宝塔树叶有十二叶,枝有十二枝,有了阴阳十二月;含英宝塔树枝有十二枝,就有了岁有了十二属相。[①] 从中可见,在少数民族神话观念中,"十二"的神秘性与天文历法密切关联。彝族神话《天文志》中,也有类似的宇宙树:

> 大帝策耿纪,一次开言道:
> "耿纪来定年,年树十二棵;
> 署府来定月,月石十二块。"
> ……
> 年树十二棵,表示十二年;
> 一棵十二枝,表示十二月;
> 一枝十二花,表示十二日;
> 一花十二瓣,表示十二时。
> 年月轮流转,日时相配合。[②]

它以神树所构成的"十二"模式,表达了这一神数与天文历法的天然联系,说明"十二"早已被认同于记时的尺度。

## 第三节  十二生肖与十二神兽

与十二地支相应,十二生肖(又称十二属相)也是标志时间的尺度。

---

① 中共丽江地委宣传部编:《纳西族民间故事选》,上海文艺出版社 1981 年版,第 99 页。
② 《西南彝志选》,贵州省民族研究所毕节地区彝文翻译组,贵州人民出版社 1982 年版,第 395—396 页。

不同的是,前者以"序数"形式构成循环记时系统,后者则以动物名称配属十二支表征同样的文化功能。问题在于,这种以"十二支+动物名称"的模式构成只是一种随意的符号搭配,还是蕴涵着神话思维的特征,具有神圣的象征作用?

由于年代的久远,史料的缺失,我们难以窥见十二生肖漫长的发生历程,即使有了文字记载,其早期面貌也显得模糊不清。清代著名学者赵翼在《陔余丛考》中指出:

> 十二相属起于何时,诸书皆无明文。《韩文考异·毛颖传》"封卯地"注谓:"十二物未见从来。"又,朱子尝问蔡季通十二相属起于何时,首见何书?季通亦无以对。

这番话列举了两则例证。前者《毛颖传》,是唐代文学家韩愈的作品。"毛颖"为毛笔的代称。韩愈此文将毛笔人格化,借题发挥,以毛颖助秦平定天下有功,却"赏不酬劳,以老见疏"的遭遇,替有功而被弃之人鸣不平。文中提到毛颖的祖先家世,有"以佐禹治东方土,养万物有功,因封卯地,死为十二神"之句。"卯地",按照十二地支方位处在东方,正应文中"治东方土";"十二神"指生肖,文中将兔归入十二生肖。可是对于包括卯兔在内的十二生肖的来历,注家已不知晓。后一则例证中,"朱子",即朱熹,蔡季通即南宋律学家、理学家蔡元定。当朱熹问及十二生肖的起因时,这位弟子竟然也是无以对答。上述情况表明了前人对十二生肖的来龙去脉所知无多的状况。

按照通常的说法,十二生肖的完整记载始见于东汉思想家王充的《论衡》,其《物势篇》说:

> 寅,木也,其禽,虎也。戌,土也,其禽,犬也。……午,马也。子,鼠也。酉,鸡也。卯,兔也。……亥,豕也。未,羊也。丑,牛也。……巳,蛇也。申,猴也。

这段话列举了十一种生肖,所缺者为辰龙。而在《论衡·言毒篇》中,所缺者也补上了:

> 辰为龙,巳为蛇,辰、巳之位在东南。

将两者合而观之,这确实是十二属相的完整记载。于是,十二生肖始见《论衡》之说,几成定论。

但是,近年来的一项考古发现对这一传统看法提出了挑战。1975年,在湖北云梦睡虎地出土的一批秦简中,十二生肖的记载赫然在目。这批秦简中有《日书》两种,其中一种背面有《盗者》一节,载有十二生肖,除了辰一项原简漏抄生肖外,其余十一项均标有生肖:

> 子,鼠也。丑,牛也。寅,虎也。卯,兔也。辰,巳,虫也。午,鹿也。未,马也。申,环也。酉,水也。戌,老羊也。亥,豕也。

秦简所记将十二生肖的完整记载年代上推了三百余年。将秦简与《论衡》加以比较,可以看出,两者在生肖动物的选择上多数一致,但有一些区别。秦简中,子鼠、丑牛、寅虎、卯兔、亥猪五项与《论衡》相同,午鹿、未马、戌羊三项与《论衡》相异。据于豪亮先生的考证,其余三项,即"巳,虫也""申,环也""酉,水也",同《论衡》中巳蛇、申猴、酉鸡基本相应:

> "巳,虫也。"《说文·虫部》蟲字下段注:"古虫蟲不分。"而虫字下云:"蟲,一名蝮。"蝮是一种毒蛇,因此"巳,虫也",实际上是巳为蛇。

> "申,环也。"环读为猨。古代从睘得声的字常与从爰得声的字通假。《左传·襄公十九年》"齐侯环卒",《公羊传·襄公十九年》作"齐侯瑗卒",《释文》:"瑗,一音环。"《汉书·五行志》"谓宫门铜镮",注:"镮读与环同。"因此环也可以读为猨。猨即猿字,与现在申属猴之说相近。

"酉,水也。"水读为雉。水与雉同为脂部字,韵母相同;水为审母三等,雉为澄母三等;而雉字得声的矢字也是审母三等;水和雉读音相近,故水可读为雉。《汉纪》云"讳雉之字曰野鸡",雉是野鸡,现在说酉属鸡,当是从酉属雉发展而来。[①]

这一考证借助于对汉字结构以及汉语音韵的分析,阐释了虫、环、水与蛇、猴、鸡之间的对应关系。将《秦简》与《论衡》中这几种生肖动物的演变加以爬梳,可见它们是一脉相承的。

300

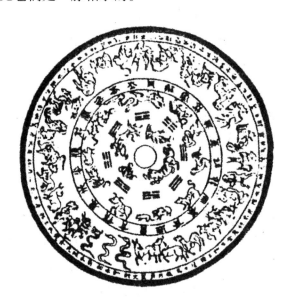

唐代铜镜上的十二生肖图

进一步分析十二生肖的由来,我们看到,其文字记载早已经呈现为整齐的"十二"序列,即使在《诗经》等早期文献诸如"吉日庚午,既差我马"(《诗经·小雅·吉日》)等零星的生肖记载中,也难以透析出那古朴、稚拙的原初状态。因此,探寻十二生肖原始的发生机制,不能拘泥于生肖本身,还应把眼光投向史前。

--------

① 于豪亮:《秦简〈日书〉记时记月诸问题》,见《于豪亮学术文存》,中华书局 1985 年版,第 162 页。

在原始社会,人类与动物具有极为密切的联系,人类不仅以狩猎作为生存的基本方式,也由于同动物的无数次接触,逐渐产生了原始的图腾崇拜。每一氏族都将自己与某种动物图腾联系起来,认为它与氏族的生存息息相关,对其充满了敬畏和恐惧。随着氏族的繁衍迁徙、分化组合,图腾崇拜的对象也历经多次变易,最终集中到少数最常见、最重要或最具威慑力的动物上,这,恐怕就是确立生肖动物的根据。

十二生肖以"十二"作为模式数字,这取象于古天文学中日月时空运行的十二岁、十二月、十二辰的历制划分,而当取自天象的十二与动物图腾符号相融为一时,自然构成了神秘性。尽管我们难以窥见这一神圣蕴涵的全貌,但从古代文献所描绘的以十二为模式的原始图腾舞蹈中,仍可感受到它那神圣的巫术意义。

在古老的驱傩仪式中,威武可怖的十二神兽格外引人注目。《后汉书·礼仪志》上说:

> 先腊一日,大傩,谓之逐疫。其仪:选中黄门子弟年十岁以上,十二以下,百二十人为侲子。皆赤帻皂制,执大鼗。方相氏黄金四目,蒙熊皮,玄衣朱裳,执戈扬盾。十二兽有衣毛角。中黄门行之,冗从仆射将之,以逐恶鬼于禁中。夜漏上水,朝臣会,侍中、尚书、御史、谒者、虎贲、羽林郎将执事,皆赤帻陛卫。乘舆御前殿。黄门令奏曰:"侲子备,请逐疫。"于是中黄门倡,侲子和,曰:"甲作食殄,胇胃食虎,雄伯食魅,腾简食不祥,揽诸食咎,伯奇食梦,强梁、祖明共食磔死寄生,委随食观,错断食巨,穷奇、腾根共食蛊。凡使十二神追恶凶,赫女躯,拉女干,节解女肉,抽女肺肠。女不急去,居者为粮!"因作方相与十二兽舞。

按照这一记载,每年腊月一日宫廷总要举行盛大的驱傩逐鬼仪式。队列中,从宦官家属中挑选的十岁以上、十二岁以下的童子一百二十人充当"侲子",他们头蒙红巾,身穿黑衣,手执小鼓。另有十二人披毛戴角,扮作十二神兽。仪式上,鬼王方相氏头戴假面,面具上有四只金色的大眼睛,象征以阳光辉映四方、辟除鬼魅的巫术功能。紧随其后的十二兽做出各种狞厉之状,代表十二种驱鬼的神灵。一百二十名侲子齐声高唱十二兽食十二凶的驱鬼之歌。袁珂先生在《中国神话传说》一书中这样翻译歌词大意:

妖魔呀妖魔,
你不要猖狂,
我们有十二个神人,
一个个全猛勇难当!
他们丝毫也不留情面,
要把害人的家伙一气扫荡——
他们要烧焦你脆弱的身躯,
要拉下你的足杆和手膀;
要把你身上的肉斩成片段,

韩国民间猪生肖画

还要抽出你的肺肝和胃肠；

你若是还不识相，赶快逃跑，

慢一点就要捉住你当成食粮！①

这段唱词带有一种咒语的性质，充分展示了十二神兽食凶驱魔的巨大威力。

驱傩仪式中神兽取数十二，绝非一种偶然的巧合，而是取法天象，以天赐神数来规范这一仪式。十二兽应和十二方位，它们追逐凶恶，勇猛难挡，象征驱尽天下各方疫鬼。十二兽也应和一纪十二年、一年十二月，象征着年年月月交替循环，表达了古人对年年月月平安的祈盼。随着驱傩习俗相沿成习，十二兽遂成为一种固定的模式。唐代有一首《进夜胡词》，表现唐代敦煌民间称为"进夜胡"的岁末驱傩活动，其中就有"更有十二属，亦为解凶吉"的诗句。十二属即十二生肖，也即十二兽，以十二兽去擒妖伏魔，就有了逢凶化吉的意义。

神鸟十二相图，泰国古典绘画

十二生肖的原始发生，还包含着与原始图腾崇拜的渊源关系，其深厚的文化积淀与强大的渗透力，早已表现在神话、宗教、民俗、文学等许多方面，成为华夏文化的重要组成部分。但是，对十二生肖的来源，学者们有不同的看法。郭沫若先生根据各文明古国均有十二兽历的情况，认为"此肖兽之制不限于东方，印度、巴比伦、希腊、埃及均有之，而其制

---

① 袁珂：《中国神话传说》，中国民间文艺出版社 1984 年版，第 116 页。

均不甚古,无出于西纪百年以上者。意者此殆汉时西域诸国,仿巴比伦之十二宫而制定之,再向四周传播者也"①。将十二生肖看作外来传入我国的。

对郭先生的看法,有学者做了一些修正,他们认为,与其把十二生肖看作由外来传入,不如认为我国的十二生肖是古代华夏族干支纪年与少数民族兽历纪年法相融的结果。华夏民族以农业为主,早在虞舜时期就有了天干地支,但在相当长的时期内并没有出现用动物配地支的方法。而居于我国西北部的少数民族以游牧业为主,习惯于用不同动物指称事物和纪年。《唐书》曰:"黠戛斯国以十二物纪年,如岁在寅,则曰虎年。"《宋史·吐蕃传》中说:"道旧事则数十二辰属,曰兔年如此,马年如此。"在华夏族与少数民族交往的过程中,也会形成文化的交融,导致干支纪年与动物纪年的结合,最终形成子鼠、丑牛等十二生肖。

上述说法将十二生肖看作不同民族文化相互融合的结果,这自然不错,然而只是依据民族的主要生活来源及有限的文字记载就认为华夏族只有干支而未曾有过动物纪年,则未免失之简单。根据神话思维的普遍规律,人类都曾经历过图腾崇拜阶段,都曾以动物寄寓某种象征蕴涵,华夏民族作为世界上最古老的民族之一,自然不可能超越这一阶段。古希腊、埃及、巴比伦与古代中国都属于农业文明,为什么前者早就形成了十二兽历,而华夏就不具备以动物指称事物和纪年的条件? 况且华夏民族是居住于黄河中下游地区的农耕民族与来自西方氐羌族群相互融合的产物。或许可以这样推测,华夏民族也曾有过基于图腾崇拜与古天象观测基础上的动物纪年,但只是流传于民间口头,在文明发展的进程中,动物纪年逐渐让位于文字形态的干支纪年。随着文明的进一步发展,文字的与口头的纪年方式形成合流,干支纪年、动物纪年以及少数民族兽历纪年融为一体,最终确立了十二生肖的固定形态。

---

① 郭沫若:《释支干》,见《郭沫若全集·考古编》(第一卷),人民出版社 1982 年版。

## 第四节 十二块泥版与太阳循环模式

### ——从《吉尔伽美什》析"十二"的神话原型

通过对十二支、十二辰的简单剖析,不难看出"十二"与原始天文历法之间的同构关系,不过,这种时间取向最初并不是以数的形式出现,而是包含着无意识深处的远古信仰,以空间定位为前提。解读世界第一部史诗《吉尔伽美什》,有助于更深刻地理解中国古代"十二"这一"天之大数"的神话原型及其象征意蕴。①

《吉尔伽美什》是一部久已失传的英雄史诗。直到19世纪70年代,一次考古发现才使这部被遗忘了数千年的文化遗产重见天日。考古学家经过整理复原,确认用楔形文字记载的这批泥版文书是一部失传了的巴比伦史诗,泥版总数为十二块。

记载于十二块泥版上的这部史诗,描述了吉尔伽美什传奇般的英雄历程和由盛而衰的悲剧命运。根据泥版的编排,其情节大体上可以分为这样几个部分:

第一、二块泥版:吉尔伽美什是乌克鲁城的统治者,他妄自尊大,暴戾恣睢,人民不堪忍受他的暴虐,祷告求助于天神,天神造出一个气力非凡的野人恩启都与之抗衡。两位巨人在广场前交手,双方势均力敌,难分胜负,经历了一场恶战,却结为好友。

第三、四、五块泥版:大神恩利尔派巨妖芬巴巴守在杉树林,这妖怪的"吼叫就是洪水,他嘴一张就是烈火,他吐一口气就置人于死地",对人间构成极大的威胁。吉尔伽美什和恩启都前去征讨,却作战失利,恩启都也受了伤。吉尔伽美什只好求助于太阳神舍马什,靠神助杀死芬巴巴。

第六块泥版:吉尔伽美什的英姿"使大女神伊什妲尔顿萌情意",她向英雄求爱,要求结为夫妻。遭到拒绝后她恼羞成怒,图谋报复,要挟天神为她造了一只天牛降灾人间,吉尔伽美什和恩启都杀死天牛,女神对他们发

---

① 参见叶舒宪:《英雄与太阳——〈吉尔伽美什史诗〉的原型结构与象征思维》,载《民间文学论坛》1986年第1期。

出诅咒。

第七、八块泥版：杀死天牛的举动激怒了天庭，众神会议决定，两位英雄中必死一个。于是恩启都患重病不起，十二天后死去，吉尔伽美什万分悲痛。

第九、十、十一块泥版：恩启都之死，使吉尔伽美什预感到自己的命运，为了求得长生，他踏上了艰难的旅程，去探求生命的奥秘。他历尽艰险，找到了人类始祖乌特那庇什提牟，后者讲述了天神发洪水毁灭人类以及自己受到特赦造大船幸免于难并加入神籍获得永生的故事，结论是人之必死是神的意旨，但他又说海底有棵生命草可以使人长生不老。吉尔伽美什潜入水中取得生命草，却在返回途中不慎被蛇叼走，他失望而归。

奥地利出土三万年前的持牛角的维纳斯像：
牛角有十三道刻纹，表示十二进位的新旧循环

第十二块泥版：吉尔伽美什同恩启都亡灵对话。这一部分与全诗情节没有必然联系，显然是后添上的。吉尔伽美什的鼓槌掉进了阴间，恩启都（这里他作为吉尔伽美什的仆人，还活着）下到阴间去寻找，被阴间所捉，灵魂从地洞逃出，向他描述了地下世界的阴惨景象。

在十二块泥版构成的叙述中，我们看到史诗的情节只是大致上连贯统一，各块泥版的情节之间有些联系得并不十分自然，有的情节同全诗几乎没有任何联系，从表层叙述上看甚至抵牾不合，如第十二块泥版记载的主人公与亡灵对话情节。本来，在第八块泥版的叙述中，恩启都已经死去，可是到了第十二块泥版上，又出现了活着的恩启都为了找回吉尔伽美什丢失的鼓槌而欣然前往地府的情节。况且，丢失与寻找鼓槌的事件似与全诗情节不大相干，以至于许多学者干脆认为第十二块泥版不属于巴比伦史诗原文。史诗的日文译者矢岛文夫就只收了十一块泥版，而将第十二块泥版当作"赘疣"割舍掉了。

进一步看，不论是否包括第十二块泥版的情节在内，史诗的故事都没有一个明确的、完整的结局。那么，该怎样解释这些现象呢？"十二"只是构成史诗版块的数量关系，还是一种有意的安排？早在19世纪末，著名的英国东方学家罗林逊就曾推测，这部史诗具有某种象征内容。他认为记载史诗的十二块泥版正与天象中的黄道十二宫相对应，史诗的故事叙述暗合着太阳一年十二个月的行程。另一位英国学者史本斯按照这一线索分析了史诗的情节，进一步指出史诗主人公与太阳神舍马什具有关联和对应关系。不过，他们都还停留在现象描述的水平上，即把史诗的象征性当作一种特异的现象，未能从原始心理和神话思维的普遍性方面来认识问题。因而，尽管他们的推测和分析极富启发性，却还不能说达到了令人信服的理论高度。

西方现代文艺学中的原型批评和结构主义方法在很大程度上为挖掘十二块泥版叙述背后的深层结构提供了可资借鉴的原型模式。由瑞士学者荣格提出并为加拿大学者弗莱大大发展了的"英雄-太阳"的原型模式正可作为读解《吉尔伽美什》史诗的一把钥匙。回看由十二块泥版构成的英雄史诗，不难看出它以"英雄-太阳"为原型，使整个作品呈现为一种意味深长的象征性结构。这个象征性结构包含着一个可经验的表层叙述层次和一个不可经验的深层象征层次。从表层叙述中，英雄呈现为由喜转悲，由生的赞美到死的恐惧这样一个过程，而决定这一过程的则是由太阳运行所构成的深层结构。

按照古巴比伦人当时的习惯，太阳运行的黄道圈被视为"太阳轨道"。他们把太阳运行轨道分为黄道十二宫，分别命名为白羊、金牛、双子、巨蟹、雄狮、室女、天秤、蝎子、人马、摩羯、宝瓶、双鱼，并在天象观测的基础上建立了巴比伦历法，把一年分为十二个月，一天分为十二个时辰。这种来自天象历法的十二进位制在《吉尔伽美什》中出现得十分频繁。正如卡西尔在《神话思维》一书中的分析：

> 巴比伦人的吉尔格麦斯史诗（gilgamesh）仍然带有显而易见的宇宙-星象学的特征；透过英雄吉尔格麦斯[1]活动和遭遇的形象，我们识别出一种太阳神话，它表现的是太阳每年的轨迹，太阳在两个转折点上的转换，等等。史诗的十二节与黄道十二宫相关，太阳一年里历经这十二宫。[2]

尤其值得注意的是，恩启都恰恰在生病后十二天死去，而《吉尔伽美什》虽没有明确写出他的死，却也恰在第十二块泥版结束了他的必死生涯的故事。可以断定，同史诗中另一个神秘数字"七"一样，十二这个数字的用法也是富有象征意义的。按照人们的日常观察，太阳每天或每年一次的行程周期呈现为一种先上升后下降的曲线，这条曲线的最高点在一天的中午时分，一年的仲夏时分，因为这时距地球表面较近。回顾史诗的情节，前半部分与后半部分呈现出截然相反的情调，前六块泥版的内容同后六块形成强烈的对比。在前六块泥版中，与太阳上升的行程相应，主人公从出场到诛妖这一段生涯一直是以一个征服者和胜利者的姿态出现，而从第七块泥版起，正像过了正午的太阳必然要走下坡路一样，主人公的好运就逐渐离他而去。史诗中不仅出现了许多与太阳有关的意象来暗示主人公的命运，甚至点明，主人公是"沿着太阳的路前进"。但是，对于太阳来说，不可能永远停留在生命的土地上。于是，在第十一块泥版中主人公侥幸得到生命之草一事，也不过是一抹残阳，闪现出最后一道希望之光，到了第十二块泥版，主人公就只能如行将隐没的落日，从充满生机的地上世界转向阴森凄惨的地下世界了。由此可见，史诗的十二块泥版恰恰在暗中象征着太阳

---

① 又译吉尔伽美什。引者注。
② 恩斯特·卡西尔：《神话思维》，黄龙保、周振选译，中国社会科学出版社1992年版，第216页。

的行程。而主人公命运的升沉也早在他降生以前就预先决定了,他不正是太阳神的后裔么?

这部史诗以"十二"象征太阳的运行轨迹,它蕴涵着太阳崇拜这一古老的宗教形式。太阳每天沉下西天,但次日又从东方诞生,这种永恒的循环在原始心理中便被理解为不死或再生的象征,理解为超自然的生命,于是在各原始民族中便普遍发生了太阳崇拜这一宗教形式。史诗中的"十二"也因此成为太阳崇拜的模式数字。

中国上古也有与吉尔伽美什的生平故事极其相似的英雄史诗——羿神话,它同样蕴涵着太阳崇拜的内在逻辑。尽管它只是作为片断的神话传说见诸后世,从跨文化的比较出发,以巴比伦史诗《吉尔伽美什》为参照,依据《楚辞·天问》及其他上古文献所载羿神话,同样可以将中国神话中最伟大的英雄羿的生平故事重新构拟为相对完整的史诗轮廓。

台湾鲁凯人服饰上的十二道红线,"中央研究院"凌纯声博物馆

在上一章"羿射十日神话真相"一节中,我们已经论述了羿与太阳神的同一性关系,如果再将羿一生活动的大致方向和路线勾勒出来,就会惊异地看到,我们的东方英雄正是同吉尔伽美什一样,是沿着太阳运行的方向走完他一生轰轰烈烈的旅程的。羿为太阳神羲和所生,其出生地自然是

传说中东海的旸谷（即汤谷）。《山海经·海外东经》："下有汤谷，汤谷上有扶桑，十日所浴……"又云："汤谷上有扶木，一日方至，一日方出，皆载于乌。"《山海经·大荒南经》郭璞注引《归藏·启筮》亦曰："瞻彼上天，一明一晦，有夫羲和之子，出于旸谷。"自从羿被寒浞推翻王位，至诛凿齿、杀大蛇诸事，他的行迹似乎偏向了西南。《淮南子·本经训》："尧乃使羿诛凿齿于畴华之野。"高诱注："畴华，南方泽名。"同书又说："（羿）断修蛇于洞庭。"接着，羿才真正开始了所谓"西征"。实际上羿从南方的洞庭一带奔向昆仑山，是朝西北方向移动的。如果上述推测能成立，那么，其间所留下的足迹恰恰是自东向南而后西，画出一个半圆形轨迹来，谁能确信这只是出于偶然的巧合呢？《淮南子·天文训》描述太阳朝出夕落的行程十分明确：

> 日出于旸谷，浴于咸池，拂于扶桑，是谓晨明，……至于衡阳，是谓隅中，至于昆吾（注云：昆吾邱，在南方），是谓正中，至于鸟次，是谓小还，至于悲谷，是谓铺时……至于悲泉，爰止其女，爰息其马，是谓县车；至于虞渊，是谓黄昏，至于蒙谷，是谓定昏，日入于虞渊之氾，曙于蒙谷之浦，行九州七舍，有五亿万七千三百九里，禹以为朝昼昏夜。[①]

在这段描述中，太阳还依稀保留着神话化的痕迹，自扶桑晨明至昆吾正中，恰画出自东向南的上升曲线，而一过正中便跌落西下，连它所经过的地点都染上了无可奈何的悲凉意味，所谓"悲谷""悲泉"，不是它即将面临的死亡的预兆吗？这和羿的生平曲线是多么相像呀。

羿神话中，羿作为太阳神之子先在有穷国（今山东境内）当国王，失位后流落于洞庭一带杀妖除害，最后上昆仑山求不死药，一生行迹自东而南而西，恰与太阳白昼的运行曲线相符，这绝不是出于偶然。太阳原型的象征作用使羿神话同巴比伦史诗《吉尔伽美什》一样，以主人公经历为线索

---

① 参见高诱：《淮南子注》，上海书店 1986 年版，第 44—45 页。

的表层结构取决于以太阳行程为线索的深层结构。因此,尽管羿神话没有如《吉尔伽美什》那样,直接以"十二"作为太阳运行的象征尺度,但是依据两者极其相似的叙述模式和人类神话思维的普遍性原理,可以看出"十二"这一"天之大数"与太阳时空运行的神话思维表象的内在联系。中国古代之所以将这一"天之大数"作为天子礼制的数量规范,其潜在原因在于"十二"是太阳时空运行的模式构拟,将它赋予天子,既强化了天子作为人间太阳神至高无上的象征蕴涵,也暗喻太阳崇拜之意。

# 第十二章 "三十六"与"七十二"

就一般而言,世界各文化中的主要神秘数字多在十以内,尤其是一、三、四、五、七几个数最受重视,因为它们分别标志着人类认识发展、时空意识和抽象数概念成熟演进的几个重要阶段。而且从一开始就同宗教信仰、神话礼仪等非世俗性事物相联系,因而最早获得其神圣性和神秘性。

在十以上的数字中,除了"十二"作为一种日月象变化的循环周期数而自发地成为圣数以外,其他的圣数——如果有的话,总是由于某种特殊的文化因素或人为计算的结果而有幸列入神秘数字之林。如同列维-布留尔所言:"在大数字已经通用的较发达的民族那里,有神秘意义的数的某些倍数是与这些数的特殊属性互渗的。"[1]在中国传统文化中,像十八、三十六、七十二、一百零八等几个数便属于这种情形。作为全书的结尾,本章附带讨论一下"三十六"和"七十二"这两个数的文化意涵,以期对中国古代神秘数字的体系性有一个较为完整的印象。

---

[1] 列维-布留尔:《原始思维》,丁由译,商务印书馆 1981 年版,第 214 页。

## 第一节　三十六计·三十六级刀梯

"三十六"这个数从很早起就成为一个模式数出现在典籍之中了。它虽然不像"五"或"九"那样具有万能膏药般的黏合效应,但对于文化各个方面的渗透力还是颇为可观的。

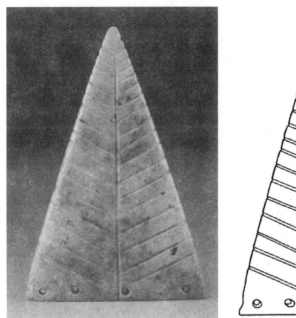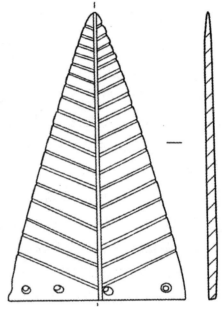

安徽凌家滩出土玉树叶片,以对称形式刻画出三十六道刻纹

至今人们说"三十六行,行行出状元",便是这个模式数活跃到当代的证明。其实,自古以来的行业划分并无一定之数,名为"三十六行",只是无意识地因袭模式数的原型用法而已。徐珂《清稗类钞》云:

> 三十六行者,种种职业也……皆就成数而言,俗为之一一指定分配者,周也。至三百六十行之称,则见于宋田汝成《游览志余》,谓杭州三百六十行,各有市语(即所谓"行话"——引者)也。①

---

① 徐珂:《清稗类钞》(第五册),中华书局1984年版,第2288页。

可见古代已有人用征实的眼光去看"三十六行",希望一一列举出每一行的名目,这未免过于迂阔了些。除"三十六行""三百六十行",还可以说"七十二行",又有谁曾经明文规定列举每一行的细目呢?如果懂得了神秘数字的生成性原理,就不会产生类似的以实叩虚之误会了。

与"三十六行"相比,更流行的还有"三十六计"。它的具体名目分别是:瞒天过海,围魏救赵,借刀杀人,以逸待劳,趁火打劫,声东击西,无中生有,暗度陈仓,隔岸观火,笑里藏刀,李代桃僵,顺手牵羊,打草惊蛇,借尸还魂,调虎离山,欲擒故纵,抛砖引玉,擒贼擒王,釜底抽薪,浑水摸鱼,金蝉脱壳,关门捉贼,远交近攻,假道伐虢,偷梁换柱,指桑骂槐,假痴不癫,上屋抽梯,树上开花,反客为主,美人计,空城计,反间计,苦肉计,连环计,走为上计。"三十六计"之得名,据说取象于《周易》,由太阴六六之数,引出三十六种机变,自然显得玄妙无比。难怪三十六计分为六套,每套又恰好为六计! 诚如《三十六计》所说:"六六三十六,数中有术,术中有数。阴阳燮理,机在其中。机不可设,设则不中。"

然而,考察"三十六计"之由来,这一征实的划分又不免令人生疑。三十六计既为谋略,为何以全身保命为要,"走为上计"? 再者,就三十六计的传衍看,所流行的也只有"三十六计,走为上计"。《南齐书·王敬则传》云:"檀公(道济)三十六策,走是上策,汝父子惟应急走耳!"宋惠洪《冷斋夜话》九:"渊才曰:'三十六计,走为上计。'"《续传灯录》十二《子姓禅师》也有同样说法。上述例证表明,这里的三十六,恐非实指,而是取其虚数用法,泛指极多之意。后人挖空心思,罗列"三十六计"名目,却不知它与"三十六行"具有同样的生成原理。

除了上述用法,"三十六"在古代诗歌中也十分普及,以它为结构素的一大批名目,大大丰富了诗歌的表现力。下面稍举几例:

三十六帝欲相迎,仙人飘翩下云軿。(李白《春日行》)

水殿云房三十六,不知何处月明多。(王旬《宫词》)

玉锁宫扉三十六,谁识连昌满宫竹。(王庭珪《题宣和御画》)

三十六宫连内苑,太平天子住昆山。(花蕊夫人《宫词》)

三十六滩行欲尽,天边始见镇西山。(伊形灵雨《过赤马关》)

香鱼欲上桃花落,三十六湾春水来。(森春涛《岐阜竹枝》)

三百六十寺,幽寻遂穷年。(苏轼《怀西湖寄晁美叔同年》)

钱塘三百六十寺,南北两峰图画开。(郑洪《寄静庵》)

广张三千六百钓,风期暗与文王亲。(李白《梁甫吟》)

这些诗歌都以"三十六"为模式数,"三百六十""三千六百"则为"三十六"的夸张变体,无论是"三十六"还是其变体形式,都被赋予众多、极大等象征意义。

在古典小说《水浒传》中,三十六天罡、七十二地煞给人留下深刻的印象。不过,他们不是以虚化用法泛指多数,而是实际指称天罡三十六员、地煞七十二员,共一百零八将。这一用法来自道教。道教认为,北斗丛星中有三十六天罡星,称三十六天罡。小说家以之附会,即有三十六员猛将。三十六将与天罡星数对应,不但使梁山好汉师出有名,具有神仙下凡、替天行道的意味,亦因取数"三十六",上符天数,显得格外神圣。

术数家也将"三十六"纳入神秘的术数系统。他们将三十六禽与十二支相配,以三十六作为模式尺度。其配合是:子配燕、鼠、蝠,丑配牛、蟹、鳖,寅配狸、豹、虎,卯配猬、兔、貉,辰配龙、蛟、鱼,巳配鳝、蚓、蛇,午配鹿、獐、马,未配羊、鹰、雁,申配猫、猿、猴,酉配雉、鸡、鸟,戌配狗、狼、豺,亥配豕、蜼、猪。关于三十六禽的意蕴,《五行大义》认为:"今解三十六者,盖取六甲之数,拭经所用也,其十二属配十二支,支有三禽,故三十有六禽,所以支有三者,分一日为三时,旦及昼、暮也……"[1]此等皆上应天星,下属年命也。这一解说取法于五行方术,以三十六禽各作方位,"上应天星,下属年命",具有普遍的象征功用。

《琅邪代醉编》也列举了与前说相似的配对方式:"古者术数,又有三

---

① 萧吉:《五行大义》(二),商务印书馆 1939 年版,第 112—113 页。

十六禽,盖每辰而三,世少知之。子则鼠也、蝙也、燕也,丑则水牛、黄牛、兕牛,寅则虎、豹、貅,卯则兔、狐、貉,辰则龙、蛟、虬,巳则蛇、蚓、蛞蝓,午则马、鹿、獐,未则羊、犴、羚,申则猿、猴、犹,酉则鸡、雉、乌,戌则狗、狼、豺,亥则豚也、瑜也、蒿猪也。"它与前说在动物名称方面有差异,但"三十六"模式一脉相承。

"三十六雨"也是术数家们对"三十六"模式的构拟。他们认为十天下一雨、一年下三十六雨是天下太平、五谷丰登的征兆。京房《易飞候》有言:"太平之时,十日一雨,凡岁三十六,此休徵时若之应。"《艺文类聚》引《春秋说题辞》云:"一岁三十六雨,天地之气宣,十日小雨,应天文也。"这种人为的降雨次数规定,取数"三十六",自然被赋予象征大吉的符兆意义。

除了三十六,其倍数三百六十也被认为具有与天相符的神秘蕴意。根据"天人合一"的观念,人与天构成一种类比关系,不仅人的行为要受天支配,人类本身也与天地之数具有密切的联系。三百六十作为上应天文的一年的时间周期,据认为对人具有规范意义。《淮南子·天文训》说:"孔窍肢体皆通于天。天有九重,人亦有九窍。……天有十二月,以制三百六十日,人亦有十二肢,以使三百六十节。"《春秋繁露·人副天数》曰:"唯人独能偶天地。人有三百六十节,偶天之数也;形体骨肉,偶地之厚也。……观人之体一,何高物之甚,而类于天也。"于是,三百六十被打上天人相类、天人合一的印记。

古人不仅以三百六十比附天人关系,也以之作为禽兽动物种类的依据。《大戴礼记·易本命》说:"有羽之虫三百六十……有毛之虫三百六十……有鳞之虫三百六十……倮之虫三百六十,而圣人为之长。此乾坤之美类禽兽万物之类也。"这番话清楚地表明,禽兽万物的种类限定是以"乾坤之美"为前提的,作为天地乾坤的数字象征,三百六十对禽兽万物种类自然构成一种制约和规范作用。

在中国古代,十二律生三百六十音也被视作天地之数的投影。《淮南子·天文训》曰:"一律生五音,十二律生六十音,因而六之……教三百六十音,以当一岁三日。故律历之数,天地之道也。"以三百六十音应和天地之道,音乐也就具有与天地相参的意蕴。

在少数民族宗教巫术仪式中,"三十六"也有特殊的含义。仡佬族有一种名为"依饭"(亦名"地台""喜乐愿""敬依饭公爷")的祭祀仪式,三年一次,为时一夜一天。仪式从晚上十二点开始,由两个学梅山教(一种地方宗教)的法师主持,一人请神,一人唱经。每请一位神,法师就换上该神的面具,共请三十六位大神,无意识地表现了"三十六"的魔法功能。

许多少数民族流行着"上刀梯"的巫术仪式,萨满或还愿者要赤脚攀上由快刀构成的刀梯。刀梯级数通常为"三十六"。满都尔图、夏之乾著有《察布查尔锡伯族的萨满教》一文,详细描述了锡伯族萨满的上刀梯仪式:

> 上刀梯者便全身披挂:头戴神帽,身着萨满服装,赤脚,手提手鼓,在师傅带领下,并由两名身着便装、手持手鼓的男青年陪同步入现场,站立于刀梯左前侧。
>
> 上刀梯仪式开始,先由师傅念祷词请神,内容是称赞上刀梯者血液如何纯洁、为人如何忠厚朴实、对萨满神灵的信仰如何虔诚、法力如何高强之类,请求神灵保佑其顺利通过刀梯,成为"易勒士萨满"。[①]

在此之后,上刀梯者要饮羊血一口,面南背北,攀登三十六级刀梯。攀登时,师傅口念咒语,助手击鼓助威,师傅还要不时地向上刀梯者身上泼酒,以壮其胆。这种庄严而热烈的仪式,令人震慑不已,惊心动魄。

在彝族风俗中,攀登者要手持一只雄鸡,勇敢地登上三十六级刀梯,然后由梯顶将鸡扔下。贵州土家族傩堂戏的"踩刀"节目中,"踩天刀"的巫师手执牛角,口念咒语,背负"还关愿"的童子,赤脚爬上由十二或二十四、三十六把柴刀组成的刀竿,其难度比前者更胜一等。

三十六级刀梯仪式中,上刀梯与上天有着密不可分的联系。刀梯为登

---

① 满都尔图、夏之乾:《察布查尔锡伯族的萨满教》,载《世界宗教研究》1984 年第 2 期。

天通神的法具,一级级刀梯寄寓示着一道道艰险,象征着通达神界要历经重重险阻。而"三十六"在民间信仰中本来就被视为天数,攀缘"三十六"级,使得刀梯仪式具有更为神秘的巫术意义。

"三十六"所具有的广被一切的特征,在道教中也有充分的体现。天界分为"九霄三十六天",九霄有"三十六真人",元始天尊称"朕有三万六千宫,宫有三万六千主",道士修炼之地为"三十六洞天"。走进道教天地,恍如步入一个"三十六"大观园。

七十二变之鱼龙变化图,台中市乐成宫壁画

"三十六洞天"在《云笈七签》二七"洞天福地"中称"三十六小洞天",它们分别位于名山之中,由仙人治之。它们是:第一霍桐山洞,第二东岳泰山洞,第三南岳衡山洞,第四西岳华山洞,第五北岳常山洞,第六中岳嵩山洞,第七峨眉山洞,第八庐山洞,第九四明山洞,第十会稽山洞,第十一太白山洞,第十二西山洞,第十三小㲄山洞,第十四潜山洞,第十五鬼谷山洞,第十六武夷山洞,第十七玉笥山洞,第十八华盖山洞,第十九盖竹山洞,第二十都峤山洞,第二十一白石山洞,第二十二岣嵝山洞,第二十三九嶷山洞,第二十四洞阳山洞,第二十五幕阜山洞,第二十六大酉山洞,第二十七金庭山洞,第二十八麻姑山洞,第二十九仙都山洞,第三十青田山洞,第三十一钟山洞,第三十二良常山洞,第三十三紫盖山洞,第三十四天目山洞,第三十五桃源山洞,第三十六金华山洞。"三十六小洞天"以征实的方式列举名洞天名目,其实,这不过是附会"三十六"而派生出来的,《述异记》中早有"三十六洞天"的说法,但"知名者十耳,余二十六天出《九微志》,不行于世也"(《述异记·下》)。它说明"三十六洞天"最初只是沿袭这一模式的原型用法,并非实际的数目规定,因而"知名者十耳",即使以实叩虚,也难以广为流传,故"不行于世也"。

以上浮光掠影式的介绍,大致展示了这一圣数极大的渗透力量。对"三十六"的神秘性来源,这里谈得不多,将在下文对七十二的分析中兼及。

## 第二节 "三十六""七十二"探源

提起"七十二",人们便会联想到《西游记》中孙悟空"七十二变"的故事。孙悟空这位神话英雄,飞天入地,呼风唤雨,闹天宫,闯地府,入龙宫,三打白骨精,智斗罗刹女,极尽七十二般变化,降妖伏魔,所向无敌。

不过,"七十二变"在这里不是指征具体的七十二种变化,而是作为变化无穷的泛称。孙悟空本事高强,无所不能,岂是七十二变所能限定?况且,小说中也未就七十二变名目做出说明。因此,"七十二变"只是取法于"七十二"的虚化用法,具有与"三十六行""三十六计"相类的模式特征。

《水浒传》中的"七十二地煞",则与"七十二变"不同,实际指称七十二位英雄。不过,这种实指用法在本质上与"七十二变"并无不同,仍如"三十六天罡"一样,借成数形式表示极多、神圣的意蕴,只不过凑足了"七十二"数目,附会之举不那么明显。

对于这种用法,刘师培先生认为,它起因于"三十六"和"七十二"所具有的虚数性质:

古人于浩繁之数,有不能确指其目者,则所举之数,或曰三十六,或曰七十二,如三十六天、三十六宫是也。三十六天之例,与九天同;三十六宫之例,与千门万户同:不必泥定数以求也。又

《史记·封禅书》，载管子对桓公语，谓"古之封禅者七十有二家，夷吾所记者十有二"。夫其详既不可得闻，则七十二家之数，亦系以虚拟之词，表其众多。《庄子》载孔子语，谓"以六艺干（奸）七十二君"。夫孔子所经之国，不过十余，则七十二君，亦系虚拟之词。……不必确求其数也。[①]

不过，对于它们充当虚数的由来，却没有做进一步解释。

这种以虚征实用法不仅出现在古典小说中，古代诗歌中也有它的踪迹：

> 鸳鸯七十二，罗列自成行。（《乐府诗集·相逢行》）
> 仙机札札织凤皇，花开七十有二行。（孟郊《和蔷薇花歌》）
> 七十二湖春浪浓，风力翦霰跳玲珑。（袁桷《过高邮湖诗》）
> 七十二湾明月夜，荻花枫叶覆渔船。（倪瓒《题秋江图诗》）

显而易见，诗中的七十二行、七十二湖、七十二湾皆是以"七十二"这一模式用法，获得一种修辞效果。

追溯"七十二"的模式化进程，可以看出它的产生虽然晚于那些主要的神秘数，也有极强的生成效应。它与神话传说、占卜巫术、宗教信仰联系在一起，在表示极多意涵的同时，也往往具有至尊、圆满等神圣意义，构成极大的感染力。神话传说中有这样的说法："老君母日精入口而有孕，七十二年而生"（《酉阳杂俎》），将老子出生前的孕育时间界定为漫长的七十二年，就强化了其作为神仙下凡的至尊地位。《史记·高祖本纪》说"高祖为人，隆准而龙颜，美须髯，左股有七十二黑子"，以"七十二"标志汉高祖刘邦不凡的身份。至于《管子·封禅》讲古来泰山封禅七十二人，《史记·孔子世家》举"孔子……弟子盖三千焉，身通六艺者七十二人"，《太平广

---

① 刘师培：《古书疑义举例补·虚数不可实指之例》，见俞樾等：《古书疑义举例五种》，中华书局 1956 年版，第 172 页。

记》引《三秦记》鲤鱼跳龙门，"一岁中，登龙门者不过七十二"，更是以"七十二"为圆满之数的范例。

在古代卜法中，龟卜时要在一块龟甲上反复钻灼，以验凶吉，共钻七十二次。《庄子·外物篇》中讲过一个杀龟占卜的故事，表现了"七十二钻"的神奇魅力。占卜钻灼为何以"七十二"为制，这一取数本身令人玩味不已。有人说"七十二"表示极多，多次钻灼可以确保占卜灵验。有人从龟甲的自然纹路入手，认为这一取数与龟甲背部的纹路有关。一块龟甲背部的自然纹路分为十三"块"，其中脊部分五"块"构成一个区域，前后两肋甲板共八"块"，构成八个区域，这就在具有"九"个区域的龟甲背部与数"九"之间，建立了对应关系。在得自"天赐"的九"块"龟甲上为每个区域钻灼八次（"八"象征八卦方位），九八两数之积恰为七十二。

在著名的黄帝、蚩尤神话中，蚩尤兄弟七十二人，"铜头铁额食沙石，制五兵之器，变化云雾"（《路史后记》四注引《鱼龙河图》），冠以"七十二"，蚩尤兄弟就显得人多势众，威猛无比。而黄帝征蚩尤七十一战不克，然后得兵符，祭太牢，设九宫，置八门，布五奇八仪，制阴阳二遁，七十二战方获大胜，"具征蚩尤而斩之"（《路史后纪》五注引《黄帝出军诀》及《太白阴经》），这一结果同样隐藏着"七十二"的巨大威力。

据说三国时著名的政治家、军事家曹操在世时，曾征人修筑七十二疑冢。这一说法曾广为流传，成为文人墨客吟咏的对象。北宋诗人王安石有"青山如浪入彰州，铜雀台西八九丘。蝼蚁往还空垄亩，麒麟埋没几春秋"（《将次相州》之诗句，其"铜雀台

孔门七十二弟子之子游墓，2007 年摄于常熟

西八九丘"句，正指曹操"七十二疑冢"）。南宋诗坛上，"七十二疑冢"更

是诗家乐用的题材。兹举几例：

> 一棺何用冢如林，谁复如公负此心。闻说群胡为封土，世间随事有知音。（范成大《七十二冢》）
>
> 疑冢多留七十余，谋身自谓永无虞。不知三马同槽梦，曾为儿孙远虑无？（京镗《曹操疑冢》）
>
> 生前欺天绝汉统，死后欺人设疑冢。人生用智死即休，何有余机到丘垄。人言疑冢我不疑，我有一法君未知。直须尽发疑冢七十二，必有一冢藏君尸。（俞应符题诗）

到了明清时期，小说家笔下的"七十二疑冢"又被添加了更多情节，愈发显得丰富与生动。

> 《三国演义》第七十八回：（曹操临死时）……又遗命于彰德府讲武城外，设立遗冢七十二："勿令后人知吾葬处，恐为人所发掘故也。"
>
> 《聊斋志异》卷十"曹操冢"：许城外有河水汹涌，近崖深黯。盛夏时，有人入浴，忽然若被刀斧，尸断浮出，后一人亦如之。转相惊怪。邑宰闻之，遣多人闸断上流，竭其水。见崖下有深洞，中置转轮，轮上挂利刃如霜。去轮攻入，有小碑，字皆汉篆。细视之，则曹孟德墓也。破棺散骨，所殉金宝，尽取之。异史氏曰："后贤诗云：'尽掘七十二遗冢，必有一冢藏君尸。'宁知竟在七十二冢之外乎？奸哉瞒也！然千余年朽骨不保，变诈亦复何益？呜呼！瞒之智正瞒之愚耳！"

不过，对于"七十二冢"的传闻，正史中未见记载。

> 《三国志·武帝纪》：（建安）二十五年（220）春正月，……庚子，王（指曹操）崩于洛阳，午六十六。遗令曰："天下尚未安定，

未得遵古也。葬毕,皆除服。其将兵屯戍者,皆不得离屯部。有司各率乃职。敛以时服,无藏金玉珍宝。"谥曰武王。二月丁卯,葬高陵。

《资治通鉴》卷六十九"魏纪":(二月)丁卯,葬武王于高陵。(高陵,在邺城西。操遗令曰:汝等时时登铜雀台,望吾西陵墓田。《魏纪》载操令曰:规西门豹祠西原上为陵。)

史家所记与诗文中言之凿凿的差异,使疑冢真伪愈发显得扑朔迷离。而令我们感兴趣的是,曹操疑冢为何要以"七十二"标示? 在这一传闻中,"七十二"用于指称实际的疑冢数量,还是沿用以虚征实的修辞惯例? 疑冢众多,让人难以盗掘,这固然是浅显的道理,但"七十二"并非整数,却被选定,似乎包含着一语难尽的意义。"七十二"作为天数九与地数八之积,可以传达至极至多的象征隐喻;而以"七十二"作为疑冢数字,则可呼应民间对其狡智多谋的社会评价,为曹操"余机到丘垄"的狡诈者形象留下浓重一笔。

道教中,"七十二"也构成一种模式意义。"七十二精镇符"就是一个实例。据说上山时佩带身上可以镇治七十二种妖精,具有驱邪远灾之效力。《抱朴子·登涉》云:"立七十二精镇符……亦百邪不敢近之也。"镇符取数七十二,就有了驱邪的符咒意义。"七十二福地"也是一种象征构拟。虽然它被标上具体的地名,但从与之对举的"三十六小洞天"可见,洞天福地之说仍不过是以征实的方式沿袭"三十六""七十二"的原型用法而已。

形形色色的"三十六""七十二"现象,向人们提出一个问题:"三十六""七十二"的模式用法,究竟是怎样生成的? 人们从不同的角度进行探索,力求解开这一神秘数字之谜。

20世纪40年代,这一问题引起了闻一多、季镇淮、何善周先生的注意,因"无由识其所以然",不"明其取义之由",他们合撰《七十二》一文[①],对"七十二"加以考证。文中列举了中国古代典籍和神话传说中大量的关

① 参见《闻一多全集》(第一卷),生活·读书·新知三联书店1982年版。

《七十二局立成》(中国的太一式占在日本流传)

于"七十二"的记载,以说明这一数字一度风行的现象。这里摘引几例:

孔子谓老聃曰:"丘治《诗》、《书》、《礼》、《乐》、《易》、《春秋》六经,自以为久矣,孰知其故矣,以奸者七十二君,论先王之道而明周、召之迹,一君无所钩用。甚矣! 夫人之难说也? 道之难明邪?"(《庄子·天运篇》)

易姓而王,封于泰山,禅于梁父者,七十二代,其有形兆垠堮勒石,凡千八百余处。(《续汉书·祭祀志》注引《庄子》佚文)

古者七十二家为里。(《礼记·杂记下·正义》引《论语考谶》)

齐有稷下先生,喜议政事。邹忌既为齐相,稷下先生淳于髡之属七十二人,皆轻忌。(《史记·田敬仲完世家·集解》引《新序》)

女娲炼得五方气,变化成形补天地。三十六变世应知,七十二化处其位。(《路史后记》注引《麻姑仙人紫坛歌》)

至于"七十二"所代表的意义,闻一多等也从古籍材料中找到根据。《史记高祖本纪·正义》在索解汉高祖刘邦左股七十二黑子的说法时指出:

七十二黑子者,赤帝七十二日之数也。木火土金水各居一方,一岁三百六十日,四方分之,各得九十日,土居中央,并索四季各十八日,俱成七十二日。故高祖七十二黑子者,应火德七十二日之征也。

《孔子家语·五帝篇》曰:

天有五行,水火金木土,分时化育,以成万物。

王肃注曰:"一岁三百六十日,五行各主七十二日也。化生长育,一岁之功,万物莫敢不成。"

《古微书》一五引《易坤灵图》曰:

五帝:东方木,色苍,七十二日;南方火,色赤,七十二日;中央土,色黄,七十二日;西方金,色白,七十二日;北方水,色黑,七十二日。

上述记载,或以七十二黑子为五行征兆,使其带上"天人感应"、王权神授的神秘色彩,或以七十二日作为一年三百六十日的五等分,由五行分别领属,或以七十二日与五行、五色直接对应。

将上述例证合而观之,七十二的模式构成取法于用五行观将一年三百六十日这一完整的循环周期加以五等分。于是闻一多等

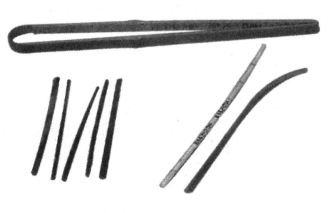

从中国传到日本的龟卜用具

得出这样的结论:原来"七十二"是一年三百六十日的五等分数,而这个数字乃是由五行思想演化出来的一种术语。至于"七十二"流行的时代,闻一多等认为:"大致说来,发轫于六国时,至西汉而大盛。"而"这数字流行的年历,便是五行思想发展的年历"。

闻一多等人的考证从五行思想的角度探索了"七十二"的由来,在现代的神秘数字研究史上具有开创意义。不过,这一考证虽然着眼于五行思想在中国传统文化中强大的铸塑作用和观念力量,还不能说他完全道出了"谜底"。因为,其一,他将五行思想与"七十二"联系起来,却未能进一步说明究竟与阴阳五行有何种关系,又何以如此,七十二即为泛表多数的虚数。其二,他谈"七十二"而不及"三十六",没有看到"七十二"和"三十六"是相互依存的;若撇开"三十六"而单谈"七十二",绝不可能究明它的来历。其三,"仅得'七十二'这个'术数'落脚于出自五行思想,而不穷究阴阳五行思想的源头在何处,也是不可能究明'三十六'及其倍数'七十二'的来历如何的"①。于是,人们在闻氏研究的基础上就"三十六""七十二"的来源问题进一步展开分析。

杨希枚先生独辟蹊径,从揲蓍立数以定卦象的易卦立数原则角度研究"七十二"的神秘构成,推论"七十二"是象征天地阴阳至极之数。他根据《易·说卦》中"参天两地而倚数"即立数的原则,比较了对"参天两地"一语的不同解说,认为魏关朗将"参天两地"解作"三天两地"的看法最合乎易卦立数原则,正可作为"七十二"神秘来源的一种界说。魏人关朗《易传》说:

> 阳爻九,一爻三十六策。阴爻六,一爻二十四策。三天两地,举生成而六之也。三六而又二之,故三十六策为乾。二六而又二之,故二十四策为坤。三其二十四,与二其三十六,皆得七十二焉。三其七十二,则二百一十六,乾之策也。二其七十二,则百四

① 参见刘尧汉、陈久金:《道、儒、阴阳家成数"三十六"和"七十二"之谜探源》,载《中国哲学史研究》1984 年第 3 期。

十四,坤之策也。阴阳三五,每一五而变七十二候,二五而变,三十六旬,三五而变,二十四气。凡三百六十五,周而复始。……三百六十者,岁功之用也。

按照关朗的解释,"三天两地"即天三地二两数,以天三地二之积配合成数就是易卦的立数基本原则。而七十二,就乾坤一爻的策数而言,也正是三其二十四、二其三十六之积,即天三地二的积数。由此看来,"七十二"不正是由天地数之积组成的神秘数吗?

杨希枚先生认为关说立论坚实,同时又在关说基础上进一步开拓。他认为既然以天地之数为立数原则,就不该是天三地二,而应是天三地四,因为天三地四才是真正的天圆地方之数,且与圆方周径之数相应(见本书第四章第四节),而地二与地方并无关联。为证明此说,他引朱熹《周易本义》:

天圆,地方。圆者一而围三;三各一奇,故参天而为三。方者一而围四;四令二偶,故两地为二。

从这一认识出发,杨希枚以为天九地八与天三地四一样,也是真正的天地数之积,显见的原因是,天九地八分别为天三的三倍和地四的二倍。就深层意义而言,在从一至十的十个天地数中,天九地八被视为最大的天地数,也即阳数和阴数之极,阳极与阴极两数之积,自然构成无与伦比的象征意义。至于为什么不以"十"充当地数组的极数,在于"十"的特殊身份。因为在十个天地数中,它既非真正的地数,也不是单纯的地数,而是天五的二倍数,或者是天五地二的积数。再者,就渗透着原始思维观念的十日神话、十干历法中的"十"而言,它更偏重于阳性,所以不被视为阴数或地数之极。由此,七十二作为天九地八两个极数之积,自然成为至极之数,同样,也可泛指多数,它们都具有天地交泰、阴阳合德、至善至美的神秘意义。

杨文对"七十二"与天地之数关系的分析很有说服力,但认为七十二

"仅与天地有关,而至少与五行无涉"①,这一看法又令人难以信服,因为他并未说明"七十二"与"五行"缘何没有关系,也未对前人这方面的看法做出分析和评价。

刘尧汉、陈久金先生在《道、儒、阴阳家成数"三十六"和"七十二"之谜探源》一文中,列举了大量的"三十六""七十二"作为成数的实例,也列举了诸如"三十六天罡,七十二地煞"(《水浒传·引首》),"三十六小洞天,七十二福地"(《云笈七签·洞天福地》)之类的模式用法,表明它们在使用中或单独或联用,构成联系。他们认为,"三十六"和"七十二"具有共同的来源。"七十二"是"三十六"的倍数,撇开"三十六"而谈"七十二",不可能道出它们的来历。唯一可以究明其来历的,就是彝族十月太阳历。

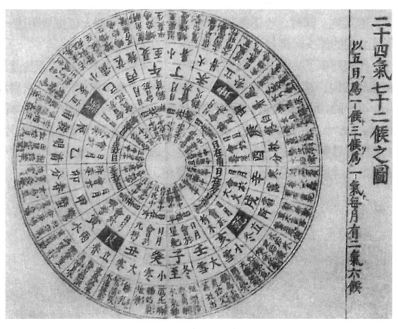

二十四节气七十二候

十月太阳历是一种十分古老的历法,它的基本结构是一年分为十个月(即十个时段),一个月三十六天;一年分为五节,两个月合为一节,一节七

---

① 杨希枚:《中国古代的神秘数字论稿》,见《先秦文化史论集》,中国社会科学出版社1995年版,第635页。

十二天(见本书第十一章第二节)。根据两位学者的分析,在春秋战国时期的其他古历法中,夏代历法《夏小正》不是一年十二个月的阴阳历而是十月太阳历。[①] 周代《诗经·豳风·七月》所载月日也是这种历法。《管子·幼官图》所载五方十图,与阴阳历的节气不对应,而与十月太阳历的规律相吻合。它们与彝族尚存古历同属十月太阳历。它们曾被广泛使用,自殷商阴阳历取代夏代太阳历的官方历法地位后,还在相当长的时期流传民间,这为"三十六""七十二"的传衍创造了条件。

刘、陈二位学者还分析了春秋战国时期道、儒、阴阳诸家活动的社会历史环境,发现他们活动的地域恰与彝族远古先民同处一地,构成一种时空背景联系。因为"封禅七十二家"的管子是齐人,带"七十二弟子"游说七十二君的孔子是鲁人,稷下先生之徒"七十二人"中,田骈和接予是齐人,慎到是赵人,环渊是楚人。齐稷下作为春秋战国时道、儒、阴阳家荟萃的地方,在齐、鲁交界附近,而此地乃彝族远古先民羌戎流寓之地。因而,春秋战国诸家皆受到古羌戎文化的影响。

据此,他们认为十月太阳历中一月三十六天、一节七十二天,这一历法尺度正是"三十六""七十二"的来源。他们的看法极富建设性,为这两个成数的研究开辟了一个新的天地。同时,也还存在一些问题,因为迄今尚无证据表明这一彝族古历早在华夏文明的源头时期就已存在,并对汉文化产生影响。

以上,我们列举了关于"三十六""七十二"来源的几种说法。无论是五行说、易卦说还是历法说,都反映出这两个神秘数字具有十分丰富的内核。它启示人们,其来源并非单一的,而是多渠道、多因素的,经历了漫长的发展过程。而从本源上说,"三十六"与"七十二"的神秘性,得自于天道循环的周期尺度,由于作为周而复始的变化基数而具有数字之外的象征意义。也正因为如此,包括"三十六""七十二"在内的中国古代神秘数字中,一定还有许多奥秘,有待人们去探索。

---

① 参见陈久金、刘尧汉:《夏小正新解》,载《农史研究》1983 年第 1 期。

# 附录　中国古代神秘数字百年研究史略

中国古代神秘数字作为中国古代知识思想体系的一种呈现方式,早已引起人们关注,但在不同的历史阶段,其学术重心有别,研究路径也有差异。探索中国古代神秘数字的研究脉络、主要阶段及其特征,特别是当代的学术转型,是一个值得持续关注的课题。

中国古代神秘数字研究具有久远的学术传承。杨希枚曾经论述道:在中国学术思想史的研究上神秘数字的研究有其久远的源流,且自战国迄于秦汉时代,发展而为一门显学。《易经》的《辞》《传》,《吕氏春秋》,《淮南子》,《大戴礼记》,《小戴礼记》,与董仲舒《春秋繁露》均属这方面研究的重要论著。尤其《春秋繁露》一书,可说是集先秦以来有关宗教符号学理论研究的大成。① 不过,这些早期研究多关注数字符号的一般文化意义,止于避凶趋吉的表层分析。而随着社会进程中数字蕴涵的神秘性逐渐消解,以王权为基础的政治化趋向于世俗化演变,除了数术作为民间宗教被关注,神秘数字的其他领域并未引起多少学术关注。

但是自 20 世纪初叶,中国古代神秘数字重新成为学界关注的对象,几

---

① 参见杨希枚:《先秦文化史论集》,中国社会科学出版社 1995 年版,第 653 页。

乎同时进入中西方学术视野。其内在原因和方法论蕴涵,成为这一研究趋于深入的前提。

从历史语境看,西方具有探究数字意蕴的传统。早在公元前 3400 年,古苏美尔人就已有记数符号;巴比伦占星术则将神话语言与神秘数字相结合;毕达哥拉斯派更是将数视为魔术般的神秘力量。但以往关注的重心主要在于西方的神秘文化现象,很少将中国古代神秘数字纳入其视野。直到 19 世纪中叶文化人类学产生以来,大量的考古资料以及对现存原始族群的田野调查,使得西方对人类文化源头的研究进入科学实证的领域,中国古代神秘数字作为中国原始宗教和文化考古的组成部分,也自然成为西方人类学学者的研究课题,形成对这一文化现象的持续关注。

德·格鲁特(Jan Jacob Mariade Groot,1854—1921)可以称作西方对中国古代神秘数字研究的先驱者。这位荷兰传教士自 19 世纪末叶就在厦门等地展开民间宗教方面的调查,收集了大量资料,著有《中国厦门人的年节和风俗》(1881)、《宗教史的一页——中国的宗教教派和宗教迫害问题》(1903—1904)、《中国人的宗教》(1910)、《中国的宗教:天道观——研究道教和儒教的关键》(1912)、《一元论——中国宗教伦理、国务及各种学科的基础》(1918)等一系列著作,但其用力最多的还是《中国宗教体系》①。这部从 1892 年第一卷开始到 1910 年完成的六卷本巨作,以区域民间信仰与社会生活为对象,从仪礼、信仰、风俗、巫术、祖先崇拜等方面考察中国古代宗教的神秘蕴涵及其演变。其著作在中国古代神秘数字研究史上的意义,在于首次以田野作业方式,分析了中国古代神秘数字与原始宗教、方位信仰的对应与互渗,并为涂尔干、布留尔、卡西尔等人有关中国古代神秘数字的研究,提供了重要的引证来源。

1903 年,法国宗教社会学家涂尔干与外甥莫斯(Marcel Mauss)合著的《原始分类》,通过澳洲人、祖尼人、苏人以及中国人的分类体系的既有资料,对原始宗教与社会分类的宇宙观念加以比较。涂尔干注意到,中国古代的空间划分往往与特定的动物相认同,青龙、朱雀、白虎、玄武与四方空

---

① J. J. M. de. Groot: *The Religious System of China*, E. J. Brill, 1892-1910.

间具有内在的联系,而"每个方位点之间的区域又一分为二,结果总共就有了对应于八个罗盘方位的八个分区"①;这些方位与八种力量紧密相连,分类代表不同的实体。而五行之金、木、水、火、土五大要素,分属四方与中央,分别与具体的事物对应,扮演着与罗盘方位八个分区所代表的八种力量同样的角色。此外,诸如天干地支、十二属相等时间分类,也与天文历法、占卜预测中的中国宗教-神话体系相联系。因此,涂尔干认为,在各种分类类型中,"最引人注目、最富有启发性的杰作,就是中国人的察天文、观星象、利用地磁和星术来进行占卜预测的体系"②。上述分析并未直接阐说神秘数字,但实际涉及原始宗教的发生学基础,显示出神秘数字与原始时空观的具象化联系。

法国人类学家列维-布留尔受到涂尔干的直接启发和激励,在《原始思维》一书中研究人类的思维发生。他认为原始人的思维是以集体表象为基础的、神秘的、原逻辑的,对数的认识和表达不是抽象的概念,而是具象化的。他从神话思维范畴解读中国古代神秘数字观念,强调"在中国,包括数在内的对应和互渗的复杂程度达到无穷无尽。而这一切又是错综复杂甚至互相矛盾的,但这丝毫不扰乱中国人的逻辑判断力"③。作为原逻辑思维的例证,他认为"7 这个数首先是在中国人或亚述巴比伦人的信仰发生影响的地方带上了特别神秘的性质"④。而实际上,在更早的古苏美尔文明中,就已经存在以占星术与太阳崇拜为基础的圣数"七"的神秘用法了。当然,这对于中国古代神秘数字的学术关注还是极具启发性的。

德国哲学家恩斯特·卡西尔在其皇皇三卷《符号形式哲学》的第二卷《神话思维》中,将数作为时间和空间之外,决定神话世界结构的第三个重大形式主题。在他看来,"数在科学思维中是至关重要的解释手段,而在

---

① 涂尔干、莫斯:《原始分类》,汲喆译,上海人民出版社2000年版,第74页。
② 涂尔干、莫斯:《原始分类》,汲喆译,上海人民出版社2000年版,第73页。
③ 列维-布留尔:《原始思维》,丁由译,商务印书馆1981年版,第212页。
④ 列维-布留尔:《原始思维》,丁由译,商务印书馆1981年版,第213页。

神话思维中却是宗教意义的载体"①。他引述德·格鲁特的话说:"我们不仅在大多数北美宗教中而且也在中国人的思维中发现具有这种功能的数字四。在中国人的思想体系中,特定的季节、颜色、元素、动物种类、人体的器官等等,与西南东北各方位对应,从而以此关联将存在之全部差异以某种方式分置于,不妨说是固定和确立于特定的直观区域。"②从而将神秘数字与时空认同、原始宗教对举,将中国古代神秘数字作为印证神话宇宙观的范例。

这些西方学者的论著,只是其中国古代神秘数字探索的一部分,但大致体现了现代学者的研究历程,总体上属于文化人类学研究。其特点:一是将中国古代神秘数字置于神话思维的宏观背景,在对原始空间的剖析中梳理神话宇宙观的深层结构,显示出数字文化的象征关联;二是采用跨文化的视野与方法,将中国古代与其他原始民族的数字观念加以比较,力图揭示人类共同的神话信仰与认识规律;三是将中国古代数字的神秘性质置于天文星象、宗教仪式的具象观照,从宗教思想史范畴审视其符号意义,为神秘数字研究注入新的内涵。当然,由于西方学者对中国古代神秘数字的研究多是在与美洲印第安人、非洲原始部落的比较中进行的,其中内含着将中国视为原始、未开化的思维定式,不可避免地留有西方中心主义的印记;加之所依据的有关中国古代神秘数字的材料,多是从传教士的汉学著述中转述,缺乏直接的田野经验支撑,因而取舍之间可能存在局限与障碍。

与西方对神秘数字的研究相比,中国本土的研究显得更为复杂。这不仅因为中国的研究远远早于西方,也在于其间的多次视点转移。中国近代的神秘数字研究始于 18 世纪晚期,是从聚焦虚数用法开端的。在今天看来,数字的虚数指称并不复杂,因为汉字构型中表示"众多"的符号,早就透露出虚数信息。例如,三"水"为"淼",表示烟波浩渺。《说文解字》:"淼,大水也。"三"木"为"森",表示森林。《说文解字》:"森,木多也。"三

---

① 恩斯特·卡西尔:《神话思维》,黄龙保、周振选译,中国社会科学出版社 1992 年版,第161—162 页。

② 恩斯特·卡西尔:《神话思维》,黄龙保、周振选译,中国社会科学出版社 1992 年版,第165 页。

"石"为"磊",表示乱石累累。《说文解字》:"磊,众石也。"但是,这类文化符号的渗透作用以前并没有被重视,直到清代学者汪中《释三九》一文,中国学界才开始探讨古籍中的虚数意义。汪中认为,汉语中的数字并非只具有实指意义,以实代虚也是值得关注的文化现象。"凡一二之所不能尽者,则约之三以见其多,三之所不能尽者,则约之九以见其极多"①,因而三、九都有表示虚数的可能。此后,俞樾作《争臣七人五人三人解》《作者七人解》②,自言"昔汪容甫《述学》有《三九释》三篇,说经者以为通论,余因之有一三五七九之说",在此基础上进一步申论。刘师培作《古籍多虚数说》③,也从古籍中的虚数用法探讨神秘数字的模式化意义。学者们不约而同地将关注目光指向神秘数字的虚数用法,注意到数字表象背后原始的文化信息。不过,由于这一时期仍依托传世文献,从严格意义上说还属于现代神秘数字研究的序幕。

真正意义上的中国本土的神秘数字研究,始于20世纪初,西学东渐和"神话"概念的引入,为神秘数字研究提供了广阔的学术背景,而甲骨文等考古发现,拓展了对数观念的系统分析。正是在此基础上,中国古代神秘数字研究步入了一个新时期。

第一阶段:引入甲骨释读。早期的数字研究限于对传世文献的梳理,属于单纯的文本分析,甲骨卜辞的发现所提供的地下实物材料,使其获得了文献资料以外的支持。20世纪上半叶,郭沫若等人依据对甲骨文、铭文等出土文献的释读,从文字学、天文学、历史学、神话学等多维视角,分析中国古代神秘数字的意义。郭沫若的《释五十》④、于省吾的《一至十之数字》⑤、丁山的《数名古谊》⑥、张公量的《说禹贡州数用九之故》⑦、彭仲铎的

---

① 汪中:《释三九》,见《述学·内篇》。
② 俞樾:《争臣七人五人三人解》《作者七人解》,见《春在堂全书》。
③ 刘师培:《古籍多虚数说》,见《左庵集》卷八。
④ 郭沫若:《释五十》,见《郭沫若全集·考古编》(第一卷),科学出版社2002年版。
⑤ 于省吾:《一至十之数字》,见《双剑誃殷契骈枝》。
⑥ 丁山:《数名古谊》,见《"中央研究院"历史语言研究所集刊》(第一本第一分),1928年。
⑦ 张公量:《说禹贡州数用九之故》,载《禹贡》半月刊一卷四期,1934年。

《释三五九》①等,虽然还是对数概念的考释,但是,他们或是将甲骨中的数字与传世文献相互印证,探讨其观念意义,或是以新的材料为对象,在神话视野中扩展研究视角,或是对某些神秘数字的虚数用法做进一步分析。直到 20 世纪 70 年代,张秉权还发表《甲骨文中所见的"数"》②一文,继续探讨数字中包含的制度与观念问题。值得提出的是,闻一多、季镇淮、何善周合撰《七十二》③一文,在秦汉思想史背景下分析七十二的意义生成,探讨这一数字与阴阳五行思想的关系,为神秘数字研究开辟了新的视阈。而岑仲勉在对"三年之丧"这一传统葬制的分析中认为,"'三'是初民的神数(sacred number)"④,明确以神秘数字界定研究的性质。

第二阶段:梳理天人之道。以往的中国古代神秘数字研究,多分析个体的数字意义,而自 20 世纪 70 年代起,这一研究更注重对神秘数字观念的深层剖析。作为这一阶段的代表,杨希枚以《中国古代的神秘数字论稿》《论神秘数字七十二》《古籍神秘性编撰型式补证》⑤等一组论文,阐释了中国古代神秘数字的命题、起源、意义及其与社会生活的关系,梳理了神秘数字观念的演变轨迹,提出了研究的系统化问题。其要点包括:第一,神秘数字的象征意义与天地之道有关,数字与天地具有同源互感关系。作为象征天地的神秘符号,易卦与神秘数字相辅而用,其中天三地四属于真正的天地数,天九地八为真正天地数的极数(地十不被看作阴极之数)而象征巨大数值。而十以上的神秘数字,原则上以天三地四或天九地八两数之积作为基数。第二,神秘数字盛行于战国中期至秦汉神秘信仰弥漫的时代,受到天地交泰、天人合一思想的影响,与古代社会生活具有密切关系。第三,神秘数字属于中国学术思想史研究的组成部分。第四,不同民族文化背景也存在神秘数字信仰。这些分析依托西方文化人类学理论,从整体

---

① 彭仲铎:《释三五九》,载《国文月刊》1942 年第 16 期。
② 张秉权:《甲骨文中所见的"数"》,见《"中央研究院"历史语言研究所集刊》(第四十六本第三分),1975 年。
③ 闻一多、季镇淮、何善周:《七十二》,见《闻一多全集》(第一卷),生活·读书·新知三联书店 1982 年版。
④ 岑仲勉:《"三年之丧"的问题》,见《两周文史论丛》,商务印书馆 1958 年版。
⑤ 均见杨希枚:《先秦文化史论集》,中国社会科学出版社 1995 年版。

范畴观照神秘数字的象征蕴涵,将中国古代与西方民族的神秘数字现象加以映照,是对既有神秘数字研究思路的一大突破。这一研究侧重于秦汉之际的思想世界,实际上神秘数字的观念生成似可追溯到更远;在经典文献基础上,还可关注文化考古方面的证据。

第三阶段:依托"三重证据"。20 世纪 20 年代,王国维提出古史研究的"二重证据法",即将地下材料与地上材料相互补正。[①] 30 年代,陈寅恪在为《王静安遗书》所写的序言中,将其概括为"取地下之实物与纸上之遗文互相释证""取异族之故书与吾国旧籍互相补证""取外来之观念与固有之观念互相参证"[②],进一步阐释了这一方法。80 年代以来,随着神话学、比较宗教学在中国学术界兴起,中国古代神秘数字研究进入了新的阶段。其标志在于借鉴国外比较神话学、人类学、民族学、民俗学、原型批评等理论和方法,将跨文化的人类学材料同文献、考古材料并重,使域内的材料与域外的材料参验,将文化人类学视野融入本土"国学",神秘数字研究随之进入一个新的阶段。这种"三重证据"方法,与王国维的"二重证据法"一道,在当代的神秘数字研究中取得突出实绩。

叶舒宪对中国古代神秘数字的"三重证据"解读,既包括有关神话思维的发生学研究,也包括在此基础上的神话学破译。其《英雄与太阳——〈吉尔伽美什史诗〉的原型结构与象征思维》[③]一文,在复原巴比伦史诗《吉尔伽美什》的基础上,梳理中国古代的羿神话,对"十二"做个案分析,使其神秘意蕴在跨文化比较中豁然开朗。而《中国神话哲学》[④]一书对于神秘数字的研究,更是拓开以往对数字结构的表层申说,进行思维原型的溯源式分析。该书梳理太极、道、阴阳、五行等中国哲学的基本范畴,在对黄帝四面、混沌七窍等中国神话宇宙模式和时空哲学的探索中,发掘其方位意识、空间观念以及三维空间意识的神话原型,构拟出由"一"(太阳)→

---

① 参见王国维:《古史新证·总论》。
② 陈寅恪:《王静安遗书序》,见《金明馆丛稿》,上海古籍出版社 1980 年版,第 219 页。
③ 叶舒宪:《英雄与太阳——〈吉尔伽美什史诗〉的原型结构与象征思维》,载《民间文学论坛》1986 年第 1 期。
④ 叶舒宪:《中国神话哲学》,中国社会科学出版社 1992 年版。

"二"（日出与日落方位）→"四"（四方位,太阳的日运行周期）→"七（立体空间观念)"的主导模式构成的发生图式,将神秘数字一、四、七的意义生成与人类思维演进、认识发生联系在一起。可以说,《中国神话哲学》仍是目前研究中国古代神秘数字问题最为深入、系统的著作。此后,他的《〈庄子〉的文化解析——前古典与后现代的视界融合》①等著作,从《庄子》"十九年"的历史语境中考察"十九"的神话原型,从天道循环的周期尺度以及祭祀历法、"道数"传承的制度化过程中,追溯"三十六"与"七十二"的文化渊源,挖掘华夏文明集体无意识底层的循环观念,继续进行这类原创性探索。近年来,他又以比较图像学方法作为"第四重证据",为中国古代神秘数字现象的解读与破译,提供了新的思路与途径。② 总之,叶舒宪的中国古代神秘数字研究的鲜明特征,不是着眼于数字用法的一般说明,而是阐释数字观念背后的发生依据;不是局限于传世文献中的数字解析,而是既以传统的训诂考据之学为基础,也运用考古、田野、比较图像等多重证据;不是在封闭的视阈中看待中国古代神秘数字,而是既关注单一语境下数字的象征语义,也与跨文化的人类学模式相与为一,从而在人的思维结构和神秘数字结构的对应关系中把握神秘数字现象生成及转换的规律。

与叶舒宪的研究相应,从不同视角观照中国古代神秘数字,业已成为许多中国学者的共同追求。俞晓群的《数术探秘——数在中国古代的神秘意义》③,吴慧颖的《中国数文化》④,张德鑫的《数里乾坤》⑤,李零的《中国方术考》《中国古代方术续考》⑥,李学勤的《简帛佚籍与学术史》⑦,刘乐

---

① 叶舒宪:《〈庄子〉的文化解析——前古典与后现代的视界融合》,湖北人民出版社 1997 年版。

② 叶舒宪:《第四重证据:比较图像学的视觉说服力——以猫头鹰象征的跨文化解读为例》,载《文学评论》2006 年第 5 期。

③ 俞晓群:《数术探秘——数在中国古代的神秘意义》,生活·读书·新知三联书店 1994 年版。

④ 吴慧颖:《中国数文化》,岳麓书社 1995 年版。

⑤ 张德鑫:《数里乾坤》,北京大学出版社 1999 年版。

⑥ 李零:《中国方术考》《中国古代方术续考》,东方出版社 2000 年版。

⑦ 李学勤:《简帛佚籍与学术史》,江西教育出版社 2001 年版。

贤的《简帛数术文献探论》①，庞朴的《浅说一分为三》②等，皆为重要的神秘数字研究著作。他们或发掘考古文献中的数术意蕴，或归纳神秘数字的生成效应，或分析不同民族数字文化观念之异同，或探索神秘数字现象的哲学蕴涵，显示出多维的聚合效应。特别是葛兆光的《中国思想史》③，在思想史视野下分析神秘数字的知识来源与信仰依据，为这一传统文化现象注入新的意蕴。可以说，多样的手段与方法，特别是文化人类学意义上的梳理，成为这一时期研究的显著标志。

回顾中国古代神秘数字研究史，我们看到它经历了由单一到多极、由本土到中外互阐的过程。现象层面的解读对于神秘数字研究固然必要，但是单一的文化视点无法消解其局限性。当代的神秘数字研究之所以取得突破，就是因为打破了学科界限，在比较中丰富其文化内涵，因而认知水平不断提高，认知层次日益多样化。正是从这个意义上说，文化人类学的视野与方法，成为深化中国古代神秘数字研究的必然选择。

---

① 刘乐贤:《简帛数术文献探论》,湖北教育出版社 2003 年版。
② 庞朴:《浅说一分为三》,新华出版社 2004 年版。
③ 葛兆光:《中国思想史》,复旦大学出版社 1998 年版。